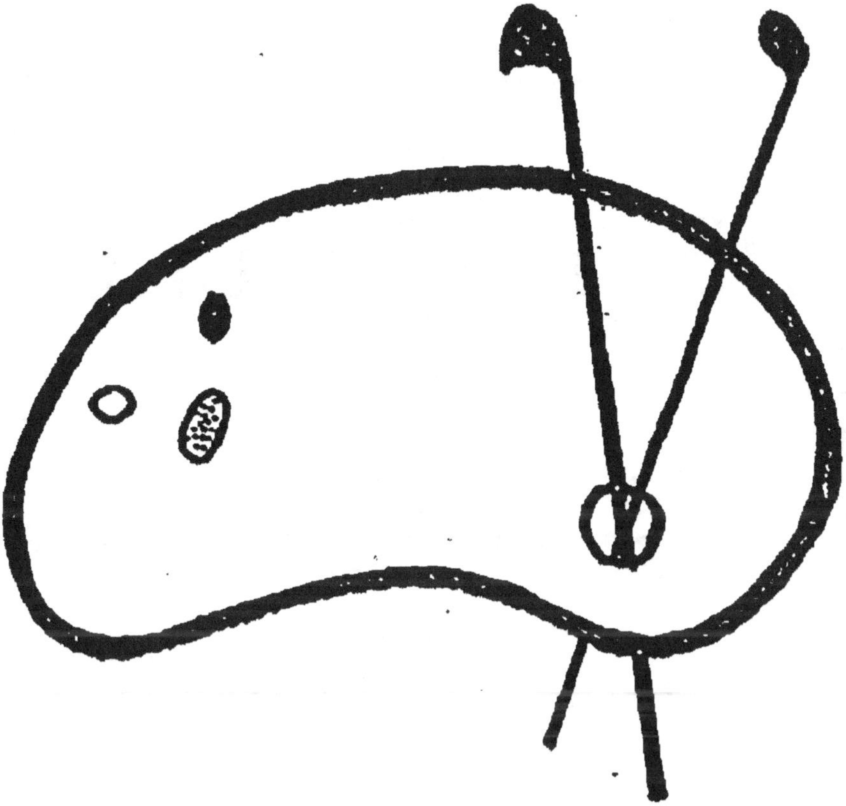

**COUVERTURE SUPERIEURE ET INFERIEURE
EN COULEUR**

LE COUPE-GORGE

Histoire de l'Auberge
DE
PEYRABEILLE

(ARDÈCHE)

Si tristement célèbre dans les Annales du crime
par 26 ans de vols et d'assassinats.
D'après des documents inédits et authentiques
et les souvenirs des contemporains

PAR

PAUL D'ALBIGNY

Rédacteur en chef du *Patriote de l'Ardèche*.

PRIVAS
IMPRIMERIE TYPOGRAPHIQUE DU « *Patriote* », BREVETÉE

1886

LE COUPE-GORGE

Histoire de l'Auberge

de

PEYRABEILLE

LE COUPE-GORGE
Histoire de l'Auberge
DE
PEYRABEILLE
(ARDÈCHE)

Si tristement célèbre dans les Annales du crime
par 26 ans de vols et d'assassinats,
D'après des documents inédits et authentiques
et les souvenirs des contemporains

PAR

PAUL D'ALBIGNY

Rédacteur en chef du *Patriote de l'Ardèche.*

PRIVAS
IMPRIMERIE TYPOGRAPHIQUE DU « *Patriote* », BREVETÉE
1886

LE COUPE-GORGE

Histoire de l'Auberge

DE PEYRABEILLE

Ce n'est point un roman, ce n'est point une œuvre de pure imagination que nous nous proposons d'offrir à la curiosité de nos lecteurs.

Le titre seul de cette histoire, à la fois si terrible et si véridique, qui émut si profondément le département de l'Ardèche il y a un demi-siècle, oblige à plus de sincérité, d'exactitude et de vraisemblance qu'il n'en peut entrer d'habitude dans un simple roman d'aventures.

La réalité est d'ailleurs tellement émouvante par elle-même, qu'il n'est point nécessaire d'y ajouter par un effort quelconque de l'imagination.

Les faits se déroulant dans leur ordre chronologique et tels qu'ils ont été recueillis dans les dépositions des témoins appelés au procès criminel qui mit fin à cette lugubre série de crimes, suffisent à imprimer au récit cet intérêt à la fois poignant et terrible que les romanciers recherchent et que quelques-uns atteignent dans leurs œuvres.

Tout se prête dans cette sinistre histoire à un pareil intérêt.

Le nombre des assassins, la longue impunité de leurs forfaits, la quantité et la diversité des victimes, le mystère qui régna si longtemps sur de tels forfaits par des complicités qu'il est sans doute plus facile de supposer que d'établir avec certitude, sont des éléments d'intérêt qui n'ont rien à demander à l'invention.

Puis la légende, comme elle vient toujours aux évènements qui ont profondément ému les populations, est venue se greffer sur l'histoire et lui apporter son contingent plus ou moins considérable de récits et de révélations, qui se confondent parfois avec les faits mieux établis ou retenus par la justice comme tels.

Toutefois, cette légende ne peut avoir qu'une place assez restreinte dans un tel drame, car nous avons trouvé encore un certain nombre de contemporains des évènements dont nous voulons retracer les scènes, et il nous a été possible de recueillir de leur bouche une foule de souvenirs intéressants que les romanciers et les dramaturges avaient peut-être négligé de consulter.

Il est vrai que la fantaisie littéraire est quelquefois gênée par ces données plus exactes de l'histoire locale consciencieusement fouillée.

Elle lui préfère les à peu près et les inductions qui permettent d'échafauder plus librement sur un petit fonds de vérités, l'édifice plus capricieux et plus brillant d'une œuvre où l'imagination a pu se donner carrière.

Nous avons cru devoir procéder autrement.

Nous avons appelé à notre aide, les documents écrits ou publiés, les notes d'audience, les souvenirs personnels, les renseignements de tous genres que nous avons pu réunir, de façon à donner à cette horrible histoire, le caractère de véracité et d'exactitude qui lui suffit, ainsi que nous l'avons déjà dit.

Nous avons été fort obligeamment aidé dans cette tâche par d'obligeants correspondants, MM. Célestin Dubois et Mazon.

Le premier nous a communiqué des renseignements et des matériaux qui ont servi de point de départ à notre projet de publication.

Le second nous a donné plus d'une utile indication et rappelé plus d'un souvenir et plus d'un nom se rattachant aux acteurs de ce drame.

En les remerciant très cordialement de leur précieux concours pour cette mise en œuvre, comme pour la recherche des détails peu connus, nous ne faisons que nous acquitter d'un devoir facile de reconnaissance.

On peut lire dans un des ouvrages du savant naturaliste Faujas de St-Fond, dans ses « *Recherches sur les volcans éteints du Vivarais* ,» croyons-nous, cette curieuse opinion de l'abbé de Mortesague.

En parlant de l'auberge de Peyrabeille, l'ancienne qu'il eut occasion de visiter vers 1760 ou 1770, le savant abbé écrivait : «. Il n'y a point d'habitation aussi isolée, il n'y a point d'année que quelques voyageurs isolés ne doivent leur salut à cet abri. »

S'il eût vécu 70 ans plus tard, l'abbé de Mortesagne n'eût pu tenir le même langage et rendre un aussi flatteur témoignage à l'auberge de Peyrabeille, plus moderne.

La famille Martin l'avait transformée en coupe-gorge.

Qui étaient donc les gens venus là, dans ce site quasi alpestre, mais surtout désert, âpre et sauvage, pour y faire une fortune au prix de la plus hypocrite comédie de l'honnêteté et de la plus horrible cruauté ?

Comment s'y étaient-ils implantés et maintenus, faisant souche, et associant leurs enfants, deux filles, à leur sanglante industrie, jusqu'au jour où celles-ci devinrent libres par le mariage et purent, dit-on, s'échapper de cet antre infernal où elles n'avaient vu que mort et carnage ?

C'est ce que nous espérons bien éclaircir, grâce aux documents que pourront nous fournir les recherches faites aux sources les plus authentiques, et ces détails qui ont aussi leur intérêt dans ce drame, trouveront leur place dans le cours de ce récit.

Nous avons bien lu dans un roman passablement bizarre à tous les points de vue et qui a pour titre : L'Ossuaire, que les assassins de Peyrabeille n'étaient que les descendants de chefs de bande de malfaiteurs qui avaient exercé leur terrible industrie dans le Forez, à l'abri des forêts de Rang-Taloup.

Mais nous croyons qu'il y a dans cette lugubre filiation des crimes de Rang-Taloup et de Peyrabeille une invention qui relève bien plus de la fantaisie que d'une réalité historique.

L'arrêt capital de la sénéchaussée de Tours qui envoya à la potence les assassins de Rang-Taloup, le 12 août 1770, a bien quelque coïncidence fatale avec l'arrêt de la cour de cassation qui, à 63 ans de distance, et jour pour jour, rejeta le pourvoi des assassins de Peyrabeille.

Mais c'est là, croyons-nous, que s'arrête la liaison des faits criminels qui émurent au 18e et au 19e siècle deux provinces voisines, le Forez et le Vivarais.

Toutefois, l'aubergiste de Peyrabeille, Pierre Martin dit Blanc, tient, par sa naissance au moins, à une époque très voisine de celle où les crimes de

Rang-Taloup eurent leur dénouement sur le gibet, car il naquit en 1783.

Mais quelle conclusion en tirer au point de vue des relations de ces deux affaires ?

L'obscurité qui a régné jusqu'ici sur les origines de ce drame affreux n'est pas facile à dissiper, en effet.

Une question se pose tout d'abord à l'esprit lorsque l'on envisage cette longue série de crimes, commis par plusieurs personnes.

On se demande comment de tels attentats ont pu rester si longtemps ignorés, inaperçus et enfin impunis.

L'auberge de Peyrebeille, quoique isolée de centres de population à une distance de plusieurs kilomètres, était cependant placée sur cette grande voie de communication de Clermont et du Puy à la vallée du Rhône par Viviers, qui porte le n° 102 dans le classement des routes nationales.

En face d'elle débouche aussi le chemin de Coucouron, le chef-lieu du canton, qui n'est qu'à environ une lieue de là vers le Nord-Ouest.

Tous les voyageurs qui allaient de l'Ouest à l'Est et au Sud du département, tous ceux qui venaient de la Lozère ou de la Haute-Loire, comme ceux qui avaient à faire quelque excursion dans cette région peu habitée, étaient forcément conduits à faire une halte plus ou moins prolongée dans l'auberge fatale.

Mais, il faut bien le dire, tous n'étaient pas traités d'une façon également cruelle et inhospitalière.

C'est même cette circonstance bien des fois constatée, qui explique comment les soupçons s'égarèrent si longtemps, comment la défiance fut si longue à venir ainsi que l'intervention de la justice.

L'aubergiste Martin dit de Blanc, avait pour certains clients des amabilités, des prévenances et des soins qui mettaient l'éloge de son hospitalité dans bien des bouches, et le défendaient contre les soupçons les plus dangereux.

Il est notoire que les gens de Peyrabeille ne tuaient pas et ne volaient pas les personnes du pays qui venaient fréquemment, pour les besoins de leurs affaires se reposer dans cette auberge et le plus souvent y coucher.

M. M..., avocat, fils d'un avoué de Largentière, racontait à un de nos amis qui nous donne ce renseignement, que son père dont beaucoup de clients étaient de la montagne, c'est-à-dire des cantons de Coucouron, de St-Etienne-de-Lugdarès ou de Montpezat, avait couché plusieurs fois à Peyrabeille.

Il s'était fort souvent trouvé porteur d'assez fortes sommes, dans ces circonstances, et Pierre Martin qui le connaissait fort bien et savait ce qu'il était venu faire dans ces parages, n'avait jamais donné lieu à la moindre défiance par son attitude.

D'autres hommes d'affaires et des magistrats qui

avaient été également conduits vers la terrible auberge par les hasards ou les nécessités de leur profession, ont rendu le même témoignage.

Aussi M. Tanc, substitut du procureur du Roi à Largentière, à l'époque où la justice fut mise en éveil à l'égard de la sinistre renommée de l'auberge de Peyrabeille, racontait-il en 1865, qu'il avait eu la plus grande peine pour continuer les poursuites commencées contre la famille Martin-Blanc.

Si certains crimes avaient été l'objet de graves accusations répandues dans la contrée par le mendiant Chaze, et par d'autres témoins des mystérieuses et toujours sanglantes opérations auxquelles elle se livrait, il se rencontrait aussi dans un certain public des personnes qui se portaient garantes de l'honnêteté des Martin.

Des gens de Largentière dont on ne pouvait pas plus soupçonner la sincérité que le désintéressement en pareil cas, s'efforçaient d'empêcher l'action de la justice, de dérouter ses recherches, d'écarter ses soupçons.

Ils considéraient comme des calomnies tous les bruits terribles qui circulaient contre les Martin, et leurs protestations comme leurs critiques étaient des plus vives à toute nouvelle mesure que l'instruction prenait pour faire la lumière au milieu de ces sanglantes ténèbres.

Le jeune substitut du procureur du Roi que nous

venons de nommer et qui joua un rôle des plus en relief dans les travaux de l'information contre les crimes de Peyrabeille, est mort il y a quelques années seulement, et il a laissé une histoire diplomatique de la guerre d'Orient, qui lui donne au moins une place honorable parmi nos écrivains sérieux.

Un autre magistrat, qui remplissait les fonctions de juge d'instruction à Largentière et eut par conséquent à s'occuper fort en détail de l'affaire de Peyrabeille, M. Teyssier, qui mourut il y a quelque trente ans à Toulon, où il était juge, avait conservé des faits de ce drame, des souvenirs analogues à ceux que nous avons rapportés plus haut.

C'est lui qui parvint à retrouver le principal et pour ainsi dire l'unique témoin, du crime non prescrit, sur lequel la justice devait fonder son accusation.

Il fit tant et si bien qu'il put remettre la main sur le pauvre Chaze, ce mendiant moitié idiot, moitié philosophe que tout le Bas-Vivarais a connu, niais qui en raison de son existence nomade, échappa longtemps aux recherches.

Le juge d'instruction Teyssier dont nous venons de rapporter le témoignage, était de Thueyts, où son frère a été longtemps juge de paix.

On comprend donc qu'entre les récits du pauvre Chaze, les vagues rumeurs qui se répandaient dans la contrée, et l'opinion malheureusement trop favorable que partageaient beaucoup de personnes notables du pays sur les aubergistes de Peyrabeille, la justice ait pu longtemps hésiter ou s'égarer.

C'est ce qu'il importait de faire ressortir avant d'entrer dans le vif du récit.

Il nous reste enfin à dire quelques mots des auteurs du drame sanglant qui va se dérouler, afin que le lecteur soit plus en mesure de les suivre et de les juger.

Sur ce point, nous pouvons apporter à notre grande satisfaction, des renseignements plus précis, plus authentiques que ceux qui ont été donnés jusqu'ici par les romanciers ou les dramaturges qui ont pris la même histoire pour sujet de leurs publications.

Ainsi, en consultant les actes de décès des criminels de Peyrabeille, après leur exécution, on constate que Pierre Martin, dit Blanc, le principal instigateur et fauteur des crimes de Peyrabeille, avait 60 ans, que sa femme Marie Breysse, avait 54 ans et que Jean Rochette, le domestique et le plus terrible complice de ce trio de meurtriers, avait 48 ans.

Pierre Martin, était donc né en 1773, comme nous l'avons déjà dit ; sa femme était née vers 1779 et le domestique en 1785.

C'étaient des enfants de ce siècle plein d'orages, qui devait nous donner la Révolution, et ils avaient déjà atteint l'âge de raison, les deux premiers au moins, lorsqu'éclatèrent les scènes terribles qui marquèrent ses dernières années.

Peut-être avaient-ils puisé dans le spectacle de ces convulsions sociales effroyables, les instincts sanguinaires dont ils firent preuve en tant de circonstances.

En s'en référant à l'état civil des principaux personnages, tel que l'établit la procédure criminelle, Pierre Martin de Blanc était né à Peyrabeille et sa femme à Lanarce, commune dont Peyrabeille dépend.

Quant à Jean Rochette qu'on a représenté avec beaucoup plus d'imagination que de vérité, sans doute, comme un nègre ou un mulâtre, il était né au hameau de Banne, commune de Mozan.

Ce faux nègre était donc aussi un Ardéchois, dont le teint plus ou moins bistré a pu donner lieu à cette version plus corsée d'un mulâtre exécuteur des hautes-œuvres de Martin-Blanc et de sa digne épouse, ces pirates de la montagne.

Dans les renseignements que nous avons recueillis auprès de quelques contemporains et témoins de l'exécution des assassins de Peyrabeille, nous n'avons pas retrouvé cette remarque assez particulière cependant, relative à l'aspect de ce prétendu nègre ou mulâtre qui avait nom Rochette, et que l'on a désigné aussi sous le nom de Féticho, mais dans les romans seulement.

Les mariés Martin dits Blanc ou do Blanc, ainsi qu'ils sont désignés dans les documents judiciaires, étaient grangers ou fermiers du domaine de Chabourzial, près de Choffour, dans la commune de Mazan, avant d'aller se fixer à Peyrabeille.

Ils vinrent dans cette dernière localité, théâtre de leurs exploits criminels, en qualité de fermiers, dans la maison d'un propriétaire du nom de Reynaud.

Cette maison est située à 125 mètres environ au midi de l'auberge même qui a acquis plus tard une si triste célébrité.

Neuf ans après cette émigration de leur premier gîte connu, à Mazan, les mariés Martin, dont les affaires devaient déjà prospérer par des moyens peu avouables sans doute, achetèrent de Reynaud l'emplacement de l'auberge qu'ils firent presque aussitôt construire.

Mais chose assez bizarre, la pierre de taille qui surmonte le portail de l'auberge porte la date de 1775 et ne peut, suivant toute probabilité, que provenir d'une construction plus ancienne du voisinage, à laquelle elle aura été enlevée.

Lorsqu'ils vinrent s'établir sur ce théâtre élevé, dans ce désert de landes et de pierres, que recouvre si longtemps la neige, les époux Martin étaient mariés depuis peu d'années sans doute.

La naissance de leur fille aînée ne datait que de

l'année 1800, et c'est au domaine de Charbouzial qu'elle avait vu le jour.

Elle reçut au baptême le joli nom de Marie !

Les époux Martin eurent une seconde fille le 20 novembre 1803 et celle-là aussi reçut un nom charmant, plein de sourires printaniers et que Gœthe a immortalisé dans sa belle création de Faust.

Elle reçut le nom de Marguerite.

Toutes deux virent le jour à Chabourzial, où étaient alors leurs parents et les témoins qui signèrent au bas des déclarations faites à l'état civil se nommaient Jean-François Teyssier, de Chabourzial, et Antoine Breysse, de la Chapelle-St-Philibert, de Lanarce, le père ou l'oncle de la femme Martin.

Nous allons peindre rapidement les deux principaux personnages de ce récit, d'après les notes que nous ont laissées des contemporains.

Pierre Martin dit de Blanc, était un homme de taille fort ordinaire, plutôt trapu qu'élancé.

Il avait dans les dernières années de sa vie, l'aspect presque respectable d'un patriarche, porteur de longs cheveux gris, presque blancs; son teint était coloré et accusait un tempérament sanguin et une riche constitution.

Ses manières étaient d'une affabilité hypocrite, *mielleuse*, nous a dit un de ceux qui ont eu à l'approcher pendant sa captivité et les débats judiciaires.

Et de fait, nous le verrons toujours prêt à capter la confiance de ses victimes par des prévenances obséquieuses qui n'étaient que le masque de la plus sauvage cupidité et d'une férocité bestiale.

La femme Martin, Marie Breysse, était au contraire d'un caractère violent, cupide, s'associant avec une ardeur et une décision terribles à tous les crimes lorsqu'elle ne les provoquait pas elle-même.

Avec de tels personnages on avait tout à redouter dans ce temps où la sécurité des voyageurs n'était pas encore assurée dans cette contrée par une police et une justice suffisamment actives et rapprochées.

On va voir, en effet, comment étaient reçus les voyageurs que leur mauvaise étoile conduisait à Peyrabeille et qui pouvaient tenter la rapacité des maîtres de ce Coupe-Gorge, par les objets ou les sommes dont ils étaient porteurs.

C'était au mois de décembre 1808 et l'auberge de Peyrabeille était depuis les premiers jours de l'été à peu près complètement achevée.

Sa masse grise striée de lignes blanches formées par les joints à la chaux, se découpait assez vivement sur le fond plus sombre des landes et des bois.

On l'apercevait d'assez loin avec sa toiture de tuiles rouges, et le panache de fumée qui couronnait presque toujours sa cheminée principale, où brûlaient d'énormes clapons de sapin ou de hêtre que venait raviver à point voulu une poignée de genêts secs, comme un éclat de rire dans une conversation qui languit, signalait cette habitation aux voyageurs.

L'auberge n'était pas d'un aspect fort gai avec ses petites ouvertures, sa forme massive et les longs murs de ses dépendances, granges et remises.

Mais si en été, elle avait encore sous la chaude lumière du soleil qui se jouait dans ses vitres et dans ses faces de granit et de basalte, quelque chose de réjouissant pour l'œil, dans ces steppes arides, il en était autrement dans la saison des brumes et des neiges.

Or, nous l'avons dit, c'était déjà au cœur de l'hiver, en plein mois de décembre, et depuis plusieurs jours le temps était des plus rudes.

L'hiver avait fait son apparition de bonne heure et il s'était annoncé des moins cléments comme la plupart des hivers qui se terminent en 9.

Depuis le matin cependant, le vent avait tourné au sud-ouest, avec un léger radoucissement de la température, mais si le froid était moins piquant, en revanche, la neige tombait à gros flocons sur les sommets des Cévennes et jusque dans les vallées.

L'air était complètement obscurci.

Le ciel semblait se confondre avec la terre dans un même ton laiteux.

L'obscurité se faisait déjà sur le long plateau que traverse la grande route du Puy au Rhône, à une altitude presque continue de douze à treize cents mètres.

Il était trois heures du soir et l'on se serait cru aux abords de la nuit, tant il y avait de morne tristesse, de silence et d'opacité dans l'espace.

Les bois de sapins et de hêtres qui formaient à cette époque, d'assez vastes cantonnements forestiers dans cette région très accidentée, et garnissaient les pentes abruptes de tous ces versants, n'offraient à l'œil que des masses noirâtres vaguement découpées par les larges franges de neige déjà suspendues aux flèches et aux ramures des arbres.

Tous les bruits et tous les mouvements de la nature et des hommes semblaient condensés et cristallisés dans cette chute de neige que le vent, s'il s'élevait avec plus de force, pouvait rendre menaçante et dangereuse pour les pauvres voyageurs.

Or, la bourrasque pouvait s'élever d'un instant à l'autre et des mugissements avant-coureurs se faisaient déjà entendre dans les profondeurs de l'espace.

Malheur à ceux qu'elle surprendrait en route dans ces parages, loin de tout village, loin de toute habitation hospitalière.

A l'auberge de Peyrabeille, on savait bien cela, et ce n'est pas sans quelque espoir que l'on regardait à travers les petits carreaux des fenêtres du rez-de-chaussée pour se rendre compte du temps qu'il faisait au dehors et de celui plus pitoyable encore qui pouvait s'annoncer.

C'est que l'aubergiste de Peyrabeille, le père Martin et plus encore peut-être la terrible mégère qui avait associé sa vie à la sienne, brûlaient du désir de faire rapidement fortune sans marchander avec les scrupules qui arrêtent les honnêtes gens ; ils s'étaient promis de tirer parti de toutes les bonnes occasions que pouvaient leur offrir les hasards de ce site inclément, dont ils avaient si longuement et si judicieusement étudié les avantages stratégiques pour leur industrie faite de ruse et de crime.

S'ils avaient tendu là, comme de farouches araignées, leurs toiles dangereuses, au carrefour de plusieurs routes fréquentées, ce n'était point pour laisser passer indifféremment dans les mailles solides de leurs filets ceux que les hasards de la vie pouvaient y jeter.

Martin Blanc était sorti sur le seuil de la porte de l'auberge.

Il examinait le ciel ou plutôt cette masse confuse qui le voilait, afin de constater avec cette expérience si sûre du montagnard, quelle direction avait le vent et quel temps il devait faire pendant les heures qui suivraient.

Un homme de haute stature, maigre et brun, d'une mine à la fois sauvage et intelligente, vint aussitôt le rejoindre à son poste d'observation et répéta les mêmes gestes et les mêmes mouvements, sondant les profondeurs de l'espace d'un œil ardent et inquisiteur, et flairant comme un fauve les effluves humains qui pouvaient flotter dans l'air, apportés par la tourmente.

— Voilà un temps, dit-il à Martin, qui doit chasser les loups du bois.

— Oui, répliqua l'aubergiste, sans interrompre ses observations et dans le patois du pays, il y en aura qui sortiront et qui ne rentreront pas.

La nuit sera mauvaise, car le vent d'Auvergne souffle déjà fort et nous aurons demain bien près de trois pieds de neige en rase campagne.

— Il y en aura trois fois plus dans les congères, ajouta Rochette avec un mauvais sourire qui avait pour les deux compères une signification très claire.

Il faut avoir été, en effet, surpris dans ces parages par une de ces tourmentes de neige épouvantables et cependant si fréquentes qui sévissent sur nos montagnes vivaraises, pour en connaître les horreurs et les périls.

Lorsque la neige tombe au milieu d'un calme relatif de l'atmosphère, la plaine se recouvre d'une couche épaisse, mais uniforme, qui ne fait que reproduire les reliefs du sol sans les modifier complètement.

Mais lorsque la neige est poussée en tourbillons épais par les rafales d'un vent terrible, elle bouleverse tous les aspects d'une région, remanie tous les reliefs, fait disparaître les anfractuosités et les ravins, comble les fossés et les tranchées, nivelle les routes avec leurs talus, en formant de profondes *congères*.

La *congère*, c'est l'abîme dissimulé, c'est l'obstacle accumulé là où passaient auparavant hommes et bêtes, chevaux et voitures.

Aussi ne se passe-t-il guère d'hiver, sans que l'on constate un certain nombre de morts causées par les tempêtes de neige dans nos montagnes. Pendant l'hiver de 1881, deux gendarmes étaient surpris par l'un de ces orages à Lavilatte, et l'on ne retrouva qu'un cadavre et un agonisant.

Ah çà ! reprit Pierre Martin, il me semble voir un point noir remuer sur la route.

Rochette suivit aussitôt la direction des yeux de Martin qui fouillaient l'espace du côté de Pradelles.

A peine avait-il fixé un instant son regard perçant dans cette direction, qu'il dit plus bas :

— C'est vrai, et ce n'est pas quelqu'un du pays, il ne manquera pas de s'arrêter ici, attendons-le.

Déjà le voyageur était devant l'auberge, car le temps était sombre, la neige serrée, et Martin n'avait aperçu l'étranger qu'alors que, déjà, il n'était qu'à une faible distance de Peyrabeille.

Le malheureux n'avait pas figure humaine sous

son large feutre chargé de neige, et enveloppé dans un grand manteau de laine brune à double collet qui portait aussi accrochée à tous ses plis une couche de neige floconneuse. Il avait les mains perdues dans d'énormes gants fourrés.

L'étranger regarda avec une certaine défiance les deux hommes qui, à son aspect, avaient échangé un coup d'œil suspect, mais il s'approcha d'eux néanmoins, et soulevant le bord de son chapeau.

— Peut-on se reposer dans votre auberge, dit-il.

— A votre service, mon garçon, s'empressa de répondre Martin, et par le temps qu'il fait, je crois bien que vous n'avez rien de mieux à faire.

— En effet, et ça me contrarie bien, mais dans cette saison il faut s'attendre à ces contre-temps.

— Entrez, entrez, mon brave, reprit l'aubergiste, en tapant un peu familièrement sur l'épaule de l'étranger.

Et il s'effaça pour le laisser passer par la porte basse et étroite qui donnait accès dans la principale pièce du rez-de-chaussée, cuisine et salle à manger tout à la fois.

Puis Martin et Rochette se regardèrent de nouveau avec un mauvais sourire et rentrèrent eux-mêmes à la suite en refermant la porte.

Un superbe feu flambait dans la cheminée devant laquelle se tenait la femme Martin, et deux petites filles, l'une de trois ans à peine, l'autre de huit qui s'amusaient à taquiner un gros chat noir dont elles se disputaient le droit de tirer les oreilles ou la queue à tour de rôle.

A la vue de l'étranger qui entrait, Marie Breysse se leva à peine, adressa quelques mots en patois aux enfants qui, obéissant sans doute à un ordre assez rude, se retirèrent dans un coin de la salle avec leur souffre-douleur.

Puis elle mit une poignée de genêts dans le feu et montra du doigt un escabeau à son nouvel hôte en l'invitant à prendre place au feu.

Martin et Rochette avaient passé par une porte intérieure communiquant avec la remise et semblaient poursuivre quelque ouvrage déjà commencé avant l'arrivée de l'étranger.

— Ah ! il fait bon ici, au moins, s'empressa de dire ce dernier, en éprouvant les effets réconfortants d'une chaude flambée.

— Pour sûr il fait meilleur qu'à la Chavade ou à Pradelles, dit Marie Breysse, et il faut bien avoir envie de se faire *marquer* pour courir les chemins par un temps pareil.

— Mais si vous quittiez votre manteau, dit-elle à l'inconnu dont elle paraissait désireuse de mieux voir les traits, le costume et la taille.

Il se débarrassa en effet de son lourd vêtement sur lequel la neige avait fondu et coulé abondamment sous l'action de la chaleur.

Il quitta son chapeau et le secoua dans la cheminée dont le feu fut un instant calmé par l'eau qui en tomba.

Marie Broysse observait ce travail et toisait de ses yeux demi-fermés et indifférents le jeune homme qui était devant elle.

Les petites filles piaillaient et se chamaillaient et le bruit de leurs sabots sur la dalle, produisait un vacarme assourdissant.

Celui qui faisait en ce moment l'objet des observations de la femme Martin était un beau gars d'une vingtaine d'années à peine, brun et vigoureux, et vêtu comme le sont les fils des paysans riches.

Le drap de ses habits, la toile de sa chemise, ses chaussures, tout était d'une solidité et d'un confortable, qui indiquaient l'aisance, et de son gilet, chose assez rare à cette époque, tombait une chaîne de montre avec clef en cornaline, qui dénonçait évidemment la possession de ce meuble bien luxueux pour lors.

Tout en s'occupant de faire chauffer du vin que le jeune voyageur avait tout d'abord demandé pour se remettre d'une course assez longue, semblait-il, sur ces plateaux glacés, la mère Martin ne tardait pas à faire subir au nouveau venu un interrogatoire en apparence fort banal.

Elle s'enquit d'où il venait, où il allait, de ce qu'il

faisait et des raisons pour lesquelles il voyageait en
cette saison et par un temps pareil.

Avec une franchise toute juvénile, le jeune garçon
s'ouvrit assez naïvement à la bonne femme de tout ce
qui pouvait satisfaire à ses demandes. Puis lorsque
l'aubergiste lui eut vidé un grand verre de vin
blanchi par l'écume, et qu'il en eut bu une large
rasade, sa langue se délia plus encore. Il lui raconta
peu à peu toute son odyssée.

Il dit qu'il était des environs du Puy, que ses parents étaient propriétaires d'assez gros domaines et
que deux de ses frères avaient déjà été enlevés par
la conscription. L'un d'eux avait été tué en Allemagne à la bataille d'Iéna. L'autre n'avait pas donné de
ses nouvelles depuis longtemps, quoique l'on ait su
qu'il était dans le corps d'occupation de Naples.

— Quel âge avez-vous, demanda la mère Martin ?
— J'ai vingt ans.
— Alors vous serez pris pour la conscription si
vous n'avez déjà été appelé pour votre sort ?

— Le jeune homme ne parut pas pressé de répondre à cette question qui semblait le gêner un peu.

La mère Martin ne le perdait pas des yeux et en
femme qui sait interpréter le silence des gens, elle
comprit que la position du jeune étranger était de
celles qui ne sont pas parfaitement avouables.

Elle voulut forcer la confidence qu'on n'osait lui
faire et s'y prit assez habilement.

— Ah ! c'est que voyez-vous, il y a par le pays depuis ces malheureuses guerres qui enlèvent tous nos garçons, des jeunes gens qui ne se soucient pas d'aller se faire tuer au fin fond du monde, et qui se cachent dans nos grands bois de Mercoire, de Bauzon, de Mazan ou des Chambons.

J'en connais plusieurs que les gendarmes, malgré tous leurs efforts et toutes leurs ruses, n'ont pu encore dénicher, et il en vient assez souvent ici, quand il fait trop mauvais et que le pain leur manque.

— Ah ! vous en connaissez ? dit avec curiosité le jeune homme, dont la défiance première était ébranlée.

— Mais oui, et nous ne croyons pas mal faire en leur donnant assistance, en leur faisant un peu la main ; car c'est affreux de prendre tant de monde dans nos montagnes pour les envoyer se faire massacrer au diable. Ça donne tant de peine à élever un garçon jusqu'à vingt ans, et l'Empereur enlève toute cette jeunesse et laisse les pauvres mères se mourir d'inquiétude et de chagrin.

— C'est bien vrai ce que vous dites, et j'ai vu souvent ma mère pleurer et mon père se faire du mauvais sang en voyant la maison se vider chaque année.

— Et vous n'avez pas voulu faire comme les autres et quitter le nid ? Ma foi vous n'avez pas tort et ce n'est pas à Peyrabeille qu'on vous vendra, mon garçon.

Claude Béraud, car c'était le nom du jeune homme dont la mère Martin savait si bien tirer les vers du nez, se sentit tout rassuré.

L'aubergiste avait pris, en lui parlant, un si vif intérêt à son sort et lui avait paru si bien y compatir, qu'il n'avait pas de motif pour lui faire plus longtemps mystère de son état de réfractaire.

— C'est vrai, c'est vrai, dit-il, mais personne au moins ne peut me trahir ici ?

— N'ayez pas peur, mon garçon, vous pouvez être tranquille, et si vous voulez souper et coucher ici, ce ne sont pas les gendarmes qui viendront vous déranger.

— Ça vaudra mieux que de coucher en pleine forêt de Bauzon, ou dans les bois de St Paul-de-Tartas, comme ça m'est arrivé l'autre nuit.

Il y a des jours où je ne trouve pas de la pitance pour manger à mon saoul.

— Et puis c'est qu'on n'a pas toujours de l'argent plein ses poches, quand on est comme vous, loin de la maison, et exposé à faire de mauvaises rencontres dans ces méchants pays.

— Oh ! de l'argent c'est pas ce qui manquerait.

— Oui, oui, vos parents ont dû vous garnir la poche quand vous avez pris la campagne, et ils vous en font passer quand il n'y en a plus.

— En effet, j'ai bien de quoi attendre un bon bout de temps, je n'ai pas l'occasion de dépenser beaucoup.

Avant de partir, j'ai ramassé toutes mes économies, une centaine d'écus, en or, et ma mère a voulu que j'emporte encore quelques napoléons qu'elle avait mis de côté pour mon frère de Naples, mais qu'elle n'a pas pu trouver le moyen de lui faire tenir.

La mère Martin avait écouté avec une joie à peine dissimulée cette dernière confidence.

Pour bien saisir les paroles de Claude Béraud, elle avait imposé silence à ses deux bambins qui faisaient un affreux vacarme à l'autre bout de la salle, et tout en allant et venant pour cacher son jeu, ses oreilles ne perdaient pas un mot.

Elle savait tout ce qu'elle voulait savoir.

Cet hôte amené par la bourrasque était de bonne prise ; il avait de l'argent sur lui, assez pour payer ce qu'il boirait et mangerait, et assez encore pour qu'il en restât en tout bénéfice si on le faisait disparaître.

Sans être une belle affaire, la chose n'était pas à négliger, et la saison n'était pas des plus favorables, car il n'y avait guère que des gens du pays et obligés de voyager qui, de quelque temps encore, passeraient dans ce méchant quartier.

Il est bon de dire incidemment qu'à l'époque dont

nous parlons, les réfractaires étaient nombreux dans nos contrées.

Le montagnard n'aime pas à quitter son foyer, et la conscription inspirait une répugnance et une terreur extraordinaires à nos populations rurales, au moins à son origine.

Ces sentiments devinrent encore plus vifs et plus répandus lorsqu'à la suite des grandes guerres qui marquèrent la fin de la république et le commencement de l'Empire, la consommation d'hommes devint effrayante.

Or, en 1808, l'Europe était le théâtre de faits de guerre incessants et considérables que nous ne voulons pas rappeler en détail, et que tout le monde a présents à la mémoire.

Le blocus continental, les difficultés avec Rome, la guerre d'Espagne et de Portugal, et les conspirations sourdement ourdies par l'Angleterre, l'Autriche, l'Allemagne, la Russie même, contre la terrible puissance de Napoléon, nécessitaient un déploiement de forces militaires immense. Mais il nous suffira de rappeler les lignes suivantes d'un historien pour donner une idée aussi exacte que sommaire de l'état de la France en cette année.

« L'année 1808, dit Th. Lavallée, dans son *Histoire des Français*, avait enlevé deux cent soixante dix mille conscrits, la classe de 1810 était déjà entamée, et les classes antérieures n'étaient pas encore libérées. »

« La France, lasse de victoires, pleurait ses enfants sacrifiés dans un intérêt de dynastie.

« Toutes les mères avaient la conscription en horreur; la gendarmerie n'était occupée qu'à poursuivre les réfractaires; les préfets, pour faire leur cour, grossissaient les contingents de leurs départements.

« On se demandait quand la guerre finirait : Austerlitz, Iéna, Friedland, n'avaient rien décidé; il fallait sans cesse recommencer à vaincre. »

C'est sous l'influence de tels évènements et de telles circonstances que l'Ardèche, la Haute-Loire, la Lozère, etc., voyaient leurs forêts et leurs sommets les moins accessibles recherchés par les réfractaires.

Claude Béraud était un des plus récents membres de cette vaste confrérie de déserteurs qui tenait la campagne pour échapper aux incessantes recherches de la gendarmerie impériale, encouragée dans sa rude besogne par les primes qu'elle recevait pour chaque découverte.

Le jeune paysan venait bien imprudemment de livrer son secret à la femme Martin, et il y avait bien des motifs pour qu'il eût à redouter les conséquences de cette faute de jeunesse.

Mais, il faut bien le dire aussi, il pouvait croire n'avoir pas grand chose à redouter, tant était générale la solidarité des familles montagnardes dans cette lutte contre la conscription, et tant était rare la trahison dans ces régions où tous se connaissent, se redoutent, où tous avaient le même intérêt à s'entr'aider pour se soustraire à la dépopulation des foyers et des fermes.

Au moment où Claude Béraud venait de lâcher les derniers mots de sa confession, le maître de Peyrabeille rentrait dans la salle de l'auberge.

Il regarda sa femme comme pour lui demander si elle était renseignée sur le visiteur.

Elle répondit à cette interrogation muette, mais à laquelle elle était sans doute fort accoutumée, par un signe de tête et un clignotement d'yeux qui parurent contenter maître Pierre.

La nuit se faisait rapidement, la tempête redoublait et faisait rage. Quelqu'un venait de fermer du dehors les volets pleins des fenêtres de la salle.

Celle-ci ne se trouva plus éclairée que par la lueur, assez vive d'ailleurs, du feu qui pétillait dans l'âtre où chauffait une grosse marmite suspendue à la crémaillère.

Les enfants s'étaient rapprochés du feu en se pressant contre leur père qui vint s'asseoir lui-même près du foyer et mit ses deux fillettes entre ses jambes, comme le plus tendre des pères.

Tout en échangeant avec le jeune réfractaire des questions d'une amabilité hypocrite, le maître de

Peyrabeille tournait de temps à autre la tête dans la direction de la porte par laquelle il était entré peu d'instants avant.

Il semblait attendre quelqu'un avec une certaine impatience dont les signes visibles se manifestaient dans l'expression inquiète de sa physionomie.

Claude Béraud, réconforté par le vin chaud que lui avait servi l'hôtesse et par la chaleur du foyer, se laissait aller peu à peu à une sorte de somnolence béate que connaissent bien ceux qui ont eu à souffrir du froid et des morsures d'une bise glacée.

Il s'était dépouillé petit à petit de tout ce qui pouvait le gêner et se trouver en excès dans son accoutrement de coureur des bois, dans cette rude saison.

La femme Martin avait pièce à pièce mis tout cela sur un vieux coffre dans un angle de la salle après l'avoir fait sécher préalablement sur le dossier d'une mauvaise chaise placée à proximité du feu.

Claude Béraud, les jambes à demi allongées et les pieds arcboutés contre les dalles surélevées du foyer, imprimait à sa chaise et à son corps un balancement très prononcé comme s'il eût voulu bercer un doux rêve de bonheur dans ce mouvement régulier si cher aux Orientaux.

Il était facile de voir qu'au premier oubli ou à la moindre exagération de ce balancement familier aux penseurs plus qu'aux hommes d'action, il pouvait tomber à la renverse sur la dalle de granit qui recouvrait le sol.

Pierre Martin l'observait en dessous et suivait toutes les phases de cet exercice qui porte si vite au sommeil, mais il attendait toujours l'arrivée de quelqu'un qui n'apparaissait pas.

Lassé sans doute dans cette attente, il écarta ses enfants placés entre ses genoux, se leva avec précaution comme pour ne point troubler le commencement de sommeil qui s'emparait de son voyageur.

Il allait presser le loquet de la porte intérieure par laquelle il avait déjà passé et repassé, lorsque celle-ci s'ouvrit et le domestique apparut dans la pénombre comme vomi par cette ouverture étroite.

Pierre Martin fit un signe à son valet.

Tous deux échangèrent à voix basse quelques paroles dont le sens pouvait d'autant moins être intelligible pour Claude Béraud, qu'au même moment la femme Martin tisonnait bruyamment son feu et remuait le couvercle de la marmite.

Elle semblait prendre à tâche de faire le plus de bruit possible, afin de couvrir celui du dialogue qui s'échangeait à quelques pas.

Claude Béraud n'y prit point garde et continua son mouvement inconscient de balançoire.

Cependant le domestique montrait à Pierre Martin, avec un sourire quasi sauvage, un objet allongé qu'il tenait entre ses deux mains et dont il avait tout l'air de garantir la solidité.

L'aubergiste vint se rasseoir à la même place qu'il occupait un instant avant à côté du feu et du jeune voyageur.

Il fit même en sorte de s'en rapprocher à une distance que son œil calculait habilement.

Pendant ce temps, Rochette, le jeune et déjà vigoureux serviteur du Peyrabeille, se glissait, sans attirer l'attention derrière Claude Béraud, tenant à la main et à peine dissimulée, une lanière de cuir disposée en forme de large boucle.

Les fillettes de la maison qui voulaient revenir prendre leur place entre les genoux de leur père furent éloignées d'un geste dur et qui n'admettait pas de réplique.

Comme domptées par ce signe qu'elles connaissaient déjà peut-être, elles se retirèrent à l'autre coin du foyer près de la mère.

Aussitôt trois regards se croisèrent à la fois sur Claude Béraud qui en eût eu un frisson d'effroi s'il eût pu les sentir et les voir, dans le demi sommeil qui l'avait gagné tout en se berçant machinalement.

En moins de temps qu'il n'en faut pour l'écrire, Pierre Martin poussait du pied la chaise de Béraud en rupture d'équilibre, et d'un mouvement aussi rapide que sûr, Rochette passait au cou du jeune garçon le collet de cuir dont le nœud se serra horriblement sous le poids du corps brusquement renversé sans autre appui possible.

C'est à peine si un faible cri put s'échapper de la gorge du malheureux Béraud, dont la tête vint frapper la dalle avec un bruit sourd et terrible que répercutèrent les murs de la salle.

Etourdi par cette chute affreuse en même temps qu'étouffé par le nœud coulant de cuir dont Rochette tendait avec un dernier effort l'extrémité, en appuyant un pied sur son front, Claude Béraud fit à peine quelques mouvements convulsifs.

Puis, malgré sa vigueur et sa jeunesse, ses bras et ses jambes retombèrent inertes sur le sol et son visage revêtit le ton livide et l'expression résignée des victimes brusquemment séparées de la vie.

Il n'y avait pas eu de lutte dans cette attaque sauvage, et tout s'était passé, sans doute, ainsi que l'avaient concerté peu avant les misérables qui faisaient le métier d'assassins.

Pierre Martin s'était levé presque en même temps qu'il avait poussé le malheureux à la renverse, et maintenant qu'il avait vu réussir la double opération arrêtée avec son domestique, il n'avait plus qu'à constater la mort du réfractaire.

Il se pencha vers le cadavre, souleva les pieds, puis les bras, mit la main du côté du cœur, écouta, puis se releva avec le plus grand calme.

Il regarda sa femme, puis Rochette, avec une satisfaction féroce.

— En voilà un qui peut se vanter d'avoir de la chance ; il n'a pas souffert.

— Son affaire a été vite faite, remarqua la femme.

Il m'a donné tout de même une rude secousse au bras quand il est tombé, ajouta le domestique, car je voulais que le nœud fût serré avant qu'il touchât terre.

— Ce n'est pas mal combiné, fit observer Pierre Martin, et il ne fallait pas qu'il y eût du sang.

Avec la neige, le sang fait la trace et ça ne vaut rien.

— Maintenant, reprit le maître de Peyrabeille, il ne faut pas attendre plus longtemps pour nous débarrasser de ce corps. On ne sait pas qui peut arriver malgré le temps qu'il fait, et il est bon de se mettre en règle avec la justice.

— Attrape, Jean, dit Pierre Blanc à son valet en lui montrant la tête pendant qu'il s'emparait des jambes ; et à l'écurie. — Femme, éclaire-nous un brin.

La femme prit une lampe à crochet, pendue au rebord de la cheminée, l'alluma avec une brindille de genêt prise au feu et précéda, en l'éclairant, le lugubre convoi qui s'acheminait vers une petite pièce en communication avec la salle et qui servait d'écurie.

Les enfants ouvraient de grands yeux et muets

d'épouvante à ce spectacle, sinon nouveau, du moins toujours émouvant pour leur jeune imagination, ils faisaient mine de suivre. La mère s'en aperçut et d'un geste impérieux les cloua sur place, immobiles et comme hébétés.

Elle avait encore la pudeur d'épargner à ces jeunes êtres le spectacle plus odieux qui allait succéder au meurtre.

Il s'agissait, en effet, de dépouiller le mort et de réaliser les profits du crime.

On étendit le cadavre de Béraud sur un coffre à avoine.

Là, on promena la lampe fumeuse sur sa figure, afin de s'assurer une fois encore qu'il avait cessé de vivre.

Le visage avait pris une teinte bleuâtre.

L'asphyxie était complète, il n'y avait plus rien à craindre ; la mort avait bien accompli son œuvre.

Tout en tenant sa lampe d'une main, Marie Breysse fouillait de l'autre, et dans tous les sens, les poches des vêtements, et tout ce qu'elle y trouvait de menus objets, de papiers et de monnaie, elle le mettait avec une singulière cupidité dans la large poche de son tablier.

Déjà la montre du mort, son couteau, son briquet, avaient été lestement enlevés et plongés dans la poche avide de butin.

Puis on mit à nu la poitrine et le reste du corps et

l'œil des trois criminels brilla d'une joie extraordinaire, lorsqu'ils aperçurent autour du corps une ceinture de cuir serrée à même sur la peau.

Le domestique avait tiré son couteau pour la trancher rapidement, lorsque Pierre Martin s'y opposa d'un geste d'autorité.

La ceinture était en bon état et il n'était pas sage de la mettre hors de service en la coupant.

On avait le temps de la détacher sans l'endommager et ce n'était pas une pièce indispensable à un homme qu'on devait trouver mort de froid dans les landes couvertes d'une épaisse couche de neige.

On défit avec précaution les courroies de la ceinture en soulevant le cadavre pour la retirer.

La femme Martin s'empara aussitôt d'une extrémité et tira à elle la ceinture qu'elle tint suspendue un instant pour en constater le poids.

Elle était lourde.

Toute la fortune du malheureux Béraud était bien là ; on ne pouvait en douter.

C'était assez ; c'était tout ce que l'on pouvait attendre, et il n'était plus nécessaire de perdre à des recherches superflues un temps qui pouvait être mieux employé.

On rhabilla le cadavre, mais ce ne fut pas sans quelque regret qu'on lui laissa ses vêtements et ses chaussures en bon état, dont la suppression aurait cependant pû faire supposer un crime, là où on ne devait voir qu'un accident.

Il importait d'éloigner tout soupçon des habitants de Peyrabeille, et c'était là un sacrifice, à la vérité, mais un sacrifice dont on se dédommagerait dans une occasion meilleure.

— Allons, dit Blanc à son valet et complice, apporte l'*embayard* (1), nous mettrons le corps dessus, et nous irons le porter dans le fossé de la route, à une portée de fusil d'ici.

— Après l'auberge, demanda Jean Rochette.

— Mais non, au contraire, en avant, car on ne pourra pas supposer qu'il ait pu atteindre notre maison et la dépasser, ce qui serait louche.

Il faut qu'on voie qu'il n'a pu arriver jusqu'ici et qu'il a dû tomber de fatigue et de froid avant d'atteindre cette maison qui eût été son salut.

— C'est juste, patron, vous pensez à tout. Voilà le garçon tout prêt à emporter ; en route si vous voulez.

La femme cacha sa lampe dans une encoignure et alla ouvrir avec précaution la porte de l'écurie qui donnait sur la route.

Elle jeta un coup d'œil au dehors pour s'assurer que rien de suspect ne pouvait, à tout hasard, compromettre la sécurité de ses hommes.

— Vous pouvez aller, dit-elle ; il fait un temps de

(1) Civière en bois servant à porter un fardeau à deux, et dont se servent les maçons pour transporter la pierre.

chien, et il faut se méfier des congères, car on n'y
voit guère plus que dans un four.

— Bast, dirent les deux hommes, ça nous connaît
le mauvais temps, et ça évite bien de la besogne aux
pauvres gens comme nous, obligés de cacher un
cadavre.

Dans une demi-heure au plus tard, tout sera fini et
nous pourrons souper tranquillement.

Tous deux s'engagèrent d'un pas vif sur la grande
route.

La neige tombait moins drue parce que le froid de
la nuit commençait à se faire sentir.

Une demi-clarté était même répandue dans l'espace
par les rayons d'une lune aux environs de son plein,
dont la lumière tamisée par cette atmosphère chargée
de neige, avait quelque chose de sépulcral.

On eût dit la lueur blafarde et froide tombant d'une
lampe d'albâtre sur les dalles d'une chapelle funé-
raire.

L'aubergiste et son valet n'étaient peut-être pas
aussi fermes sur leurs jambes qu'ils voulaient le paraître en sortant de Peyrabeille.

Leurs yeux plongeaient de tous côtés dans la brume
glaciale qui couvrait le plateau.

La course effarée de quelques loups, les eût trou-
blés quelque peu à ce moment, tant leur conscience
était mal à l'aise.

Cependant ils marchaient toujours, en allant sur Pradelles.

Mais ils étaient parvenus à trois cents mètres à peine de l'auberge, lorsque Pierre Martin donna à voix basse l'ordre de s'arrêter sans poser la civière à terre.

Il étudia comme un trappeur indien le terrain qui l'environnait.

Il avisa un côté de la route en contre bas de la lande, dont le fossé avait à peu près disparu sous cette première couche de neige, sans cesse relevée par la rafale et amassée contre le talus.

— Jean, dit-il, c'est là qu'il faut planter notre homme, sans rien lâcher.

Approchons du fossé à petits pas, en laissant le moins de traces possible, et versons le corps dans la congère.

— Oui, répondit le valet, mais on verra au jour que quelqu'un est déjà venu là, puisque nos pieds marqueront.

— Allons mon garçon, on voit bien que tu ne connais pas le pays à fond. Ça se comprend, tu es encore bien jeune.

Mais moi je te dis, foi de Martin, qu'au point du jour la neige tombera de plus belle, que le vent soufflera, et que toute trace aura disparu pour ceux qui viendront après, et il n'y a pas à craindre qu'il en vienne beaucoup ici avec un bon pied et demi de neige déjà tombée.

Le corps fera son trou dans la congère, jusqu'à ce qu'il arrive au fond. Il sera encore recouvert par la neige nouvelle et ce n'est que dans deux mois peut-être qu'on pourra le revoir, et alors !...

— Oh ! alors, reprit Jean Rochette, les loups, les rats et autres sauvagines qui crèveraient de faim, auront travaillé dessus et du diable si l'on peut reconnaître que c'est un être humain qui a reçu son congé.

— Justement, ajouta Pierre Martin, tu as compris l'affaire. C'est pas plus malin que ça, mon garçon ; une, deux, trois... v'lan... Et un bruit sourd et profond s'entendit à peine

Le corps de Claude Béraud, balancé pendant deux secondes sur la civière, venait d'être versé dans un amas de neige de plusieurs pieds d'épaisseur, au milieu duquel il avait disparu comme dans un moëlleux linceul.

On ne distinguait plus dans la nuit qu'un trou béant dont l'ombre faisait tache sur la blancheur virginale du tapis de neige qui recouvrait les alentours.

Les deux hommes, une fois leur tâche accomplie, s'essuyèrent le front en ne laissant reposer leur brancard que par une pointe des bras.

— Suivons la même trace, dit Pierre Blanc au valet, les pieds dans les pieds si c'est possible.

Et ils revinrent ainsi à l'auberge, ayant marché avec une peine horrible dans la neige jusqu'au genou, et suant à grosses gouttes, quoique leur barbe et leurs cheveux fussent givrés par la neige qui leur fouettait le visage.

Ils n'avaient pas mis plus d'une demi-heure à terminer leur lugubre corvée.

Le souper et un bon feu les attendaient.

Les enfants étaient couchés et dormaient comme des innocents, malgré les scènes hideuses auxquelles ils venaient d'assister.

Pierre Martin et Jean Rochette rentrèrent par l'écurie où l'embayard fut déposé, et de là pénétrèrent dans la cuisine en secouant leurs pieds et leurs gros bonnets de laine feutrée tout chargés de neige.

La femme Martin qui achevait de mettre sur la table un gros morceau de lard tout fumant dont la buée odorante obscurcissait la lumière, tourna la tête du côté où venait de s'ouvrir la porte.

Elle se fit un abat-jour avec sa main droite, comme pour mieux reconnaître si les deux hommes étaient bien là, sains et saufs.

Cette constatation parut la rassurer, surtout lorsqu'elle eut vu Jean Rochette, ce jeune domestique qui devait prendre sur elle un ascendant si grand ou subir le sien d'une façon si funeste, s'avancer vers la table avec son allure accoutumée.

Elle esquissa un sourire à l'adresse du valet, comme pour le récompenser du glorieux exploit qu'il venait d'accomplir et dont elle avait pu déjà compter la valeur.

— C'est fini, dit-elle en patois aux deux hommes ?

— Son compte est bien réglé répondit le domestique, et dans une heure il aura une bonne couverture d'un demi-pied de neige.

— Il y en aura pour un moment avant qu'on découvre sa carcasse, reprit Pierre Martin avec un flegme lugubre.

Mais as-tu compté ce qu'il y avait dans son magot, ajouta le bonhomme, s'adressant à sa femme.

— Ça, c'est mon affaire et je crois que je n'ai pas l'habitude de rien laisser perdre.

J'ai tout retiré. Le garçon n'était pas à plaindre et il avait de braves parents qui ne le laissaient pas souffrir d'argent.

— Mais enfin, combien avait-il ?

— Trois cent cinquante et quelques francs en or ou en argent.

— Oui, mais si on le retrouve encore en bon état, on sera bien étonné de ne pas trouver un sou sur lui, alors qu'il était en route.

— Aussi, répliqua la femme avec un petit geste de

malice, ai-je mis un écu et quelque petite monnaie dans la poche de ses brayes avant qu'on l'emporte.

— Tu as fait ça, femme, bien vrai ?

— Mais comme je le dis.

— Eh bien ! tu n'a pas mal agi, et ça me tranquillise.

Voyons un peu la trouvaille, puisque nous sommes seuls. En soupant ça fera plaisir à Jean et à moi de regarder cette monnaie et le reste.

Marie Breysse parut quelque peu contrariée de cette demande et chercha à détourner la conversation d'un autre côté. Mais Pierre Martin insista pour voir le butin et sa femme sortit d'un petit placard placé dans le mur à gauche, sous le vaste manteau de la cheminée, une poignée de divers objets parmi lesquels le plus volumineux était la ceinture de cuir de Claude Béraud.

Elle posa le tout sur la table non sans avoir jeté un regard inquiet vers les rares ouvertures de la salle, comme si elle eût eu à redouter quelque œil indiscret.

Elle alla d'ailleurs s'assurer que les rideaux de serge rouge placés sur les petites fenêtres étaient tirés et qu'on ne pouvait voir du dehors.

Puis elle poussa le verrou de la porte jusqu'au fond de son entaille et revint pour présider elle-même à la reconnaissance du produit du vol.

De la ceinture de cuir aux nombreux petits compartiments, elle fit tomber les Napoléons d'or et les autres pièces qui les garnissaient.

On compta, on recompta.

C'était bien la somme annoncée.

Puis, tout en mangeant la soupe et le lard accompagné de belles pommes de terre cuites à l'eau, on regarda les divers objets extraits des poches du mort.

Il y avait là un portefeuille garni de quelques papiers jaunis dont aucun ne représentait quelque chose de valeur.

Une vieille bourse en filet de soie verte et un couteau à manche de buis curieusement travaillé, puis la montre en argent et son cordon solide fait de lanières de cuir tressées, auquel pendait une large clef de cornaline rougeâtre, en forme de disque ovale et aplati, complétaient le butin.

Le domestique avait dirigé ses yeux vers le couteau, et il l'avait pris dans ses mains et le retournait en l'examinant avec un visible désir de le posséder.

— Prends-le, Jean, dit Marie Breysse, puisqu'il te fait envie. Tu l'as bien gagné d'ailleurs, et il pourra te servir plus qu'à mon homme, qui est une poule mouillée lui, lorsqu'il s'agit de faire un bon coup.

Jean Rochette ne se le fit pas dire deux fois, et il mit dans sa poche ce couteau bizarre qui, plus tard, faillit lui être fatal.

Comme on l'a vu, le partage des dépouilles du

malheureux Béraud n'avait pas été bien long ni bien difficile.

« C'est que la femme Martin ne comprenait pas autrement les choses et son autorité s'imposait à tous dans la maison.

Pierre Martin n'aurait pas osé retenir plus longtemps le petit trésor dont sa femme avait déjà réuni dans ses mains avides les pièces éparses pour les resserrer en lieu sûr et discret.

Il savait qu'il ne fallait pas trop discuter avec elle sur des questions aussi délicates que les questions d'argent et de lucre.

Quant à Jean Rochette, il avait les meilleures raisons du monde pour se contenter de peu dans ce partage sommaire.

Marie Breysse savait lui rendre faciles cette abnégation apparente et ce désintéressement.

Comme l'avait fort bien prévu Pierre Martin, la neige recommença à tomber vers le matin avec de plus furieuses rafales, et toutes traces des lugubres funérailles de la veille disparurent sur la route, dont les bords n'étaient plus marqués que par une légère différence de niveau.

Tout le vaste plateau, sur lequel s'élevaient les deux seules maisons de Peyrabeillo, n'était plus qu'un désert glacé, balayé par la tempête.

Les rouliers dont les lourdes charges sillonnaient si fréquemment cette route avaient suspendu leurs voyages, car il eût été imprudent de s'aventurer dans ces parages tant que la trace n'était pas faite par les cantonniers et les habitants réunis, ou tant qu'un vent favorable n'avait pas emporté dans les gorges et les ravins la neige accumulée sur certains points, à des hauteurs prodigieuses.

Un dégel complet était chose plus rare à cette époque de l'année, et il ne fallait pas l'espérer avant le mois de février ou de mars, alors que le soleil est plus chaud et que quelques belles journées ne sont pas rares.

Ce ne fut que dans les premiers jours de mars que la neige se mit à fondre sous l'influence du vent du sud, qui seul, a le pouvoir de dissoudre, avec le soleil déjà plus chaud, ces masses glacées, entassées partout comme des obstacles souvent insurmontables.

Mais s'il dégelait pendant le jour, ce qui est déjà une bonne fortune pour ces altitudes, peu privilégiées d'ailleurs, il gelait de nouveau pendant la nuit et le travail opéré était d'autant plus faible que les nuits étaient beaucoup plus longues que les jours dans cette saison.

Enfin arriva le moment où l'on ne vit plus la neige que par gros tas isolés, dans les ravins, dans les parties des versants et des routes tournées vers le nord et privées de soleil.

Le premier charretier qui se hasarda à monter de

Mayres vers Pradelles ne fut pas trop étonné en apercevant sur l'un des côtés de la route à peu de distance de Peyrabeille, une masse noire qui se détachait en vigueur sur une couche de neige encore épaisse.

Il eut quelque peine à reconnaître le corps d'un homme dans ce cadavre à demi détruit par les fauves et que venaient déchiqueter chaque nuit les nombreux animaux de proie que la faim aiguillonnait.

Il chercha vainement à distinguer dans ces restes humains les traits ou les signes qui eussent pu le mettre sur la voie de l'identité du malheureux, et ne pouvant y parvenir, il ne jugea pas opportun de revenir sur ses pas pour signaler sa découverte, et poussa vers Pradelles.

Ce ne devait pas être pour lui chose nouvelle sans doute qu'une semblable rencontre dans ces régions inhospitalières où chaque hiver jalonne les routes et les traverses, de malheureuses victimes surprises par l'ouragan ou trompées par les profondeurs inconnues comblées par la neige.

Ce ne fut qu'à Pradelles, où il ne parvint qu'à grand'peine, que le voiturier raconta sa découverte, et c'est à peine si l'on s'en émut, tant le fait parut naturel.

D'ailleurs, on n'avait parlé d'aucune disparition dans la population, jusqu'à ce moment, et aucun avis n'était venu des communes voisines pour signaler aux autorités l'absence d'un habitant, en dehors des cas déjà connus de réfractaires à la conscription.

Deux jours après seulement, deux gendarmes se transportèrent à l'endroit indiqué et trouvèrent ces informes débris qu'ils n'eurent qu'à faire enfouir sur place, après avoir dressé du fait un procès-verbal des plus sommaires et parfaitement insignifiant.

Toutefois, ils recueillirent toutes les pièces du vêtement qui purent être détachées du cadavre, car l'humidité prolongée dans laquelle il avait séjourné pendant deux longs mois, n'avait pas peu contribué à les détériorer.

A ce travail de décomposition s'était ajouté celui des animaux carnassiers dont les dents ou les griffes n'avaient laissé que de faibles parties intactes.

Les gendarmes avaient en vain fouillé ces débris pour y trouver quelque papier ou quelque objet susceptible de fournir un indice sur l'identité du mort.

Ils n'avaient découvert que la faible somme laissée dans les poches de Claude Béraud, et qui semblait démontrer péremptoirement pour eux, que cet homme n'avait point été victime d'une agression ou d'un vol.

Ils emportèrent ces loques sanglantes et informes, comme c'était d'ailleurs leur devoir, mais à quoi devaient-elles servir ?

Les gens de Peyrabeille chez lesquels les gendarmes n'eurent garde de manquer d'aller prendre quelque nourriture après leur besogne accomplie, jouèrent la surprise et la compassion au récit de cette trouvaille.

— Bast! dit Pierre Martin, cela n'a rien d'étonnant avec le temps que nous avons eu ici depuis décembre.

Si au moins ce pauvre diable eût pu arriver à la maison, il aurait été sauvé pour sûr.

— Certainement, dirent les gendarmes, et son malheur a voulu qu'il perdît courage, ou que l'obscurité l'ait empêché de voir sa route, car il n'avait pas beaucoup de chemin à faire pour être au port, chez de braves gens qui lui auraient donné asile et secours.

Pierre Martin et les siens étaient désormais assurés de l'impunité.

La neige avait été discrète et les carnassiers s'étaient fait les meilleurs complices de leur œuvre de mort.

Qui pouvait reconnaître Claude Béraud, le réfractaire, dans ce squelette, et qui songerait à le rechercher là? Qui oserait d'ailleurs le réclamer?

Sa disparition resterait éternellement un mystère, et cet être jeune et fort était descendu dans la nuit de la mort sans bruit, sans laisser de trace, sans qu'un soupçon pût s'élever contre ses assassins.

C'était le triomphe du crime, moins les surprises que réserve le hasard, ce sobriquet de Dieu, aux bandits qui se jouent de toutes les lois divines et humaines.

Ce résultat était des plus encourageants, à la vérité.

Nous avons dit que Claude Béraud était la première victime des assassins de Peyrabeille.

Mais ce n'est là qu'une supposition à laquelle nous sommes réduit, à défaut de données plus certaines qu'il n'est sans doute au pouvoir de personne de fournir aujourd'hui, à une si grande distance des évènements dont Peyrabeille fut le théâtre toujours fort mystérieux.

La justice elle-même n'a sans doute pu recueillir tous les détails et toutes les particularités curieuses dont nous avons pu retrouver la tradition et le souvenir chez des contemporains, et sur les lieux témoins de ces drames sanglants.

Pierre Martin ne devait pas en être à ses débuts dans le crime lorsqu'il vint s'établir à Peyrabeille dans la maison de Roynaud, l'une des deux habitations ou fermes que comptait seulement Peyrabeille avant que Pierre Martin fit construire l'auberge fameuse où s'accomplirent ses derniers crimes, ceux que la justice put enfin constater et châtier.

Cet homme était d'une race que le crime avait déjà marquée de son sceau d'infamie et sur laquelle la main de la justice devait s'abattre plus d'une fois, comme nous aurons occasion de le rappeler.

Il est de tradition, en effet, que le père de Pierre Martin, dit de Blanc, que l'on a tout lieu de croire originaire de Sagnes-et-Goudoulet, se serait expatrié de cette localité à la suite d'un meurtre commis par lui sur un garde forestier.

On ajoute même qu'il avait terminé sa vie comme devait le faire son digne fils, par la main du bourreau, mais nous n'avons pu recueillir encore la preuve de l'exactitude de cette tradition.

Ce que nous savons de plus certain, c'est que l'auteur direct de Pierre Martin s'appelait Jean, qu'il portait déjà le surnom de Blanc, et celui non moins significatif de Danton.

Il épousa à Lanarce, le 19 octobre 1750, Thérèse Beaufils, pour lors fille de cultivateurs de la Chapelle-St-Philibert, commune peu éloignée de Lanarce.

LES BANDES DE BRIGANDS DE LANARCE

Une famille prédestinée.

Ce Jean Martin qui quitta son village de Sagnes pour venir avec sa famille habiter La Chapelle-St-Philibert, aurait été un digne précurseur de ses fils et neveux dans la voie du crime.

Ce n'est que furtivement, en effet, qu'il aurait fui son pays d'origine après avoir commis un meurtre sur la personne d'un garde-forestier qui l'aurait surpris en flagrant délit de vol de bois, dans une forêt dont cet agent avait la surveillance.

Ces crimes n'étaient certes pas rares à la fin du dernier siècle et au commencement de celui-ci, alors que les montagnards de l'Ardèche avaient pu contracter l'habitude d'une liberté à peu près complète dans les délits forestiers, et d'une impunité que tout conspirait à leur assurer.

Les grands propriétaires territoriaux appartenaient tous ou presque tous à la noblesse avant la révolution.

Comme celle-ci avait émigré en grande partie ou avait été victime de la justice révolutionnaire, les grandes forêts étaient devenues la proie du séquestre ou avaient été vendues comme biens nationaux.

Les communes avaient sans doute aussi pris possession de certaines portions des domaines seigneuriaux ou nationaux, pendant la période de trouble et d'anarchie qui succéda à l'ordre de choses auquel l'autorité royale et son administration provinciale assuraient la régularité.

Le brigandage s'était établi dans certaines parties de nos montagnes et exerçait ses ravages pour ainsi dire publiquement dans les régions les moins accessibles aux agents de l'autorité.

Les massifs forestiers de Bauzon et de Mazan qui couvraient plus complètement encore qu'ils le font aujourd'hui, la contrée dont Larnarce est un des principaux centres, abritaient des bandes de voleurs et d'assassins, s'abritant même sous les apparences d'associations politiques contre-révolutionnaires et royalistes.

Le fait n'est point douteux, car le souvenir s'en est conservé très vivace dans ce pays, et certaines localités sont connues comme ayant servi de repaire à ces bandes redoutables.

Ainsi, pendant les années troublées de la révolution, où le règne des lois et l'exercice d'une police quelque peu sérieuse étaient suspendus au profit d'une justice purement politique, il s'était formé aux environs de Lanarce, comme dans beaucoup d'autres localités offrant des conditions analogues de sauvagerie et d'isolement, une sorte de chouannerie et de brigandage.

Le voisinage des forêts de *Bauzon* et du *Faulre* se prêtaient d'ailleurs admirablement à ce genre d'industrie criminelle, qui sévit de l'an VIII à l'an X.

On dit que la bande qui avait son quartier principal sur ce point, comptait une cinquantaine d'invidus, ramassis de gens d'un peu partout, tels que Garidel, Chanéac, Tristan et bien d'autres qui n'ont rien de commun avec les héros de Jalès, défendant leur foi et leur Roi.

Le chef de cette bande, au moins, était un indigène de Lanarce du nom de Duny.

Il avait reçu de ses compagnons et des gens des environs, témoins de ses exploits farouches, le surnom de *Roi de Bauzon*, le Damné de Bauzon.

Duny avait établi son quartier général et son repaire, véritable forteresse naturelle, au milieu d'une forêt tout à fait voisine de Lanarce, appelée le *Faulre*.

C'était à un point que l'on montre encore aujourd'hui, et qui a conservé le nom de *Camp du Faulre*, ou Camp du Roi de Bauzon.

Ce personnage dangereux et terrible, dont l'autorité était solidement établie sur les gens de son entourage comme sur les habitants de la contrée, vivait de rançons et réquisitionnait à discrétion tout ce qui était nécessaire à son existence et à celle de ses hommes.

Il se faisait même payer un certain impôt en nature, pain, viande et fromage, par les familles qui voulaient être à l'abri du pillage exercé par sa bande.

Les voyageurs qui passaient dans ces parages, car la route d'alors passait à proximité du camp de Bauzon, étaient non seulement rançonnés, mais encore exécutés sommairement lorsqu'ils ne livraient pas de bonne grâce leurs marchandises et leur argent.

Plus d'un cadavre est enfoui dans ces lieux jadis témoins des exactions et des meurtres du Roi de Bauzon.

Mais il vint un jour où, fatigués de cette vie de bandits et plus préoccupés de la restauration de quelque justice en France, les compagnons de Duny l'abandonnèrent successivement.

Puis à mesure que la loi reprenait son cours, et que de tels défis jetés à la société et à la civilisation attirèrent l'attention de l'autorité et provoquèrent ses poursuites, chacun chercha à se tirer du mieux possible de la situation dangereuse où il avait vécu jusque-là trop impunément.

Les moins connus et les moins compromis de ces bandits purent s'échapper des mains de la justice qui les avait enfin recherchés pour leur demander compte de tant d'années de crimes et de délits.

Duny fut naturellement traqué avec plus d'ardeur et de zèle.

Il fut obligé de se cacher dans une véritable tannière qu'il avait pratiquée dans le bois parmi les roches et les laves, au milieu desquelles les lianes épineuses et une végétation abondante formaient une retraite impénétrable.

C'est là qu'une maîtresse connue dans le pays sous le nom de Mariannon, lui portait à manger et venait lui tenir discrètement compagnie.

La gendarmerie qui ne pouvait découvrir la retraite de Duny, l'introuvable Roi de Bauzon, dont la tête était mise à prix, eut recours à des moyens que la cupidité rend toujours efficaces.

Elle gagna à prix d'argent la maîtresse de Duny, et un beau jour celle-ci oublia tout, l'amour et la crainte que lui avait si longtemps inspirés le Roi de la forêt.

Elle servit elle-même de guide aux agents de la force publique et les conduisit à la tannière de son amant.

Le Roi de Bauzon se voyant trahi, dit à Mariannon en lui montrant le poing : si j'en réchappe, tu ne mourras que de mes mains.

Mais cette menace fut vaine.

Duny fut capturé et conduit avec toutes les précautions possibles à Privas.

Il mourut dans la prison avant d'avoir pu être jugé, ainsi que la chose arriva, il y a quelques années, d'un jeune bandit et assassin, le nommé Jargeat, que la petite vérole enleva peu de jours avant l'ouverture des assises auxquelles il devait comparaître.

Lui aussi avait été un instant la terreur de nos campagnes et promettait de devenir un criminel des plus redoutables, s'il eût pu poursuivre le cours de ses exploits.

C'est dans ce milieu où florissait le banditisme et le meurtre et une sorte d'état sauvage et cruel, qu'avait sans doute vécu Jean Martin, et qu'il y avait puisé les dangereux exemples qui devaient faire de lui et de sa lignée des assassins.

On peut même supposer qu'il n'était point resté étranger à ces organisations révolutionnaires ou criminelles dont la contrée était le siège si propice, et que ses enfants ont dû subir, dès leur bas âge, cette contagion effroyable de la barbarie et du mépris des lois.

Ce qui rendrait cette supposition plus probable encore, c'est que nous voyons figurer dans la bande du Roi de Bauzon, au titre de capitaine, un nommé Beaufils qui était le frère de Thérèse, la femme de Jean Martin, et par conséquent l'oncle maternel de Pierre Martin, de Peyrabeille.

Ce charmant homme fut pris par les soldats réguliers envoyés à Lanarce pour capturer ou disperser la bande de Duny, et il fut fusillé près du mas de Clair.

Son corps fut jeté dans la rivière d'Espezonnette, où il resta quelques jours, puis il fut retiré de là pour être inhumé au cimetière de Lanarce.

Nous verrons plus loin qu'il ne fut pas le seul membre de la famille Martin sur lequel ait pesé l'accusation d'avoir fait partie de cette dangereuse chouannerie qui infestait le pays et y exerça ses déprédations et ses violences.

Mais poursuivons cette généalogie instructive dont les détails et les documents à l'appui, achèveront de faire connaître les personnages de cette histoire.

Lorsque Jean Martin, dit de Blanc, vint s'établir avec Thérèse Beaufils, sa femme, à Lachapelle-St-Philibert, commune de Lanarce, il était suivi de quatre fils et de quelques filles.

Les fils s'appelaient Joseph, André, Jean et Pierre.

Ce dernier devait être le fameux aubergiste de Peyrabeille, dont nous avons à retracer les crimes.

Voici comment ces fils se répandirent dans le pays.

Jean vint à Lanarce, et Pierre Martin s'étant marié vers 1793 avec Marie Breysse dont le père était fermier à Issanlas, commune de Mazan, se fixa comme fermier lui-même au domaine de Chabourzial, près de Choffour, hameau de la même commune.

Nous dirons en passant, que 7 ou 8 ans avant son mariage avec Marie Breysse, Pierre Martin avait perdu sa mère, Thérèse Beaufils, morte à Lachapelle-

St-Philibert et inhumée le 11 juin 1788, ainsi que l'indiquent les registres de la paroisse.

Joseph, l'aîné des fils de Jean Martin, resta avec ses parents à la Chapelle-St-Philibert où il leur aida à exploiter leur ferme.

Il se serait, dit-on, rendu coupable d'un meurtre à Pomeyrol, près de St-Cirgues en Montagne, et ce crime dont on n'aurait pas connu l'auteur, au moins de son vivant, serait resté impuni.

Joseph Martin se maria avec une fille du pays, Thérèze Piolot et perdit sa femme peu avant sa propre mort, car elle fut inhumée le 18 juin 1818, et lui mourut le 14 décembre de la même année.

André Martin dit Blanc, comme ses frères, vint se fixer à la Grange de Mouret, sous Trespis, territoire de la commune de Lavilatte.

Jean Martin, le dernier des fils, habitait aussi le même quartier et l'on assure qu'avec le précédent, André, il faisait partie de la bande de Duny au camp du Fautre.

C'était, on le voit, une profession de la famille.

Jean Martin mourut à Lanarce et son frère André serait, dit-on, mort en mendiant son pain.

Singulières destinées que celles de cette descendance marquée du sceau de la fatalité, et qui fournit tant d'exemples d'une mort tragique et violente, car nous n'en avons pas épuisé la nomenclature.

Les familles Martin dit de Blanc et Breysse.

Quelle que soit l'impatience du lecteur de nous voir poursuivre le récit plus émouvant des crimes nombreux des aubergistes de Peyrabeille, nous croyons nécessaire et utile de consacrer encore un chapitre à la généalogie des familles Martin et Breysse.

Le lecteur ne perdra rien pour attendre un peu, et nous lui aurons fait connaître dans tous ses détails la filiation de cette lignée que le crime, à défaut de vertus et de gloire, a rendue célèbre.

Nous serons ainsi dispensé de revenir sur ces détails biographiques dans le cours de notre histoire, et le lecteur connaîtra bien les divers personnages qui sont appelés à figurer sur la scène pendant ce long drame.

Ainsi que nous l'avons dit, l'auteur commun des Martin, dits de Blanc, se maria en 1750, et il donna naissance à un fils aîné, du nom de Joseph qui naquit en 1753 et à un second fils, Pierre Blanc, qui naquit en 1773.

A la date de 1790, eut lieu le mariage d'André Martin, frère de Pierre, de Peyrabeille, avec une nommée Marguerite Martin.

De cet André Martin, qui était de Lanarce, naquit un fils, auquel fut donné le même prénom d'André, et dont l'acte de baptême est inscrit sous la date du 1ᵉʳ novembre 1798, c'est-à-dire huit ans après le mariage.

C'était le neveu de Pierre Martin, de Peyrabeille et nous le verrons plus tard, arrêté comme complice des crimes de son oncle, au service duquel il resta pendant un certain laps de temps.

Ce neveu avait le même âge que Jeanne Marie, sa cousine, fille aînée de Pierre Martin Blanc.

Cette dernière était née, en effet, le 25 décembre de cette même année 1798, au domaine de Chabourzial où habitaient ses parents, et qui alors dépendait de la paroisse de St-Cirgues-en-Montagne, tandis qu'il est aujourd'hui compris dans la commune de Mazan.

Jeanne Marie, qui joue un rôle particulièrement curieux dans cette histoire, eut pour parrain Louis Breysse, son grand père maternel, dont nous allons parler, et pour marraine Jeanne Belin, sa grand mère maternelle, qui habitaient à cette époque la Chapelle St-Philibert.

« C'est bien à la descendance de Joseph, l'aîné des fils de Jean Martin et de Thérèse Beaufils, qu'il est permis de faire l'allusion que nous avons faite précédemment en disant que cette famille était prédestinée au crime et que nous n'avions pas épuisé la nomenclature de ceux auxquels son nom se trouvait mêlé.

Nous aurons en effet, à rappeler plus loin la série des arrêts de la justice qui ont frappé trois des enfants de cette lignée illustre.

Les descendants des deux autres frères, André et Jean, de Lanarce, et de la plaine de Mouret, n'ont point laissé les mêmes souvenirs sanglants dans le pays qu'ils ont habité, et dans lequel vivent encore leurs représentants ; ils ont eu, de plus, la bonne pensée de se dépouiller du surnom de *Blanc*, qui paraît avoir été retenu particulièrement par l'aîné, Joseph, par ses fils, et par Pierre, l'aubergiste.

Ce surnom qui a retenti plus d'une fois sous les lambris de la cour d'assises ou du tribunal correctionnel de Privas, a prolongé ainsi jusqu'à nous le lugubre écho des crimes de Peyrabeille, et l'on peut dire que dans la région de Lanarce, ce malheureux sobriquet est devenu le synonyme de voleur et d'assassin.

On est fondé à croire qu'à l'époque où André Martin se maria, c'est-à-dire en 1790, le père et la mère

Martin vivaient encore, car les registres paroissiaux de cette année ne mentionnent pas leurs décès.

Ils désignent au contraire ces ascendants comme habitant la chapelle St-Philibert.

La famille Breysse. — Marie Breysse. Établissement de Pierre Martin dit Blanc à Peyrabeille.

Le père de Marie Bréysse, femme de Pierre Martin Blanc, se nommait Louis Breysse, et il habitait la Ribeyre, dans la commune de St-Cirgues-en-Montagne.

Il épousa le 16 septembre 1777 une nommée Jeanne Belin.

Le baptême de leur fille Marie qui fut la femme de Pierre, de Peyrabeille, fut enregistré à l'église de Lanarce le 20 septembre 1777, au verso de la même feuille qui porte au recto l'acte de célébration du mariage, ce qui semble indiquer assez clairement que l'on avait régularisé par ce mariage des relations déjà anciennes.

Dans l'acte, il est expliqué que le baptême eut lieu à Lanarce parce que la Ribeyre est plus rapprochée de cette paroisse que de celle de St-Cirgues, domicile de Jeanne Belin.

Louis Breysse habitait dans la paroisse de Lanarce à cette date fort reculée, et il est à présumer qu'il était déjà établi à Peyrabeille, car le lieu d'origine de cette femme, telle qu'il figure dans les documents judiciaires, est bien celui-là.

Au surplus, la présence de Breysse est constatée par des indications certaines, dans cette localité, en 1787 et 1790, et dans un acte de baptême d'un de ses enfants, l'on retrouve la mention : né à *Coula* de Peyrabeille, c'est-à-dire dans la chaumière qui était la plus ancienne habitation du lieu et qui paraît avoir appartenu successivement ou par indivis aux familles Gibert, Maurin, et Reynaud.

C'est du moins ce qui résulterait du plan des lieux et des indications fournies par les plus anciens habitants de cette localité.

Louis Breysse résidait sur ce point, lorsqu'il maria sa fille Marie avec Pierre Martin de Blanc, vers 1793.

Nous voyons en effet, par les registres paroissiaux de Lanarce qu'un fils, de Pierre Martin et de Marie Breysse, fut baptisé à Lanarce à la date du 23 janvier 1795.

Ce fils mourut peu après sa naissance, mais plusieurs registres de cette époque n'ayant pu être retrouvés, il est difficile d'en préciser la date.

Outre ce fils, les époux Martin Blanc eurent, ainsi que nous l'avons indiqué sommairement au début de cette histoire, deux filles que nous retrouverons plus tard.

L'aînée, Marie-Jeanne, fut baptisée le 25 décembre 1798.

Dans l'acte, il est dit que ses parents habitaient le domaine de Chabourzial, paroisse de St-Cirgues, et aujourd'hui commune de Mazan.

Voici d'ailleurs, et cela a un réel intérêt au point de vue de la connaissance des lieux où se passèrent tant de scènes sanglantes, comment Pierre Martin, dit de Blanc, fut amené à Peyrabeille, et quelle était la disposition des habitations qui s'élevaient sur ce point à la fin du siècle dernier et au commencement de celui-ci.

Il y avait alors seulement à Peyrabeille deux maisons anciennes placées à une faible distance l'une de l'autre, au midi de la fameuse auberge construite plus tard par Pierre Martin. (*Voir pl. 4.*)

L'une s'appelait la maison de Coula, et était couverte en chaume, avec un toit assez aigu pour faciliter le glissement des neiges pendant l'hiver.

Le propriétaire s'appelait Maurin, et c'est dans la famille de celui-ci qu'un cultivateur du hameau des Laux, situé sur la rive gauche de la Loire, entre La Palisse et la Chapelle-Graillouse, commune de St-Cirgues, vint prendre femme.

Il s'appelait André Reynaud, et il épousa Marie Maurin. Un fils de cette union existe encore à Mazan, où il est retiré dans la famille Ceyte.

Il est âgé de 70 ans, et sa mémoire lui fournit

encore d'intéressants souvenirs des lugubres épisodes de Peyrabeille.

Après son mariage dans la maison de Coula, qui pour lors devait être un bien pitoyable séjour au milieu de ce désert affreux où le hurlement des loups et des vents se confondait pendant de longs mois d'hiver, André Reynaud voulut avoir un domicile séparé et sans doute plus confortable.

Il fit démolir une partie de la chaumière de Coula, et avec les matériaux qu'il transporta, il fit construire à moins de 200 mètres au levant, une grange qui porta depuis lors son nom et l'a conservé.

Il fut surtout guidé dans ce déplacement, par la commodité qu'il trouvait à se rapprocher de la route qui aboutissait au point choisi par lui comme emplacement de sa nouvelle construction.

Une fois la maison construite, André Reynaud mari de la *Coulasse*, — car on désignait ainsi Marie Maurin sa femme, — mit un fermier dans cette maison pour exploiter le domaine assez rond qui en dépendait.

Ce fermier, tout paraît le démontrer, fut Louis Breysse, beau-père de Pierre Martin, car on trouve la mention de cette résidence du bonhomme à Peyrabeille dès 1787.

André Reynaud ayant assuré l'occupation de son domaine, s'en retourna au Laux avec sa jeune femme.

C'est après leur arrivée dans ce dernier hameau

que naquit leur fils Baptiste, dont nous avons parlé plus haut.

Pierre Martin de Blanc se maria, comme nous l'avons déjà dit plus haut, vers 1795, avec Marie Breysse, dont le père était alors fermier de la maison Reynaud à Peyrabeille, et alla prendre en ferme le domaine de Chabourzial qu'il exploita on ne sait au juste combien de temps.

Puis il l'abandonna pour venir à Peyrabeille, remplacer son beau-père, dans la *maison Reynaud*.

Pierre Martin resta environ douze ans fermier dans ladite maison, après y être entré vers 1808. Il ne cessa d'en être locataire que le 12 mai 1820.

C'est alors qu'André Reynaud reprit le chemin de Peyrabeille pour venir y remplacer le fermier qui sortait de sa grange, c'est-à-dire Pierre Martin.

Circonstance assez curieuse, il y mourut très peu de temps après ce retour et cette seconde occupation, car son décès est du 24 novembre 1820.

On peut donc regarder comme très-probable, que Pierre Martin vint habiter avec son beau-père Louis Breysse, en quittant Chabourzial, et que celui-ci resta dans la maison jusqu'à sa mort qui eut lieu en 1817.

La déclaration de décès porte, en effet, que Louis Breysse était domicilié chez son gendre de Peyrabeille, quoiqu'il eût habité, dit-on, pendant quelque temps à La Chapelle St-Philibert, chez sa fille Marguerite qui y vivait avec un nommé Ceyte, d'Issanlas, son mari.

Nous dirons en passant, que la descendance de cette seconde fille de Breysse, dont quelques représentants habitent encore la contrée, n'a jamais donné lieu à aucun reproche.

Des renseignements qui précèdent nous pouvons maintenant conclure que Pierre Martin de Blanc avait pris femme à Peyrabeille et était venu s'y fixer vers 1808, dans la maison Reynaud, où il succéda à son beau-père, qui y était installé depuis plus de vingt ans et qu'il garda auprès de lui.

A ce moment, il y avait trois maisons à Peyrabeille.

La plus importante était la maison Reynaud qui comprenait un domaine assez considérable.

Les deux autres étaient moins importantes et appartenaient aux nommés Gibert, deux frères ou proches parents qui avaient partagé une propriété de peu de valeur. Dans chacune des parts avait été bâtie une petite maison dont l'une existe encore et l'autre fut achetée plus tard par Pierre Martin pour y bâtir son auberge neuve, comme nous le dirons un peu plus loin.

En arrivant au domaine de Reynaud, qui avait une certaine importance, Pierre Martin fut invité par le propriétaire à fournir une caution, soit qu'il n'eût pas des avances suffisantes, soit que sa bonne foi et sa moralité ne fussent pas de nature à inspirer grande confiance.

Nous ne savons pas comment il se tira de là.

Mais nous ne passerons pas sous silence un détail curieux et qui a conservé sa place dans la légende déjà formée autour des habitants de Peyrabeille.

Lorsque Pierre Martin vint s'établir au lieu qu'il devait rendre si tristement célèbre par ses crimes nombreux, les gens du pays remarquèrent, dit-on, comme une chose singulière, qu'il amenait de la ferme qu'il quittait, une chèvre blanche et une vache noire.

C'était là tout son *cabaud* ou avance de ferme en bétail, et l'on voit qu'il était assez mince pour un pareil domaine.

Plus tard, cette particularité revint à la mémoire et on ne manqua pas de lui attribuer une signification fatidique.

Ces gens-là, disaient les paysans, portaient bien avec eux les signes de la malédiction qui devait peser sur eux, et le diable était de la partie, car il devait être incarné dans ces animaux revêtus des couleurs cabalistiques, blanc et noir.

Il est certain qu'en venant prendre la ferme de Reynaud, Pierre Martin ne se contenta pas de faire de l'agriculture.

Les produits de cette seule industrie lui semblèrent insuffisants, et il avait jugé à l'avance, tout le parti qu'on pouvait tirer d'une industrie accessoire, celle d'aubergiste, et il l'annexa à son exploitation rurale.

Avant lui, d'ailleurs, on avait déjà l'habitude de vendre quelque peu de denrées et de nourriture aux muletiers et charretiers qui passaient par là.

On leur donnait même le gîte lorsqu'ils étaient surpris par le mauvais temps, mais il n'y avait pas d'auberge à proprement parler, et lorsqu'on connaît la maison Reynaud, on est bien vite convaincu qu'elle ne se prêtait pas à une industrie de ce genre régulièrement exercée.

C'était à Lanarce que les voyageurs et les rouliers faisaient leur halte et les auberges en étaient bien achalandées.

Pierre Merlin n'eut pas de repos qu'il eût réalisé son plan machiavélique.

Il s'agissait, pour lui, de faire une grosse fortune en détournant de Lanarce la meilleure partie de la clientèle qui enrichissait ses auberges.

Aucun moyen ne lui répugna pour atteindre son but rapidement, et c'est la meilleure explication des crimes auxquels il eut recours.

Aussi, peu d'années après son arrivée, 6 ou 7 ans au plus, voyons-nous l'homme à la vache noire et à la chèvre blanche pour tout cheptel, acheter à deniers comptants une des deux baraques des héritiers Gibert, avec les terres qui en dépendaient.

Le vendeur fut un nommé Dupuy, dit Gaude, de Lavilatte, et l'acte d'acquisition fut passé chez M⁰ Anjolras, notaire à Montpezat, qui faisait à cette époque les affaires des habitants de ce quartier.

Depuis lors, les minutes de ces actes auraient passé dans l'étude de M⁰ Guérin, de Coucouron, si les renseignements qu'on a bien voulu nous fournir sont exacts.

C'est sur l'emplacement de la maisonnette et des terrains ainsi acquis, que Pierre Martin fit construire son auberge nouvelle, et lorsqu'elle fut achevée, il continua encore quelque temps à exploiter le domaine et l'auberge de la maison Reynaud, tout en s'occupant de faire prospérer l'auberge nouvelle. On comprend bien vite, qu'en installant ainsi une véritable auberge à Peyrabeille, Pierre Martin souleva les plus vives récriminations et les plus féroces jalousies à Lanarce.

La nouvelle Auberge

La nouvelle auberge de Peyrabeille, fut bientôt très-achalandée.

Les charretiers aimaient à y dîner et à y coucher et c'est là qu'ils se donnaient rendez-vous pour prendre quelques heures de repos et se régaler entre amis, car Pierre Martin avait soin d'être pourvu de bon vin du Rhône, de Provence et de pays.

De son côté, la Marion, comme l'appelaient plus familièrement les habitués de la maison, avait toujours quelque bon morceau dans son garde-manger.

Elle le tenait garni, suivant la saison, des pièces de gibier que les braconniers lui apportaient de tous les environs, de saucisses énormes conservées dans le seigle après avoir été pendues longtemps sous le manteau de la cheminée, et de bon lard.

Les hautes *fourmes* grasses et bleues, fréquemment lavées pour les bonifier, étaient toujours en provision dans le coffre où les *artisons* achevaient leur maturité, et la *chazère* ne manquait jamais de *tomes* fraîches ou de *picodons* savoureux, alternant avec la fourme pour les desserts.

Il faut bien le dire, d'ailleurs, Peyrabeille était mieux placé que Lanarce pour les renforts qui étaient nécessaires jusque-là en venant de Mayres ou de Pradelles et le repos était mieux indiqué sur ce point.

Les écuries et les remises, d'ailleurs, étaient très vastes et très commodes, ainsi qu'on peut encore le constater aujourd'hui par celles qui existent, comme par les vestiges de celles qui ont disparu.

Il y avait toujours un cheval ou une paire de vaches ou de bœufs pour faire renfort, et les anciens du pays se souviennent avoir vu jusqu'à 15 chevaux destinés à ce travail dans les écuries de Peyrabeille.

D'un autre côté, Pierre Martin avait aussi acheté des prairies dans les alentours de Peyrabeille, et il amenait à son auberge, où il s'en consommait beaucoup, tout le foin qu'il récoltait dans ses propriétés, et la quantité assez considérable de fumier de ses écuries lui permettait de leur donner des fumures abondantes qui en assuraient la fertilité.

Pour l'avoine, il avait plusieurs fournisseurs, et enfin pour suffire aux besoins d'une exploitation agricole devenue assez rapidement importante, ainsi qu'au train journalier de ses auberges, Pierre Martin occupait un personnel nombreux de garçons d'écurie et de ferme, de pâtres et de manouvriers.

Nous avons eu l'occasion de visiter l'auberge de Peyrabeille en compagnie d'un bonhomme plus qu'octogénaire, et qui à l'âge de quinze ans, avait été occupé par Pierre Martin, pour les petits travaux de la ferme et de l'auberge.

Il nous confirmait l'existence de ce mouvement et de ce personnel à Peyrabeille, et nous n'en étions point surpris en constatant l'étendue des dépendances de ce caravansérail des neiges.

Le père Belin, quoique n'ayant plus la mémoire bien fraîche, se souvenait néanmoins de certains détails intéressants de ce milieu, où il avait passé quelques-unes de ses jeunes années.

Non seulement les gens de Peyrabeille arrondissaient très ostensiblement leur bien au soleil, mais encore ils se laissaient aller à d'imprudentes vantardises, en faisant savoir qu'ils étaient en état de faire une grosse dot à leurs filles, afin d'attirer des prétendants de haute volée.

Ces aspirations des Martin se réalisèrent d'ailleurs en partie lorsque Jeanne-Marie et Marguerite leurs filles, s'établirent.

Elles épousèrent des maris d'une condition un peu

au-dessus de la leur, que détermina incontestablement la dot relativement élevée des filles de l'aubergiste.

Mais n'anticipons pas sur les évènements, en entrant dans les détails de ces unions étranges qui ne se placent que beaucoup plus tard, en 1826 et 1831.

Comme on vient de le voir, Pierre Martin avait su tirer bon et rapide parti de sa double profession d'aubergiste et de fermier, et il ne cherchait même plus, peu d'années après son installation à Peyrabeille, à dissimuler les profits énormes qu'il en tirait.

Aussi, conçoit-on les jalousies qu'ils durent soulever contre eux aussitôt qu'on les vit à la tête de quelque aisance et faisant les *pros*, comme dit le paysan.

Dès lors commencèrent à planer sur leur compte des médisances, des accusations discrètes de vols, commis sur les marchandises et sur les voyageurs.

Tout cela se disait assez bas, car la parenté des Martin et des Breysse était nombreuse dans le pays, et les aubergistes de Peyrabeille savaient habilement contrebalancer les mauvaises rumeurs par des actes de générosité fort apparents, et par des services rendus autour d'eux avec une adroite bonhomie.

Plus tard, les accusations, quoique prudentes et colportées avec mystère, devinrent plus graves, et les bruits d'assassinats circulèrent.

Mais ce ne fut en réalité que lorsque la justice eut saisi des preuves ou réuni en faisceau des présomptions graves, que la sourde haine qui s'était accumulée autour des gens de Peyrabeille, fit explosion et se donna carrière. On peut dire que dès lors l'exagération ne connut plus de bornes et accrut sans doute la liste des forfaits déjà suffisamment chargée, dont on les accabla.

Il n'était pas sans utilité d'exposer cette situation des esprits dans ce milieu restreint, pour expliquer en quelques mots l'origine de plus d'une légende criminelle née de cette disposition des populations de la région de Peyrabeille.

On verra que la vérité est par elle-même assez horrible, pour ne pas trop emprunter à la légende ainsi formée.

On a dit que Pierre Martin faisait partie d'une association de dévaliseurs de forêts connue sous le nom d'*affouagers*, et qui avait pour but de résister à toute réglementation légale pouvant gêner la libre exploitation à leur profit, des forêts domaniales.

Nous croyons bien que Pierre Martin devait être d'accord avec les dangereux exploiteurs des massifs forestiers de cette région, mais nous n'avons pu, jusqu'ici, réunir aucun document de quelque certitude et pouvant projeter la lumière sur ce point mystérieux.

Pierre Martin n'aurait fait d'ailleurs que suivre en

cela plus d'un exemple qu'il lui était facile de trouver dans sa propre famille aussi bien que dans celle de sa femme, ainsi que nous l'avons montré en parlant du roi de Bauzon et de sa bande.

Nous ne nous arrêterons pas à cette vague présomption, quoiqu'il soit de tradition dans le pays, que les aubergistes de Peyrabeille trouvaient de faciles complicités dans leur criminelle besogne.

On dit, et l'on cite plus d'un fait à l'appui de cette croyance, qu'il existait des intelligences entre divers aubergistes de localités situées entre Aubenas et Peyrabeille, de telle façon qu'on échangeait des avis toujours utiles, pour les coups de main à opérer sur les voyageurs ou les marchandises obligés de suivre la route fatale.

On signalait, par le moyen des piétons, ou des garçons de renforts, les voyageurs qui partaient d'Aubenas ou des points intermédiaires, pour aller au-delà de Peyrabeille.

Les voyageurs étaient chargés souvent eux-mêmes de porter à Pierre Martin, les compliments de tel ou tel confrère, en des termes convenus d'avance, qui faisaient connaître la situation des malheureux, et les chances favorables au crime.

On a même prétendu qu'il y avait une entente certaine entre les aubergistes de Meyras, les fameux Brun dits de l'*Enfer*, et leur confrère de Peyrabeille; et que les voyageurs qui ne pouvaient être dévalisés et assassinés par l'un, avec quelque sécurité, étaient renvoyés à l'autre avec les précieuses recommandations qui assuraient leur perte.

Mais la chose est d'autant moins vraisemblable, que les deux auberges étaient situées sur des routes très-différentes, correspondant à des directions et à des itinéraires divergents, ne pouvant se combiner ensemble que dans des circonstances assez rares.

Quoiqu'il en soit, Pierre Martin, Marie Breysse et Jean Rochette, avaient de bonne heure mis l'auberge de la maison Reynaud à profit, pour exercer leur affreux brigandage.

Lorsque la besogne chômait à la maison, c'est-à-dire lorsque les voyageurs étaient gens trop connus pour être volés ou supprimés sans danger, qu'ils étaient trop pauvres ou trop méfiants, nos deux hommes opéraient au dehors, souvent à d'assez longues distances de leur domicile, afin de mieux détourner les soupçons.

Ils se faisaient détrousseurs et assassins à travers les grands chemins ou les traverses fréquentées.

Toutes les routes, tous les sentiers, tous les *ray* ou *passadou* de la contrée étaient connus à ces hommes, et leur permettaient de franchir en peu de temps des distances qui eussent paru fort longues à d'autres, obligés de suivre les chemins ordinaires et plus connus.

Nos astucieux aubergistes se créaient au besoin des

alibis possibles dans le cas où on eût cru les reconnaître et où on les aurait même poursuivis.

Ils pouvaient apparaître sur des points assez éloignés dans un temps relativement court, et cette circonstance expliquera dans plus d'un cas, comment les recherches de la justice étaient déroutées.

Le Guet-apens

C'était au mois de juillet 1812.

La journée était des plus chaudes et ceux qui avaient à faire quelque voyage se mettaient en route avant le soleil levé.

Les voituriers surtout observaient cet usage afin d'éviter à leurs équipages les horribles persécutions des mouches et des taons qui sont les ennemis mortels des chevaux.

Vers dix heures du matin, s'arrêtait ce jour-là à Peyrabeille un roulier dont la charrette était assez pesamment chargée pour qu'il ait eu besoin de prendre un cheval de renfort à Mayres.

En entendant les coups de fouet d'avertissement que tout charretier fait retentir à l'approche d'une auberge où il veut remiser son équipage, Jean Rochette se hâta d'aller au-devant de l'arrivant, afin de prendre ses ordres pour la halte et de lui donner un coup de main au besoin, ce qu'il fit en effet.

Puis, tout en aidant à ramener les chevaux à l'écurie pour les mettre à l'abri pendant le temps du repos, Rochette échangeait d'interminables conversations à mi-voix avec le charretier.

Celui-ci ne tardait pas à lui apprendre qu'un voyageur à cheval, paraissant fort riche, devait arriver dans la soirée à Peyrabeille, se rendant au Puy pour affaire, d'après ce qu'il avait pu comprendre.

Ce voyageur, le charretier l'avait rencontré la veille un peu avant Thueyts, et il avait été questionné par lui sur le pays, sur les principaux marchés qui s'y tenaient, sur les banquiers et les notaires de la contrée.

On voyait bien, dit le charretier, que cet homme avait de grosses affaires à traiter et qu'il devait sans doute porter quelque grosse somme avec lui.

— De quelle couleur est son cheval, dit Rochette, qui avait écouté tous les renseignements du charretier sans en laisser perdre un mot.

— Le cheval est gris pommelé.

— Grand ou petit ?

— De la taille de nos chevaux de montagne, mais avec une petite tête et une longue queue. On dirait un cheval étranger, un arabe quasiment, avec une grande crinière.

— La selle est jolie ?

— Oh! une selle qui n'a rien de bien extraordinaire, mais qui a l'air très-bonne et très-solide pour le voyage, avec de grands diables d'arçons et une grande valise en cuir jaune avec une chaîne en fer qui passe dans les boucles.

— Je vois ça, dit Rochette, avec un cadenas au bout.

— Parfaitement.

— Bigre, mais tu crois qu'il a des arçons.

— J'en suis sûr, et je jurerais bien qu'il y a de fameux pistolets dedans.

Rochette parut se recueillir en passant sa main dans ses cheveux touffus et raides qui lui faisaient une tête peu avenante.

Le signalement du cheval ne lui déplaisait pas, mais la remarque relative aux arçons et à leur garniture intérieure le contrariait visiblement.

Enfin, dit-il, nous verrons ce beau monsieur quand il viendra par ici, et on le recevra bien s'il veut se reposer à la maison.

Mais à propos, est-il grand ou petit, fort ou mingolet ?

— Ah pour ça, dit le charretier, c'est un bel homme et solide. Il doit bien en valoir un autre et peut-être deux. Il n'a pas l'air des plus commodes, et je lui ai vu enlever comme une plume, un sac d'avoine qui le gênait pour remiser son cheval à l'auberge de Labeaume, où il s'est arrêté un moment pour faire rafraîchir son cheval et où je l'ai quitté, hier, après avoir trinqué avec lui.

— Il t'a offert à boire ?

— Comme je te le dis, et c'est pas un méchant homme, car il m'a remercié plusieurs fois pour les quelques renseignements que je lui avais donnés.

— Comment a-t-il payé ?

— Avec un écu qu'il a tiré d'une grande diablesse de bourse qu'on aurait dit une *biasse*.

— Ah ! ah ! exclama Rochette avec un mauvais rire, une biasse bien garnie, je suis sûr ?

— Il m'a semblé, dit le charretier, qui se dirigeait à ce moment vers la porte conduisant de la remise à la cuisine.

— Et tu crois, reprit Rochette, qu'il sera ici dans la soirée ?

— Oui, car il a couché à Thueyts, mais il doit dîner à Lanarce et je doute qu'il s'arrête à Peyrabeille, car il fera donner le picotin à son cheval pendant qu'il dînera, et il ne partira qu'après que la grosse chaleur sera tombée.

— Tu ne lui as donc pas dit qu'il serait mieux chez Pierre Martin que chez ces gens de Lanarce qui nous font la mauvaise guerre ?

— Je lui ai bien dit ce que j'ai pu pour le décider, mais il avait son plan arrêté.

— Et moi aussi, marmotta Rochette entre ses dents et en ébauchant un sourire de fauve en appétit.

Rochette savait tout ce qu'il lui était nécessaire de savoir.

Il n'avait plus qu'à faire son petit rapport au patron et à voir venir l'heure propice.

Le charretier et Rochette entrèrent à la cuisine où était la Marion Breysse avec ses deux filles, dont l'aînée avait alors 14 ans et aidait à sa mère pendant la saison d'été, tandis qu'en hiver elle était pensionnaire au couvent des religieuses de la Présentation de Thueyts.

Pierre Martin était aux champs, à peu de distance, à surveiller quelques travaux de minaille, et Rochette après s'être informé de cela, sortit aussitôt.

Il alla rejoindre son maître, et tous deux se retirèrent dans un coin à l'ombre de la grange et causèrent longtemps à voix basse.

Vers six heures du soir, un homme à cheval, vêtu comme peut l'être un marchand aisé, passait devant l'auberge de Peyrebeille suivant la route, impériale alors, de Viviers au Puy, dans la direction de Pradelles.

Il ne s'arrêtait pas, se contentant d'examiner en passant, du haut de sa monture, le petit groupe de maisons qui projetait déjà une ombre allongée sur le sol.

Mais tout à coup, aux aboiements d'un chien de troupeau qui accourut sur la route et tourna furieusement autour du cheval, se hâta d'arriver l'aînée des filles, Jeanne-Marie, qui vint se planter devant le voyageur et lui faire un gracieux salut de ses deux bras, nus comme ses pieds et ses jambes.

Le cavalier, devant ce rustique échantillon de la maigre population de Peyrabeille, arrêta son cheval et adressa quelques paroles amicales à l'enfant et lui fit quelques questions.

— C'est bien ici Peyrabeille, ma petiote ?

— Oui, Monsieur.

— C'est bien la route de Pradelles, qui tourne à gauche ?

— Oui, Monsieur.

— Sais-tu s'il y a encore loin pour arriver à Pradelles ?

— Oh ! non, on dit que ce n'est pas loin, mais je n'y suis jamais allée. Quand papa y va à cheval, il met près de deux heures.

— C'est bien ça, dit le voyageur qui semblait prendre plaisir à faire causer la petite paysanne dont l'air dégourdi et la langue bien affilée dénotaient un commencement d'éducation en commun dans quelque bourg plus important.

Il tira de sa poche une petite pièce de monnaie et la jeta à la bambine en lui disant adieu et lui recommandant d'être bien gentille.

Mais au même moment Rochette sortait de l'écurie et s'avançait devant le voyageur avec l'air le plus obséquieux.

Il lui offrit de se reposer un instant à l'auberge où il pourrait se rafraîchir, la journée ayant été très chaude et le vin étant excellent.

Le cavalier fit bien des objections, disant qu'il lui fallait arriver avant la grande nuit à Pradelles.

Mais Rochette lui fit entendre que la distance n'était pas si longue qu'il le croyait, et que dans une petite heure, avec une bête aussi vive que celle qu'il montait, il serait rendu.

Il ajouta que le cheval serait moins fatigué en marchant avec la fraîcheur de la nuit, et comme Marie, la femme Martin venait joindre ses instances à celles de son domestique, le cavalier se laissa prendre, dit-on, à certaines œillades de la fermière, et consentit à se reposer un instant pour se rafraîchir.

Rochette s'empressa de tenir le cheval par la bride pendant que l'étranger mettait pied à terre, et il emmena la bête à l'écurie malgré les observations de celui-ci qui ne voulait pas s'arrêter longtemps et comptait seulement faire connaissance avec l'auberge et ses maîtres, dans la pensée de se faire là quelques amis sur une route déserte et qu'il était appelé peut-être à parcourir de nouveau.

Pendant qu'il était entraîné un peu malgré lui dans la cuisine, où la Marion se mettait en devoir de lui apporter une bouteille de vin et de l'eau fraîche, tout en lui tenant une conversation des plus animées, Rochette ne perdait pas son temps.

Il s'agissait pour lui de retenir le voyageur un peu plus tard sur la route et de lui enlever les moyens de se défendre.

Cette double opération ne fut pas longue, et quelques instants après, Rochette ne se faisait plus tirer l'oreille pour amener au voyageur sa monture un peu plus fringante qu'avant, ce que le cavalier ne manqua pas d'attribuer aux quelques poignées d'avoine noire qu'on lui avait données.

Il piqua assez vivement sa bête une fois qu'il se fut remis en selle, et l'animal partit d'une folle allure sous cette excitation superflue.

Mais ce train un peu étrange qui obligeait le cavalier à s'appuyer fortement sur les étriers pour retenir sa monture, amena bientôt la rupture d'une étrivière, puis des deux successivement.

Cette double réparation faite tant bien que mal avec de la ficelle, retarda à plusieurs reprises la marche du voyageur qui ne savait comment expliquer ces accidents qu'il n'avait point éprouvés encore depuis le commencement de son voyage.

Il y avait près de deux heures que le cavalier avait passé à Peyrabeille lorsqu'il s'engagea dans un tournant de la route garni d'un bouquet de grands arbres et de hauts genêts.

C'était l'un des premiers carrefours boisés qu'il eut rencontrés depuis Peyrabeille et il se complaisait à y arrêter son regard.

Quoiqu'il fît encore assez jour pour distinguer vaguement les objets qui se fussent rencontrés sur la route, le cavalier vit brusquement apparaître deux hommes, le chapeau rabattu sur les yeux et le reste du visage masqué par un mouchoir à carreaux multicolores.

L'un d'eux saisit la bride de son cheval pendant que l'autre lui assénait derrière la tête un coup terrible d'une barre de bois fort lourde que les charretiers appellent une *Tavelle* ou *bille*, dans leur langage spécial.

Le cavalier ainsi frappé à la nuque fut étourdi et malgré sa force évidente, il allait vider les étriers et tomber. Instinctivement il porta la main aux arçons comme s'il voulait s'y cramponner; mais en réalité pour y prendre des armes.

Mais les arçons étaient vides et le malheureux se sentit perdu, s'il ne pouvait, malgré la douleur et malgré le sang qui se répandait déjà en chaudes ondées sur son cou et ses épaules, enlever son cheval par une violente éperonnade.

C'est ce qu'il tenta aussitôt dans cette rapide vision du danger qui le menaçait.

Mais retenu par une main vigoureuse, l'animal se jeta de côté, puis finit par se cabrer dans un effort terrible qui souleva l'homme qui le tenait, mais jeta bas le cavalier.

Dans cette chute, le malheureux cavalier, tombé

lourdement sur le sol et à la renverse, reçut de nouvelles et profondes contusions qui ne pouvaient encore affaiblir ses forces et sa résistance.

Néanmoins, dans un suprême effort où l'instinct de la conservation mettait en jeu toutes les énergies vitales de cette robuste constitution, il se redressa comme mû par un ressort.

Couvert de sang et de blessures faites par le sol rocheux sur lequel il s'était abattu, il voulut s'élancer sur ses ennemis et leur faire payer chèrement une vie qu'il sentait menacée et qui s'échappait déjà avec des flots de sang par ses blessures.

Par un mouvement rapide, et alors que ses agresseurs étaient aux prises avec le cheval épeuré et tournant sur lui-même pour échapper à la main qui le retenait, le voyageur sortit de sa poche un long couteau catalan qui ne le quittait pas en voyage.

Il l'ouvrit, et déjà il brandissait, avec la rage du désespoir, cette arme dangereuse entre les mains de ceux qui savent s'en servir depuis l'enfance.

Mais quelques mots vivement échangés, dans le patois du pays, entre les deux bandits furent le signal d'un brusque changement de position. Celui qui tenait le cheval fit signe à l'autre de le remplacer, en saisissant la bride et en tenant le cheval en respect, ce qui fut exécuté avec un visible empressement.

Aussitôt le grand gaillard qui venait de lâcher le

cheval, prit un rôle plus actif et arracha pour ainsi dire, des mains de son complice, la *tavelle* dont il ne s'était servi qu'une seule fois encore dans cette attaque, en asséna des coups furieux sur les bras et la tête du voyageur dont le premier coup avait fracassé le poignet et fait tomber l'arme des mains, avant même qu'il ait pu s'en servir utilement.

C'en était fait de toute résistance, car il était frappé mortellement à la tête par ces coups répétés.

Il retomba sur le sol comme une masse inerte et tout son corps fut agité de convulsions horribles, signes précurseurs d'une courte agonie.

Des cris rauques s'échappèrent de sa poitrine et bientôt, agitation et cris firent place à l'immobilité et au silence de la mort.

Le plus grand et le plus hardi des deux assassins se pencha sur le cadavre pour s'assurer qu'il n'y avait plus rien à craindre et que la vie avait cessé.

La victime, les yeux tout grands ouverts, semblait encore regarder ses bourreaux d'un air terrifiant et les tenir en respect.

Mais celui qui avait achevé l'œuvre de mort ne parut pas s'effrayer, et enlevant d'un tour de main le mouchoir qui avait jusque-là caché ses traits, il le jeta sur le visage du mort et se mit en devoir de fouiller rapidement les vêtements et de sonder toutes les poches.

Il en retira divers objets dont il fit passer une

partie à son compagnon qui, de sa main libre, recevait le produit du vol et le mettait dans ses poches.

— Il n'y a plus rien, dit enfin l'intrépide ravageur de cadavre, et nous n'avons qu'à partir.

— Oui, répondit l'autre, mais il faut voir ce que nous allons faire de ce corps, nous ne pouvons pas le laisser là, si près de la route.

— J'entends bien, et le gaillard n'est pas léger.

— Il s'en faut de tout. A nous deux cependant.

— A nous trois, patron, nous devons faire l'affaire, sans qu'on se doute de rien.

— Ah oui, le cheval est là pour un coup, n'est-ce pas ?

— Certainement patron, et vous allez voir que ce n'est pas trop difficile, si la bête ne fait pas des siennes.

Pour cela, il faut attacher d'abord le cheval à cet arbre et nous arriverons bien à charger le paquet.

Ce qui fut dit fut fait et lorsqu'on eut solidement assujetti l'animal à un gros fayard du bouquet de bois, les deux hommes saisirent la victime par les extrémités pour l'approcher du cheval, puis la dressèrent sur ses pieds avec d'autant plus de difficultés qu'elle était d'un poids assez considérable, et l'enlevèrent par les jambes en le faisant glisser sur la selle dans la position renversée.

Ce travail fut long et des plus pénibles, car l'intelligent animal, effrayé par la vue de cette forme humaino qui avait été son maître et qu'il reconnaissait certainement, s'agitait, se défendait, et soufflait à grand bruit de ses larges naseaux.

Il fallait de la part des misérables qui sentaient le danger de leur opération, toute la force et l'opiniâtreté que pouvait donner le sentiment du danger qu'ils couraient s'ils étaient surpris dans leur œuvre criminelle, pour poursuivre un travail aussi pénible que périlleux.

Ils parvinrent cependant à hisser le cadavre en travers de la selle, tête et pieds ballants, et l'assujettirent tant bien que mal avec des bouts de corde tenus en réserve dans leurs poches, et avec leurs mouchoirs.

Le grand se chargea de maintenir le fardeau en équilibre pendant la marche, tandis que le plus petit conduisait le cheval par la bride.

Mais avant de partir, le premier jeta un coup d'œil sur le théâtre de cet exploit sinistre.

Du pied il explora le sol pour s'assurer qu'aucun objet délateur n'était resté sur la place, puis il recouvrit de terre et de débris les petites flaques de sang qu'on pouvait y apercevoir, roula même des pierres sur les endroits qu'il importait de couvrir, redressa les branches foulées par la chute ou les piétinements du cheval.

Tout étant bien à sa satisfaction, il donna le signal du départ.

Cette horrible scène s'était passée en moins de temps qu'il ne nous en faut pour la décrire ; la lutte avait été courte et l'attaque rapide et décisive dès que le grand était intervenu.

Cependant la nuit s'était faite et l'on n'entendait, aussi loin que l'oreille pouvait entendre, aucun bruit dans l'espace, si ce n'est le cri-cri monotone du grillon dans les herbes desséchées, et le miaulement des orfraies et des chats-huants dans les forêts voisines.

Les assassins cheminaient dans l'ombre plus épaisse de la nuit, qui s'était faite peu à peu sur ces hauteurs qu'éclairent, encore fort tard, les lueurs du crépuscule, à cette époque de l'année, où les brouillards sont rares et l'atmosphère d'une transparence admirable.

Ils s'éloignaient avec une hâte évidente de la grande route, pour s'enfoncer sur leur gauche, non dans un de ces chemins à chariots qu'on appelle *charaou*, mais bien dans une véritable *draye*, petit sentier battu par les troupeaux, qui en connaissent seuls, avec leurs bergers, les tracés accidentés et difficiles. Mais au moyen de ces sentiers, le pâtre atteint les plateaux les plus abruptes comme les ravins les plus profonds.

Ils savaient qu'à cette heure les troupeaux qui fréquentent ces parages en été, s'étaient déjà retirés vers d'autres points, et leur sécurité paraissait complète.

Néanmoins, au bout de quelques instants et avant de sortir d'un bouquet de bois dont on apercevait déjà la clairière à quelques pas à peine, le plus grand des deux hommes cassa quelques branches d'un gros hêtre.

Il les disposa en long sur le cadavre, de façon à le recouvrir entièrement.

La charge humaine qui ballottait de chaque côté du cheval disparut sous le feuillage, et l'on eût pu croire que les bandits venaient simplement de ramasser du bois et rentraient chez eux leurs maigres émondages.

Il y avait déjà près d'un quart d'heure qu'ils marchaient dans ce triste équipage, lorsqu'ils parurent hésiter sur le choix du lieu où ils devaient déposer leur lugubre fardeau.

Ils se consultèrent à voix basse, comme s'ils se défiaient de ce désert de rochers et de landes à peine entrecoupé de rares petits massifs d'arbres et d'arbustes.

Puis ils se dirigèrent en revenant du côté de Chamblazère vers un ravin escarpé et plein d'ombre, qui se creusait à peu de distance devant eux.

D'énormes blocs de granit en garnissaient les bords et les flancs, et des sapins mélangés à des hêtres s'élevaient au milieu de ce chaos bizarre.

Le lieu était d'une sauvagerie complète et l'on pouvait bien croire que des êtres humains n'y mettraient jamais les pieds.

Mais dans la haute montagne, la vie est partout, et la présence de l'homme se révèle souvent là où l'on ne pourrait la supposer.

Les troupeaux et les pâtres vaguent pendant les heures fraîches de la soirée, et assez avant dans la nuit, car pendant le jour la chaleur et les mouches empêchent le petit bétail de manger.

Aussi n'est-il pas rare de rencontrer bien au-delà du coucher du soleil, des bandes de bœufs ou de moutons dans les pacages de nos plateaux élevés du Mézenc, du Tanargue ou des Boutières.

Arrivés à cet endroit qui leur paraissait sans doute fort propre à l'exécution de leurs projets, les deux hommes ralentirent leur marche, comme d'un accord tacite, et sondèrent d'un œil inquiet tout l'espace autour d'eux.

Le chant d'abord assez éloigné, puis de plus en plus rapproché d'un jeune paysan qui braillait à tue-tête dans ce désert, comme pour se tenir compagnie et se donner du cœur, suspendit tout à fait leur marche.

Ils tendirent l'oreille au vent, dans la direction que semblait suivre la voix de l'enfant, car il devenait facile de deviner que c'était bien un enfant, en effet, qui chantait ainsi.

Et, comme s'ils eussent compris que cet indiscret témoin se dirigeait vers eux, ils prirent toutes les dispositions pour s'effacer le plus possible et ne pas être vus, même à une faible distance.

Ils placèrent le cheval entre deux hêtres touffus et rabougris, qui le cachaient parfaitement, et tout en le maintenant d'une main vigoureuse, ils se blottirent adroitement dans le même fouillis.

L'enfant, qui n'avait point suspendu sa chanson interminable, qu'il envoyait aux plus lointains échos sur ce mode traînard et plaintif, mais si bien approprié à l'acoustique de nos vastes solitudes de la montagne, passa à une petite distance des assassins.

Il eût pu entendre même le bruit insolite que fit à ce moment le cheval impatient de cette étrange captivité et qui s'ébrouait en piétinant sur place.

Mais étourdi par son propre chant ou aiguillonné par la peur, le petit pâtre poursuivit sa route dans la *draye*, sans se retourner.

Dès qu'il fut à quelque distance, les deux hommes dirent quelques paroles qu'on n'eût pu distinguer que de fort près, et poussèrent à quelques pas devant eux.

Après avoir reconnu l'état des lieux, examiné chaque anfractuosité de la roche, chaque déchirure du ravin, ils parurent s'arrêter à un point qui leur sembla favorable à leur œuvre de ténèbres.

— Voilà un trou, dit le plus grand, où nous pourrions mettre le corps ; il faudrait être bien malin pour le retrouver là avant qu'il soit fondu complètement.

— Tu as peut-être raison, répondit l'autre, et il me tarde d'être débarrassé de ce paquet pour rentrer à la maison avant que la lune soit levée.

— Eh bien ! patron, descendons la charge et cognons notre homme là dedans.

Tenez, si vous voulez prendre la bride du cheval, je vais faire le plus gros de la besogne. Ce ne sera pas bien long.

L'autre ne se le fit pas dire deux fois et remplaça le grand à la tête de la monture qu'il eut quelque peine à maintenir toutefois.

Elle se démenait furieusement en se sentant chatouillée et piquée par les branches qu'on enlevait, frappée et tiraillée par tous les mouvements que comportait le déchargement de l'horrible fardeau qu'elle portait.

Mais une main de fer retenait la bête apeurée, qui, rencontrant partout autour d'elle des obstacles résistants, arbres ou rochers, contre lesquels elle se blessait, finit par se résigner à plus de calme.

Le grand diable d'homme qui s'était chargé de la besogne principale, avait pris le cadavre sous les bras, l'avait attiré à lui, et le traînait avec les plus grands efforts jusqu'à la crevasse où il voulait l'enfouir.

Mais ses forces le trahissaient, et il fut obligé de

déposer un instant son fardeau sur une grosse roche, pour reprendre haleine.

Il mit à profit ce léger repos, en fouillant encore tous les vêtements de la victime pour n'y rien laisser de compromettant ou de quelque valeur, et le corps fut presque mis à nu dans un tour de main et malgré l'obscurité.

Le linge lui-même pouvait être un indice dangereux dans le cas où, par hasard, le corps serait retrouvé avant peu.

C'est à peine revêtu de quelques vestiges de son accoutrement que le cadavre fut enfin précipité entre les rochers, dans une crevasse assez profonde, à demi recouverte par des ronces, des fougères, de hauts genêts, et diverses autres lianes ou broussailles qui formaient là comme un inextricable fouillis, à la faveur de l'ombre et de la fraîcheur qui y régnaient.

Par surcroît de précaution, nos deux hommes, après avoir attaché leur cheval à un tronc de hêtre, ramassèrent quelques lourds blocs de pierre et les firent rouler vers le fond du trou, comme pour mieux s'assurer du silence et de l'immobilité éternels de celui qu'ils venaient d'y enfouir.

Ils scellaient ainsi ce tombeau improvisé qui devait cacher leur horrible forfait.

Puis satisfaits de leur œuvre et assurés de n'avoir point été vus ni entendus, ils poursuivirent avec plus de hâte leur route, dans la direction de Peyrabeille.

Une demi-heure après, non sans avoir pressé vigoureusement leur marche, ils arrivaient à l'auberge où ils pénétraient avec prudence et mystère dans l'écurie, où ils attachaient le pauvre cheval, veuf de son maître, et qui semblait avoir conscience de son malheur et de la tragédie à laquelle il avait assisté.

C'est à peine, en effet, s'il regarda la botte de foin odorant qu'on mit devant lui dans le ratelier. La pauvre bête devait avoir, comme son maître, une fin tragique.

On nous a raconté, en effet, que Pierre Martin — car nos lecteurs l'ont reconnu parmi les deux assassins que nous venons de voir à l'œuvre du côté de Chamblazère — aurait coupé la longue queue du cheval et sa belle crinière qui le faisaient ressembler à un cheval barbe ou arabe, et l'avait mené ainsi, à une foire du Puy.

Mais là, cette magnifique bête, paraît-il, et d'une race peu connue dans le pays, avait été remarquée par un maquignon, qui se souvint l'avoir vue quelque part.

Cet homme questionna l'aubergiste de Peyrabeille avec tant de curiosité et d'insistance, sur l'origine de cet animal et sur les métamorphoses qu'il avait dû subir, que Pierre Blanc se crut découvert ou soupçonné. Il quitta brusquement le champ de foire avec son cheval, en évitant de se faire connaître.

Il ramena le cheval pendant la nuit et se hâta de le tuer et de le faire enfouir dans un coin de son domaine où on ne put soupçonner sa présence.

Il échappa ainsi aux indiscrétions dangereuses, et ne conserva du voyageur assassiné que l'argent, les bijoux et les vêtements de quelque valeur ou d'une possession moins compromettante.

Le produit de ce guet-apens, suivi de si près par la mort de celui qui en avait été la victime, fut assez satisfaisant pour la rapacité de ces pirates montagnards.

Outre les divers objets que nous venons d'indiquer, Jean Rochette, car c'est bien lui qui était le complice, et nous pouvons même dire l'auteur principal de cette horrible expédition, s'était emparé de la belle et bonne paire de pistolets qui garnissait les arçons du voyageur étranger, au moment où il eut l'imprudence de s'arrêter à Peyrabeille.

Jean Rochette avait du même coup assuré le succès du crime prémédité depuis le matin, et conquis des armes de valeur, dont il pouvait faire argent plutôt qu'il ne songeait à en faire usage.

Pierre Martin et ses terribles auxiliaires n'avaient point l'habitude, en effet, de se servir d'armes à feu, trop bruyantes, ni d'armes tranchantes produisant l'effusion du sang.

Leurs procédés étaient plus simples, plus sûrs, et en même temps moins susceptibles de laisser des traces révélatrices, ou de provoquer des résistances, c'est-à-dire, des luttes et des cris.

Ils étranglaient, ils assommaient, ils brûlaient.

La corde ou les mains, le marteau, l'eau bouillante, puis le four ou la marmite, étaient les moyens de destruction dont ils firent le plus fréquemment usage dans leur longue carrière de crimes, et l'on peut constater que ce monstrueux ensemble de procédés habilement meurtriers leur assura longtemps l'impunité.

Les débris du cadavre du malheureux cavalier tué au carrefour voisin de Chamblazère, et enfoui dans les anfractuosités des rochers, non loin de cet endroit, n'y furent découverts que bien longtemps après, et voici dans quelles circonstances.

Deux braconniers de La Villatte, en chasse dans ce quartier, et dont les chiens avaient débusqué un jeune renard auquel ils donnèrent une poursuite acharnée, virent tout à coup disparaître la bête sauvage dans le petit massif d'arbres et de rochers où près de deux ans auparavant, Pierre Martin et son domestique avaient amené le cadavre du voyageur assommé par eux.

Les chiens aboyaient avec rage et donnaient furieusement du museau et des pattes contre les parois d'une sorte de puits naturel, formé par d'assez hauts rochers, défendu au dehors par d'épaisses broussailles, en dessus par des plantes grimpantes et des ronces.

Il était évident que la bête poursuivie était remisée là, car les chiens ne cherchaient point d'autre piste et n'étaient préoccupés que des moyens de forcer cette retraite d'où leur arrivait toujours le fumet de la sauvagine.

Les deux braconniers, après avoir observé les manœuvres ardentes de leurs chiens, n'eurent plus de doute sur la présence du renard dans ce chaos de roches et de lianes.

D'un coup d'œil ils jugèrent la situation et prirent leur parti, en hommes habitués à toutes les difficultés imprévues de ce dur métier de braconnier.

Ils accrochèrent leur fusil aux branches des arbres voisins, tirèrent de forts couteaux à virolle de leur poche, et se mirent en devoir de couper les ronces qui leur parurent cacher un terrier vaste et commode.

Mais au bout de quelques instants d'un travail pénible et dans lequel ils s'étaient déjà ensanglanté les mains, l'un deux proposa de recourir à un moyen plus rapide, en incendiant ces épaisses couches de ronces, dont une forte partie se composait de tiges et de rameaux morts.

Ils ramassèrent quelques touffes d'herbe et de ramilles desséchées, battirent du briquet et mirent un large morceau d'amadou enflammé dans ce tas de débris secs, sur lequel ils soufflèrent vivement pour en faire jaillir des flammèches.

Ils divisèrent ensuite, en plusieurs brandons ce premier foyer d'incendie, et la flamme s'éleva de divers points de cette masse broussailleuse, en crépitant comme un feu d'artifice et en s'élargissant rapidement de tous côtés.

Lorsqu'elle eut gagné le dôme de verdure qui recouvrait le sommet des roches, et que les flammèches commencèrent à tomber dans le vide qui existait entre ces roches, des miaulements plaintifs et aigus s'échappèrent du fond de ce trou, dont le feu élargissait assez rapidement l'ouverture supérieure.

Les chiens reprirent leurs aboiements furieux et malgré les pétillements du brasier et la chaleur très vive qui s'en dégageait, ces animaux affolés par le feu et les cris révélateurs de la proie qu'ils voulaient atteindre, tournaient et retournaient comme des possédés autour de ce réduit incendié. Ils faisaient mine de s'élancer au milieu même du foyer incandescent et leurs maîtres avaient mille peines à les en écarter.

Au bout d'un moment, tout fut consumé, et les braconniers purent enfin plonger leur regard dans les profondeurs de la large fente que cachaient les broussailles maintenant réduites en cendres.

Ils ne furent pas peu surpris d'y apercevoir le malheureux renard fou de terreur, se débattant asphyxié et brûlé par la pluie de feu qui venait de tomber dans une sorte de fosse, d'où s'élevait encore une épaisse fumée produite par les débris de bois et de feuilles dont la combustion s'achevait plus lentement.

Dans ses convulsions farouches, qui bouleversaient tous ces débris, la bête sauvage avait mis à découvert diverses parties d'un squelette humain blanchi par l'action de l'air et des petits animaux qui avaient dû en faire disparaître toutes les chairs, tout ce qui était susceptible de décomposition et de destruction.

Les braconniers se regardèrent avec une sorte de terreur, oubliant presque le pauvre animal qui se débattait de plus en plus, à mesure qu'il se voyait découvert et menacé de mort.

Il faisait des bonds extraordinaires pour tenter d'échapper à ses ennemis qu'il sentait acharnés à sa perte, mais à chaque fois il retombait au fond du trou où il se blotissait vaincu par la souffrance ou la peur.

Lorsque les braconniers eurent constaté que le foyer, à peu près complètement éteint, n'offrait plus de danger, ils tuèrent le renard d'un coup de fusil tiré à très peu de distance.

Puis avec une longue branche de hêtre, formant crochet à l'une de ses extrémités, ils pêchèrent pour ainsi dire son cadavre dans ce trou béant et l'amenèrent en dehors avec précaution.

Les chiens se jetèrent dessus avec frénésie et il

fallut calmer leur rage à coups de fouet et de bâton, pour les empêcher de le mettre en pièces.

Suivant les préjugés de la campagne, ces hommes se gardèrent bien de toucher au squelette dont ils avaient pu reconnaître toutes les parties en le dégageant avec leur perche de bois.

A leur retour à La Villatte, ils firent part de leur sinistre découverte et beaucoup vinrent, conduits par la curiosité, s'assurer de la chose.

Le bruit parvint bientôt jusqu'à Peyrabeille par des gens qui allaient à Lanarce, mais personne ne parut attacher grande importance à un fait qui, à la connaissance des gens du pays, ne touchait à personne de connu, dont la disparition aurait pu éveiller des craintes et des regrets.

Quel moyen d'ailleurs de faire des recherches et des constatations pour établir l'identité de cet individu, alors qu'il ne restait absolument que les débris d'un squelette, sans vestige de vêtements ou d'objets quelconques pouvant le faire reconnaître ?

Mille versions avaient cours dans cette profonde incertitude.

Le plus grand nombre ne voyait là que le résultat d'un accident, arrivé il y a bien des années et dont il n'y avait pas lieu de se préoccuper autrement.

D'autres ne voulaient pas démordre de la persuasion où ils étaient, que c'était là le résultat d'une vengeance exercée par les membres de la bande de

Bauzon contre quelque traître ou contre quelque agent trop zélé de l'autorité.

Mais le plus extraordinaire en tout cela, fut que deux ou trois jours après la découverte du squelette, et alors que la gendarmerie n'avait pu encore se mettre en mouvement pour constater la présence de ces restes humains, ils avaient disparu complètement du trou où beaucoup étaient venus les voir.

On s'en étonna fortement d'abord, du moins ceux qui avaient vu ou prétendaient avoir vu, et bientôt il ne fut plus question de cette trouvaille que comme une chose imaginaire, au moins pour tous ceux qui n'avaient pas constaté le fait par eux-mêmes.

Les autres furent très surpris en apprenant cet enlèvement en dehors de l'intervention de la justice, mais on calma leurs appréhensions mystérieuses en expliquant cette disparition par le soin que quelque bonne âme avait dû prendre de donner une sépulture plus convenable à ces dépouilles mortelles d'un chrétien, exposées à toutes les injures du temps et des animaux.

Cette explication, fort plausible d'ailleurs dans ces contrées, où l'on a toujours conservé le respect des morts, fut fortement appuyée par les habitants de Peyrabeille.

On peut ajouter qu'ils en éprouvèrent un réel soulagement, quelque tranquillité qu'ils eussent d'ailleurs quant à l'issue de toutes les recherches qu'on eût pu faire.

Ce ne fut pas le moindre sujet d'encouragement à poursuivre leurs crimes, que l'impunité dont ils s'étaient assuré une fois de plus dans cette circonstance ; aussi verrons-nous Pierre Martin, sa femme et Rochette, reprendre bientôt leurs exploits.

La nouvelle auberge de Peyrabeille.

Les crimes que nous venons de raconter et bien d'autres dont la tradition n'a conservé aucune trace ou des souvenirs sans date précise, furent commis alors que la famille Martin dit de Blanc était encore établie dans l'auberge primitive, dans la maison Reynaud.

Comme nous l'avons expliqué, en effet, en commençant cette histoire, c'est dans cette ferme que débuta cette famille d'assassins en venant de Chabourzial.

Elle resta dans cette vieille auberge jusque vers 1818 ou 1820, époque à laquelle Pierre Martin fit construire le vaste bâtiment qui subsiste encore aujourd'hui, pour la partie principale, du moins.

Il lui avait fallu gagner pas mal d'argent avant de songer à se lancer dans une construction d'un prix relativement élevé avec les terrains qui en dépendaient.

Aussi, est-on fondé à penser que Pierre Martin et ses dignes complices, Marie Breysse et Jean Rochette, se livrèrent à un certain nombre de vols et d'assassinats pour amasser rapidement une petite fortune.

Leur exploitation agricole et le train de leur auberge, alors fort modeste, en raison de l'exiguité du local dont ils disposaient, ne pouvaient leur fournir, même avec beaucoup d'économie, le pécule qu'ils paraissaient avoir constitué dans un espace de douze ou quinze ans au plus.

Les Martin avaient deux filles, qu'ils firent élever avec quelque soin, et non sans dépenses, dans les communautés du voisinage, à Thueyts particulièrement, et tout n'était pas bénéfice net dans leur exploitation rurale ou dans leur auberge.

Aussi, raconte-t-on, et nous avons recueilli à ce sujet des renseignements directs des contemporains, que des vols, même très audacieux, se commettaient assez fréquemment dans l'auberge.

Tantôt c'était une limouinse qui manquait à un charretier lorsqu'il avait eu la mauvaise fortune de coucher à Peyrabeille, tantôt une certaine quantité de la marchandise transportée qui était enlevée des voitures pendant que les conducteurs prenaient leur repas, ou faisaient un sommeil sur le foin.

Pierre Martin et Jean Rochette étaient d'une habileté et d'une adresse consommées dans ces larcins qui devaient être faits le plus souvent avec une grande rapidité.

Mais il s'étaient familiarisés de bonne heure avec les exploits de ce genre comme avec ceux qui exigeaient plus d'audace et plus de cruauté.

Un vieillard de la commune de Gras, qui a aujourd'hui 89 ans environ, nous a fait parvenir les renseignements qui vont suivre.

Ce brave homme, du nom de Martin Esprit, est originaire de la Croix de Bauzon.

Il a beaucoup connu Pierre Martin dit Blanc, Marie Breysse sa femme et surtout Jean Rochette, leur domestique, dont la famille était de son voisinage, car Rochette était du lieu de Banne, commune de Mazan, et ses parents paraissent être venus de St-Cirgues-en-Montagne.

Il se souvient qu'étant orphelin de bonne heure, il se livra au commerce des bestiaux, principalement des moutons et des bœufs.

L'on sait la véritable importance qu'ont depuis fort longtemps les foires de cette région à grands pacages, pour le commerce des troupeaux de bêtes à laine comme pour celui des bœufs de travail ou de consommation.

Or, en bon marchand de bétail, Martin Esprit ne manquait guère les foires de Pradelles, du Puy, de Langogne, de St-Cirgues ou de Coucouron.

Il avait par conséquent de nombreuses occasions

de passer à Peyrabeille, situé sur la plupart de ses itinéraires obligés de maquignon.

De son propre aveu, il couchait plusieurs fois par mois dans l'auberge de Pierre Martin, avec lequel il avait d'ailleurs une communauté de nom ou de prénom.

Or, le vieillard raconte qu'un jour il se trouvait à dîner à Peyrabeille.

Un bourgeois, d'une apparence fort aisée et arrivé sur un cheval de très belle mine et richement sellé et harnaché, se trouvait à table en même temps que lui.

Ce jour-là, dit-il, Pierre Martin, contre son habitude, ne mangea pas avec eux, et après dîner, le cheval du bourgeois avait disparu, et le voyageur ne put partir.

On eut plus tard des motifs de supposer que le cheval avait été précipité quelque part, du haut des rochers, et que le voyageur avait été également supprimé.

Martin Esprit ne le revit pas et ne sut ce qu'il était devenu.

Un autre jour, le jeune maquignon conduisait un troupeau de moutons qu'il menait à quelque foire de la région.

Il s'arrêta à l'auberge de Peyrabeille avec son troupeau, pour y prendre son repas et un peu de repos.

Lorsqu'il repartit, il compta de nouveau les moutons.

Mais il constata bien vite qu'un des plus gros et des plus gras manquait à ce dénombrement.

Il retourna un peu sur la route suivie auparavant pour rechercher la bête qui lui manquait.

Ce fut peine inutile, et il fut bientôt convaincu qu'on avait dû lui prendre cette bête.

Il ne connaissait pas assez Pierre Martin, à cette époque, pour avoir sur cet homme des soupçons qu'il eût pu concevoir plus tard.

Il sut, quelques années après, que son mouton lui avait été volé à son passage à l'auberge, et qu'on avait caché le corps de l'animal dans une sorte de citerne qui servait à conserver et à cacher bien des choses.

Martin Esprit était convaincu, avec beaucoup d'autres personnes, que des assassinats se commettaient à cette auberge de Pierre Martin.

Mais il n'avait rien vu de ses propres yeux qui pût lui en donner la certitude, et d'ailleurs il n'aurait pas osé parler, car il n'était personne qui ne redoutât les maîtres de Peyrabeille et les gens qui y étaient employés comme domestiques.

Le vieillard ajoute à son récit que lorsqu'il couchait à cette auberge et qu'il portait de l'argent, il avait instinctivement la plus grande méfiance et redoutait d'être dévalisé sinon assassiné.

Il mettait par précaution son argent dans une besace qu'il passait autour de son cou.

Le bonhomme, entraîné sans doute un peu par l'exagération que peut lui inspirer à une si grande distance, un souvenir grossi par les légendes qui ont eu cours après la mort terrible des trois hôtes de Peyrabeille, disait encore ce que voici :

Un jour que Jeanne-Marie, l'aînée des filles de Pierre Martin, ne voulait plus rester à la maison où était alors son mari, elle le pria, lui, Esprit Martin, de l'accompagner dans sa fuite.

Il la porta en croupe sur son cheval, jusqu'au pont de Brive, sur la route du Puy, et elle alla du côté du lac de Saint-Front.

En quittant la maison, dit-il encore, elle emporta avec elle une charge d'or, mais il oublie d'ajouter quel témoignage de reconnaissance elle lui donna pour ce service, si intime et si dévoué.

Avec un grand nombre d'autres personnes ayant comme lui fréquenté les parages de Peyrabeille du temps de sa prospérité et de ses crimes par conséquent, Martin Esprit est convaincu que les Martin-Blanc avaient des affiliés à Aubenas et sur d'autres points de la route, et qu'ils se recommandaient les uns aux autres les personnes qui paraissaient devoir fournir une proie fructueuse.

Elles étaient dès lors vouées à une disparition certaine et le crime venant en aide au vol, elles étaient, ou dévalisées avec violence, sur la route, ou tuées dans quelque auberge isolée, ou jetées dans quelque précipice affreux après avoir été dépouillées de tout.

Voilà ce qu'un témoin vient déposer de ses propres impressions et souvenirs, et nous aurons d'autres témoignages encore dans le même sens.

Mais avant d'aborder le récit des crimes nouveaux, dont l'auberge neuve de Peyrabeillo fut le théâtre, il est nécessaire de faire connaître à nos lecteurs l'état des lieux où devaient se passer les plus horribles scènes de ce long drame et jusqu'à son dénouement lugubre.

Nous avons visité ces lieux avec une singulière curiosité, et la minutieuse attention d'un expert de la justice; car c'est bien plus de l'histoire que du roman, que nous avons voulu écrire pour nos compatriotes.

A beau mentir qui vient de loin, dit un proverbe.

Mais ce n'est point là notre cas.

Nous racontons des faits, dont plusieurs témoins vivent encore, et nous décrivons des lieux que beaucoup connaissent, que tous peuvent encore visiter et reconnaître dans un état peu différent de celui où ils étaient à l'époque qui leur valut une si triste célébrité.

Nous avons déjà dit un mot du site désert au milieu duquel s'élève le petit groupe de trois maisons qui formaient, à peu de distance l'une de l'autre, les seules habitations que l'on rencontrait il y a un demi-siècle, entre Lanarce et Chamblazère.

C'est un paysage d'une mélancolique monotonie, se déroulant au loin et de tous côtés vers des horizons bleus, à peine découpés par les lignes onduleuses de quelques sommets montagneux perdus dans la brume et sans caractère imposant ou original.

C'est le propre de ces vastes plateaux surplombant au loin les grandes vallées de nos fleuves, de ne laisser apercevoir que des horizons sans vigueur et sans intérêt, jusqu'au moment où abordant les arêtes de leurs falaises escarpées, l'œil du voyageur est saisi par la magie des panoramas qui se déroulent alors devant lui.

Ce sont ces immenses plaines, lumineuses et fertiles, au sein desquelles s'écoulent les grands cours d'eau, et dont les rives opposées sont le plus souvent relevées vers de nouvelles chaînes de montagnes et vers de nouveaux plateaux.

Tel est chez nous le spectacle qu'offrent les bassins de l'Ardèche, du Chassezac ou du Rhône, vus des bords escarpés des plateaux montagneux dont ils baignent le pied.

Le plateau sur lequel s'élève l'auberge de Peyrabeille, est un des plus admirablement disposés pour offrir de ses rebords, le merveilleux tableau de ces grandes érosions du sol qui ont découpé nos belles vallées fluviales.

Il est bordé de tous côtés par des bassins importants, ceux de l'Allier, de l'Ardèche, du Chassezac et de la Loire, car il s'allonge jusqu'au Puy et bien au-delà encore vers le Forez.

Mais, c'est beaucoup s'arrêter sans doute, à ces détails géographiques, qui sont un cadre trop large pour un aussi modeste tableau que celui auquel nous devons nous borner en fin de compte.

Or, lorsque Pierre Martin fit construire à beaux deniers comptants l'auberge neuve, dans laquelle il entendait bien imprimer un nouvel essor à sa fortune et à son industrie, il lui donna d'assez larges proportions, au moins comme dépendances.

Nous avons relevé avec soin les différentes mesures qui peuvent donner une idée exacte des proportions de cette auberge, et nous avons trouvé qu'elle avait 26 mètres 50 de façade principale et trente mètres de profondeur, dans la partie qui s'étend à angle droit et perpendiculairement à la façade, en formant les granges, les écuries et les remises du côté-nord.

Le double parallélogramme formé par l'habitation et par les annexes obligées d'une exploitation comme auberge, formait un ensemble de constructions qui couvrait une superficie d'environ 650 mètres carrés.

L'on peut dire que l'habitation n'occupait guère qu'un quart de cet imposant ensemble.

Elle était basse, massive, construite en granit mélangé de moëllons de basalte dont on trouve des couches étendues, à peu de distance, au lieu dit la *Tannière*.

Disons en passant que ces colonnades aujourd'hui exploitées pour le ferrage de la route nationale, offrent des spécimens de fûts de basalte d'une longueur, d'une régularité et d'une rectitude que nous n'avions encore rencontrées nulle part.

Quelques-uns de ces fûts étalés sur le bord de la route, peuvent être facilement confondus, par un œil moins exercé, avec des madriers parfaitement dressés à la scie ou à la hache.

Les murs de l'habitation ne sont point crépis et laissent voir à nu l'appareil qui est entré dans sa construction.

L'aspect en est ainsi assez triste, et la reproduction fidèle que nous donnons à la fin de ce volume d'après la photographie, peut en donner une idée très-exacte.

Si le développement des corps de logis est vaste, leur élévation est en revanche peu considérable.

Nous n'avons mesuré que 5 mètres 10 centimètres du sol à la naissance du toit et on peut l'établir à environ 8 mètres vers la ligne de faîte.

Deux portes sont ouvertes sur la façade principale, l'une donne accès dans la partie habitée et qui servait d'auberge, l'autre très-large, est celle des remises.

Les différents romanciers qui ont fait de cette maison une sorte de prison, ont répété à l'envi que les ouvertures en étaient fort étroites et basses.

Il y a là quelque exagération, car la porte de l'habitation, qui est placée à 8^m 70 centimètres de l'angle occidental, a un mètre de largeur et 1^m 80 de hauteur.

Il est peu de maisons dans ces parages élevés, où le froid est très-vif, où les tourmentes de neige sont si redoutables pendant les longs mois d'hiver, qui aient des ouvertures plus larges et qui ne laissent la moindre prise possible à ces terribles éléments si souvent déchaînés sur ces hauts plateaux.

Il ne faut pas oublier, en effet, que l'altitude de Peyrabeille est exactement de 1,264 mètres 99 centimètres.

La constatation en est d'autant plus facile que sur le chantier oriental de la façade, celui qui touche presque à la grande route, l'administration des ponts et chaussées a fait encastrer un de ces repères en fonte, en forme de disque, qui marque la cote du nivellement général opéré il y a quelques années déjà par les soins des ingénieurs.

De chaque côté de la porte de l'auberge, des fenêtres d'assez faibles dimensions servent à éclairer les pièces du rez-de-chaussée que nous allons décrire.

Ces fenêtres sont au nombre de trois à la gauche de la porte, et de deux à droite, l'une de dimension conforme aux précédentes, qui éclaire la cuisine, et une autre plus élevée et beaucoup plus petite, qui sert à donner quelque lumière dans l'angle droit de la cheminée et sous le manteau même, par une sorte de meurtrière évasée à l'intérieur dans l'épaisseur énorme du mur de façade.

Les quatre fenêtres principales ont des dimensions uniformes.

Leur cadre mesure quatre-vingt-cinq centimètres de hauteur sur cinquante-cinq de largeur.

Elles sont placées assez au-dessus du sol pour qu'on ne puisse sortir par leur ouverture sans l'aide d'une chaise, et avec de pénibles efforts.

Toutefois, une seule de ces fenêtres, celle qui est à droite de la porte et éclaire la cuisine, est garnie de barreaux de fer.

Nous n'avons point retrouvé la trace même ancienne de cette armature défensive aux trois autres fenêtres du rez-de-chaussée, pas plus qu'aux fenêtres correspondantes du premier étage, dont le nombre est égal quoique leur position diffère un peu.

Nous avons donc été surpris de ne pas retrouver là ces ouvertures affreusement grillées et partout garnies de barreaux de fer, qui figurent dans les descriptions de tous les auteurs de romans.

Cet aspect et cette disposition particulièrement suspects attribués à l'auberge de Peyrabeille par les premiers romanciers qui ont daigné s'en occuper, a fourni le titre d'un feuilleton au *Petit Moniteur Universel* de 1879.

Sous le titre de : l'*Auberge aux barreaux de fer*, ce journal publia sans l'achever toutefois, un roman dont la partie judiciaire offrait seule quelques renseignements vrais, quoique très-incomplets.

Mais nous poursuivons notre description extérieure de l'auberge avant d'y pénétrer.

A dix mètres soixante centimètres de la porte du logis habité, s'ouvre une porte à deux battants, de 2 m. 80 de largeur sur 3 mètres de hauteur, encadrée de pierres de taille appareillées avec un certain luxe.

Cette porte donne accès dans une vaste remise de trente mètres de longueur formant équerre avec l'habitation et s'ouvrant par une porte semblable à son autre extrémité, du côté nord.

Les voitures pénétraient donc dans la remise par un côté et en ressortaient par l'autre, soit qu'elles vinssent de la direction du Puy, soit qu'elles arrivassent de Lanarce et de Mayres.

C'était là une disposition parfaitement comprise

et dont les charretiers devaient apprécier la commodité.

Entre la porte de la remise et l'angle du bâtiment du côté de la route nationale il y a une distance de 4 m. 40 centimètres.

Presque en face de ce chantier s'élève un monolithe de granit, sorte de terme à peine dégrossi, au sommet duquel une croix de fer très simple a été scellée dans une intention bien évidente, celle de consacrer par ce signe de miséricorde le terrible souvenir de l'expiation des crimes qui souillèrent ces lieux.

Lorsqu'on pénètre dans l'auberge par la façade principale qui regarde en plein midi, on se trouve dans une salle assez vaste, presque carrée, d'une superficie d'environ 25 mètres, éclairée par la seule fenêtre dont nous avons déjà parlé. *(Voir les plans).*

Au fond, une cloison de bois blanc dans laquelle s'ouvrent trois portes dont deux sont vitrées, et qui donnent accès à gauche sur une cave avec caveau à peine éclairés par jour de souffrance pris dans le mur du nord.

Dans ce sombre réduit, dont le sol forme seul le plancher, était le lit à alcôve où couchaient les filles Martin.

A l'opposé était le lit du domestique Jean Rochette.

La porte de droite donnait sur une sorte de pièce

servant en même temps de passage et de communication entre la cuisine et les écuries. Celles-ci s'étendaient sur une longueur d'une vingtaine de mètres, sous la grange à foin, à laquelle on n'arrivait que du dehors, par un plan incliné remblayé de terre, ou de l'intérieur par la communication du 1er étage dont nous aurons à parler.

Dans la cuisine et à droite, était, tout d'abord la haute cheminée au large manteau sous laquelle s'ouvrait un premier four, celui à usage du ménage, puis un placard à provisions, et enfin une table, fixée au mur par une charnière ingénieuse, et qu'on relevait avec une béquille de bois.

Ce meuble est à lui seul une particularité bizarre, car il indique qu'on pouvait faire dîner ou souper les voyageurs sous la cheminée, à proximité du foyer, et cela expliquera bien des scènes épouvantables passées dans les habitudes des aubergistes de Peyrabeille pour consommer leurs crimes atroces.

Après la cheminée, et formant alignement avec elle, se trouvait et se voit encore une boiserie en sapin, dans laquelle s'enchâsse d'abord une étagère à assiettes, puis un placard, et enfin la porte donnant accès à l'escalier de bois qui conduit aux chambres du premier étage.

Cet escalier est à lui seul toute une révélation.

Au fond de la cheminée est une pierre épaisse, appliquée au mur, et faisant saillie d'au moins vingt centimètres ; tout le foyer est dallé jusqu'au devant de la cheminée.

Mais ce n'est là qu'une partie du rez-de-chaussée de la nouvelle auberge de Peyrabeille.

C'est la pièce principale toutefois, celle qui formait à elle seule le théâtre ordinaire des scènes gaies, banales, bruyantes, de la vie d'auberge, alors que les muletiers, les rouliers, les voyageurs de tous rangs s'y croisaient fréquemment.

C'est aussi celle où s'accomplissaient les premiers actes de ces drames effroyables où la victime trop confiante buvait, mangeait ou dormait, accablée par la fatigue, et recevait là le coup terrible qui l'envoyait de vie à trépas.

Cette grande salle a l'air honnête, presqu'engageant, lorsqu'on la considère sans parti-pris et un peu superficiellement. Elle a cependant quelque chose d'inquiétant lorsqu'on l'examine avec plus d'attention.

Il y a beaucoup de portes dans cette salle, des portes qui se dissimulent un peu de tous côtés, sous les apparences de placards.

On dirait qu'on a mis quelque soin et presque de l'art à jeter la confusion dans toutes ces portes qui vont à gauche, à droite, au fond, tantôt dans des placards, tantôt dans des réduits, tantôt conduisent à l'étage supérieur.

Il fallait avoir une certaine habitude du logis

pour s'y reconnaître et pour trouver au besoin une issue par laquelle on pût s'échapper.

Nous avons indiqué l'usage de la plupart de ces portes.

Mais à gauche de l'entrée, dans une cloison légère, en bois tapissé, s'ouvre à la suite de deux placards qui y sont adossés, une porte donnant accès sur une sorte de salon ou de salle à manger, aussi longue que la cuisine, mais un peu plus étroite.

C'est là qu'on devait mettre les voyageurs de marque, les habitués, les sociétés nombreuses, qu'on ne pouvait faire dîner à la cuisine, ou qui désiraient être servis isolément.

L'aspect de cette pièce, quoi qu'elle soit assez bien conservée encore, est misérable, tout en étant la plus luxueuse de l'auberge.

Elle est éclairée par deux des petites fenêtres que nous avons indiquées sur la façade, à gauche de la porte.

Au fond de cette pièce, à l'opposé des fenêtres, sont trois placards pris dans l'épaisseur du mur derrière lequel était la chambre à coucher des filles Martin.

Enfin, à la suite de la salle à manger, toujours dans le sens de la façade, c'est-à-dire de la longueur, s'ouvre une troisième pièce, à laquelle on accède par une porte ouverte au milieu de la salle à manger, vis-à-vis de celle communiquant avec la cuisine.

C'est ce que l'on peut appeler, pour être plus clair, une seconde pièce en enfilade.

Sorte de réduit ou de cabinet de débarras, de moitié plus étroit que la précédente salle, ce local n'est même pas pourvu d'un plancher.

Le sol y est à nu, les murs sont à peine crépis.

Cette pièce a cependant un intérêt particulier.

Dans le fond, sur la muraille qui forme le retour en équerre de la façade, et du côté du couchant, par conséquent, s'ouvrait la gueule cintrée d'un four assez vaste, dont la chambre était toute entière en dehors du mur et formée par une espèce de demi-tour à coupole, en maçonnerie, faisant saillie, et telle qu'on en rencontre dans la plupart des fermes de nos montagnes.

Ce four qui paraît avoir joué un certain rôle dans la série des crimes de l'eyrabeillo, d'après les révélations de Jean Rochette lui-même, a été depuis lors démoli intérieurement et extérieurement.

Toutefois, il est facile de reconnaître son emplacement et les dimensions de son ouverture, par la différence de teinte qui subsiste entre la vieille maçonnerie et celle plus récente qui a condamné l'ouverture.

Ce four était, comme on le voit, le deuxième de la maison, puisque nous en avons signalé un premier dans la cuisine, sous le manteau de la cheminée, un peu à gauche de la pierre du foyer.

C'est dans ce second four que l'on a retrouvé au moment des recherches de la justice, des traces évidentes de crémation de corps humains, et des débris révélateurs.

Au fond de la même pièce, à l'opposé de l'unique petite fenêtre qui prend jour sur la façade, au-dessous de l'escalier de bois établi plus récemment pour monter au premier étage, on voit une sorte de niche carrée, assez large, qui s'ouvre dans l'épaisseur du mur, et qui paraît avoir été destinée à placer un fourneau pour faire la lessive ou toute autre opération de cuisson.

Cette pièce a tout l'air, en effet, d'avoir été disposée pour une sorte de buanderie.

On comprend, en effet, que si dans le plus grand nombre des maisons de paysans et d'ouvriers, la lessive se coule tout bonnement à la cuisine, à portée du foyer sur lequel est constamment chauffé le lessif, il ne peut guère en être ainsi dans une auberge exposée à recevoir des hôtes dont le premier désir et le premier besoin sont de prendre place autour du foyer.

La buanderie, car tel est le nom sous lequel nous désignerons cette pièce, est d'un aspect aussi lugubre que la destination à laquelle elle servit plus d'une fois, paraît-il, en recevant les cadavres des victimes d'abord, puis en ouvrant son horrible four chauffé à blanc, où les cadavres allaient se réduire en cendres, après de longues heures d'un feu sans cesse alimenté.

Le four de la cuisine ne servait pas à cet usage immonde qui en eût souillé et infecté les parois. Il ne servait qu'à la cuisson du pain.

C'est pour cela que deux fours étaient nécessaires dans cette modeste habitation où le crime devait se donner carrière pendant de longues années encore.

Dans la grande cheminée on faisait aussi parfois une horrible cuisine, car voici un fait que nous devons rapporter avant d'aller plus loin dans notre description des autres parties de la maison, puisqu'il trouve naturellement sa place là où nous sommes encore, c'est-à-dire dans cette salle principale d'où nous passerons au premier.

C'est une bien lugubre histoire dont nous ferons d'ailleurs connaître l'auteur, sinon la victime, restée inconnue comme bien d'autres sans doute.

C'était dans la nouvelle auberge.

Un nommé Bisac, de Mézerac, localité peu éloignée de Peyrabeille, et appartenant à la commune de Mazan, avait vendu à Pierre Martin une assez forte quantité d'avoine dont le prix ne lui avait pas été compté.

Ayant besoin d'argent, il se décida, après en avoir causé un soir avec les siens, d'aller de grand matin à Peyrabeille pour chercher son argent, afin de pouvoir se rendre de là à une foire qui se tenait dans les environs, et où il avait à régler divers achats.

Il se réveilla dans la nuit, comme tout bon paysan qui a martel en tête pour quelque affaire d'argent, et trompé sur l'heure par un superbe clair de lune qui lui faisait croire à l'aube, il se leva et se mit en route pour Peyrabeille, ne voulant pas perdre le bénéfice d'un réveil aussi matinal dont il ne se rendait cependant pas un compte bien exact.

Bisac arriva, comme on le pense, de trop bonne heure à Peyrabeille, pour que sa présence n'eût pas été trouvée fort extraordinaire, dans d'autres conditions que celles qui expliquaient son erreur et pouvaient justifier son arrivée, vers deux heures du matin dans cette auberge.

Sa surprise ne fut pas moins grande d'apercevoir la lumière filtrant au travers des fenêtres du rez-de-chaussée.

Il n'hésita plus à aller droit à la porte et à frapper avec son bâton.

Au bout de quelques instants, une voix de l'intérieur lui demanda qui il était, et lorsqu'il se fut fait connaître, la porte fut ouverte.

C'est la femme Martin qui vint le recevoir et d'assez mauvaise humeur, comme c'était souvent son habitude.

La nuit était fraîche, et malgré la course qu'il

venait de faire, Bisac éprouvait le besoin de prendre un air de feu.

Aussi ne fut-il pas peu content et en même temps fort surpris de trouver dans la cheminée un grand feu de bois que Martin et sa femme devaient alimenter avec quelque soin pour qu'il fût aussi ardent et la braise aussi épaisse.

Sur ce feu d'enfer était suspendue une énorme marmite dont le couvercle était de temps à autre soulevé par les efforts du liquide en ébullition constante.

L'homme de Mézerac, tout en causant de sa méprise sur l'heure, s'avança vers le feu sans attendre qu'on l'y ait invité, prit une chaise et s'assit pour se chauffer les mains qu'il avait glacées, et les pieds un peu refroidis aussi.

Mais en s'approchant du feu, il ressentit plus fortement une odeur infecte et pénétrante qui était répandue dans toute la cuisine.

Il s'en était bien aperçu presque en entrant, mais pas à un degré aussi fort que maintenant, et les bouillonnements de la marmite semblaient particulièrement projeter cette vapeur nauséabonde.

Le visage de Bisac exprima sans doute cette sensation peu agréable. L'obstination avec laquelle il flairait devant lui, en regardant la marmite d'où semblait partir cette infection, complétait si clairement la série de ses investigations peu discrètes, que la femme Martin n'eut pas de peine à le remarquer.

Elle regarda fixement le bonhomme de son œil audacieux et terrible. Elle lui demanda où il pouvait bien aller à une heure pareille.

— Je viens, dit Bisac, chercher l'argent de l'avoine dont j'ai absolument besoin pour un paiement. Je m'aperçois maintenant en regardant votre horloge, que le clair de lune m'a trompé.

Pierre Blanc prenant à son tour la parole et d'un ton non moins dur et menaçant que celui de son aimable femme, lui dit :

— Bisac, tu devrais savoir que ce n'est pas à une pareille heure que tu dois venir me trouver.

Est-ce que chez toi l'on sait que tu es ici ?

— Parfaitement, répondit Bisac, qui avait compris tout à coup ce que ces paroles de l'aubergiste avaient de menaçant.

J'ai, ajouta-t-il aussitôt, laissé chez moi l'individu qui attend l'argent que je viens chercher.

— Eh bien, répondit Pierre Martin, on va te le compter ton argent.

En effet, il alla dans une petite armoire au fond de la pièce, et resta quelques instants à réunir la somme nécessaire.

La femme Martin, tout en éclairant son mari pour faciliter sa recherche, paraissait beaucoup plus préoccupée de surveiller les mouvements et la physionomie de Bisac, et son regard n'avait rien de bien rassurant.

Mais Bisac feignait la plus grande indifférence tout en se chauffant devant la flamme.

A un moment cependant, il s'approcha un peu plus du foyer et sembla regarder avec quelque curiosité ce qui pouvait bien cuire dans cette grande marmite d'où s'échappaient des bouillons d'eau et des vapeurs écœurantes.

Pierre Martin, qui revenait à ce moment vers lui, s'en aperçut, et prenant avec une grande cuiller en bois, de l'eau bouillante au bord de la marmite, il la répandit sur les pieds du curieux pour lui signifier brutalement qu'il eût à s'éloigner de là.

Bisac comprit la leçon, regarda Pierre Martin d'un air presque inconscient et se retira d'un pas en arrière.

Mais la pâleur avait subitement envahi son visage, car il avait entrevu une main humaine qui surgissait de la surface de l'eau bouillante, au moment où l'aubergiste avait soulevé le couvercle pour puiser sa cuillerée d'eau.

Cette main était agitée au milieu d'autres débris de chair qui tournoyaient dans la marmite, montant et descendant tour à tour.

Il eut cependant la force de contenir l'émotion terrifiante qui l'étreignait.

Pierre Blanc lui compta son argent, et en le lui remettant, il lui dit d'un ton grave et sinistre :

— Bisac, prends garde, que rien de ce que tu as pu voir ne s'échappe de ta bouche. Si tu avais le malheur de l'oublier et de commettre la moindre indiscrétion, tu serais un homme perdu.

Bisac, que cette recommandation menaçante confirmait dans ses soupçons et frappait d'épouvante, sortit en toute hâte de l'auberge de Peyrabeille et courut à travers champs sans suivre aucun chemin, tant il craignait d'être poursuivi par les époux Martin.

Il arriva bientôt chez lui, ne songeant plus à la foire, et il tomba comme mort en entrant dans sa maison.

Ce ne fut qu'à grand'peine qu'on put le rappeler à la vie et lui faire reprendre connaissance.

Nous verrons plus tard qu'un autre individu fut moins heureux, et mourut d'une peur semblable peu de temps après.

Nous avons en mains les preuves authentiques de ce fait.

Cet exemple que nous venons de donner de la terreur que pouvaient inspirer déjà les aubergistes de Peyrabeille aux gens assez mal avisés pour mettre le nez dans leurs terribles mystères, suffirait à faire comprendre comment ils purent trop souvent abuser de cette terreur, dont ils avaient conscience.

Il fallait bien qu'à leur vue, au jeu de leur physionomie, au son de leur voix autant qu'au cynisme cruel de leurs menaces, on pût les juger capables de mettre celles-ci à exécution.

C'est ainsi que Bisac l'avait compris et qu'il faillit en mourir, et c'était un homme !

Mais voici un autre fait qui nous est raconté par un honorable ecclésiastique et qui se rapporte, croyons-nous, à une époque un peu plus rapprochée quoique déjà fort ancienne.

M. E., ancien curé de Rieutord, se rendait au collège de Langogne avec un de ses condisciples, revenant comme lui de ses vacances du côté d'Aubenas.

Lorsque ces deux jeunes gens arrivèrent à la hauteur de Peyrabeille, le soleil était déjà bas sur l'horizon et allait disparaître pour faire place à la nuit, car c'était au commencement d'octobre.

Ils avaient chaud à la suite d'une étape assez longue qu'ils avaient déjà fournie depuis le matin, et ils entrèrent pour se rafraîchir.

Peut-être même se fussent-ils décidés à y passer la nuit.

Mais Pierre Martin, sa femme, et jusqu'à son domestique, mirent une si vive et si suspecte insistance à les y amener qu'ils furent pris d'une secrète frayeur.

— Nous avons des cailles, des perdrix, dans la

maison, disait l'aubergiste, et, nous vous ferons un bon souper.

— Puis, vous aurez un bon lit pour chacun, ajoutait la femme, et vous serez frais et dispos pour repartir demain.

— C'est bien le meilleur, disait à son tour Rochette, car par ces mauvais pays, on peut toujours faire une rencontre désagréable. Il n'y a que quelques années à peine qu'on a trouvé un malheureux assassiné par des rouleurs de grands chemins, pas bien loin d'ici, vers la traverse de Pradelles.

Le rusé compère procédait par intimidation et par la peur, car il pensait que c'était sans doute le meilleur moyen d'agir sur l'esprit de tout jeunes garçons.

Mais si son compagnon de route paraissait fort disposé à suivre les dangereux conseils des aubergistes, M. E... qui avait déjà entendu murmurer dans le pays de sinistres bruits sur les habitants de Peyrabeille, trouva cent raisons pour ne pas se rendre à leurs alléchantes promesses. Sans laisser paraître les sentiments de défiance et de crainte dont son esprit était violemment agité, il décida son compagnon à le suivre sous les prétextes les plus plausibles.

Bien lui en prit, car nos deux jeunes étudiants avaient laissé voir peut-être un peu trop leur bourse en payant leur consommation, et elle était assez bien garnie.

Il était clair que les bons parents avaient remis à

leurs enfants non seulement une ample provision pour leurs menues dépenses, mais en outre pour payer une partie de leur pension de l'année, car alors la poste n'offrait pas les facilités qu'elle offre aujourd'hui pour de tels règlements.

Longtemps encore après avoir quitté l'auberge, les jeunes collégiens marchaient à pas pressés et regardaient fréquemment derrière eux ou sur leurs côtés, dans la crainte de se voir poursuivis par quelqu'un des assassins de Peyrabeille.

L'année suivante, le même collégien, M. E..., repassa au même lieu et entra à Peyrabeille, car c'était en plein jour.

Il demanda quelque chose à manger.

Mais on se rappela dans l'auberge que l'année précédente il avait empêché son camarade d'y coucher, et Jean Rochette, le terrible exécuteur des hautes œuvres de Peyrabeille, commençait à lui chercher querelle, afin de faire naître un prétexte à quelque rixe funeste.

Le jeune E... comprit mieux encore où voulait en venir ce dangereux personnage, et en homme bien avisé et qui sait ce que valent les minutes en de telles compagnies, il jeta à la hâte sur la table l'argent de sa dépense et s'esquiva au plus vite.

Il entendait bien derrière lui des voix qui l'accompagnaient de jurons et d'injures, mais la peur lui donnait des ailes et il s'estima heureux d'être sorti à temps et sans trop d'obstacles de ce guêpier.

Un peu plus tard encore, nous dit le même narrateur qui tenait ces détails de témoins et de contemporains dignes de foi, les Martin et leurs complices habituels s'étaient enhardis dans leur épouvantable métier jusqu'au point de singer entr'eux, avec une joie féroce, et comme pour s'exciter à rire, les grimaces, les contorsions, et jusqu'au désespoir dont leurs victimes leur donnaient le spectacle dans leurs effroyables agonies.

Le chantre immortel de la *Divine Comédie*, le Dante, n'a peut-être pas entrevu dans ses horribles visions des cercles infernaux les types hideux, surhumains, de ces fauves de Peyrabeille se jouant des angoisses poignantes et des convulsions dernières des malheureux qu'ils égorgeaient, ébouillantaient, assommaient ou brûlaient.

Mais nous n'avons point achevé la visite de la nouvelle auberge.

Nous n'avons donné à nos lecteurs qu'une description rapide du rez-de-chaussée, au moins de la partie habitée.

Nous allons monter avec eux à ce premier étage qui renfermait les chambres à coucher, puis le grenier à foin, en communication avec les chambres, que plus d'un crime a ensanglantées.

Nous avons montré qu'à droite de la salle servant

de cuisine, et un peu à la suite de la cheminée, existait une porte qui donnait accès à un escalier.

Lorsque cette porte est fermée, on croirait que c'est là un placard comme ceux qui existent en divers points des parois de cette salle.

Mais en l'ouvrant, on se trouve en face de cinq marches d'un escalier en bois, qui conduisent à un premier palier.

Puis l'escalier tourne à angle droit, et par une volée d'une demi douzaine de marches fort raides, il arrive à un petit corridor desservant les dortoirs. Cet escalier est étroit et c'est à grand'peine que deux personnes fort sveltes pourraient le gravir de front.

La chose n'est même pas possible et n'a jamais dû être pratiquée très vraisemblablement.

Le premier palier est lui-même très étroit.

Lorsqu'on est au sommet de l'escalier et qu'on se retourne pour en redescendre, on est frappé de deux choses.

D'abord de la raideur, qui fait deviner que le moindre faux pas doit se traduire par un plongeon.

En second lieu, on voit avec quelque terreur, en face de soi, une muraille mal crépie, sur laquelle se détache en saillie une énorme poutre, à la hauteur de 4 pieds à peine au dessus du palier inférieur.

On comprend de suite que si l'on trébuche ou si l'on est poussé du sommet de l'escalier, on vient infailliblement donner de la tête contre cette poutre et contre la muraille, sans pouvoir se retenir à quoi que ce soit.

Cette cage d'escalier peut être définie en peu de mots : c'est un piège et un assommoir à peine dissimulés.

Telle a été, d'ailleurs, plus d'une fois son rôle dans cette infâme maison, dont tous les recoins suent le crime et dénotent l'astuce sauvage de ceux qui l'ont conçue.

Arrivé au premier, on croirait trouver quelques chambres passables, comme il est permis d'en exiger même dans une auberge de montagne où il passait annuellement assez de monde, en état de payer un gîte et de réclamer quelque confort.

Mais c'est pitié de voir à quelles cellules mal fermées, aux cloisons et aux plafonds disjoints, faits de planches de sapin blanchies à la chaux, on a pu donner le nom pompeux de chambres ou d'appartements.

Il en est jusqu'à 6 dans cet étage, de ces fameuses chambres ; la première à gauche donne au dessus de la cuisine ; la seconde, plus grande, vient ensuite et correspond à partie de la cuisine et partie de la salle à manger, du rez-de-chaussée.

La troisième est moins grande que la précédente et un peu plus grande que la première.

Elle correspond à partie de la buanderie dont nous avons parlé en décrivant l'étage inférieur.

Puis une quatrième chambre avec cheminée qui devait, jadis, être à usage de cuisine.

Enfin, une cinquième chambre, la plus vaste, qui est encore désignée sous le nom de chambre rouge et qui devait être la pièce d'honneur à l'occasion.

Cette grande salle dont trois côtés sont formés par des cloisons de bois, est éclairée par deux fenêtres étroites prenant jour au nord.

Le nom de chambre rouge ne s'explique pas autrement, pour nous, que par la bande de peinture à la colle, couleur sang de bœuf, qui forme le soubassement des cloisons sur trois côtés.

Les parois de bois étaient recouvertes de papier peint d'un dessin très ancien et très grossier, dont les arabesques d'un rouge brique violent se détachaient sur un fond jaunâtre clair. Sous cette tapisserie plus récente, en existait une plus ancienne dans les mêmes tons crus et dans les mêmes dessins primitifs, qui sont l'enfance de l'art du papier peint à bon marché.

Sur l'un des côtés de la chambre rouge, et formant pour ainsi dire séparation entre cette pièce et un dégagement qui sert à la mettre en communication avec le grenier à foin d'un côté, avec l'escalier de l'autre, il existe une armoire à lit. Cette sorte d'alcôve assez vaste, formée de planches de sapin, porte en effet sa couchette, suivant l'usage de nos montagnes, où l'on trouve parfois dans les auberges, des séries d'armoires ainsi disposées sur les côtés d'une salle à manger, d'une cuisine, ou même d'un corridor, comme nous en avons vues au Béage.

Ce lit était placé sur le passage de tous les allants et venants, entre la fenière et l'intérieur, et il se trouvait en bordure sur le corridor conduisant à toutes les chambres.

Une fenêtre prenant jour sur le nord éclaire l'espace dans lequel cette armoire-lit est placée, et un placard qui fait presque face à cette fenêtre sert de clôture à l'escalier en garnissant l'espace qui sépare l'extrémité de cet escalier de la porte du fenil.

C'est une sorte de tambour qui a dû servir à intercepter le courant d'air énergique qui s'établissait nécessairement entre la grange et le rez-de-chaussée lorsqu'on ouvrait la porte du bas de l'escalier pour monter de la cuisine ou pour y rentrer.

En examinant cet ensemble de pièces qui forme le premier étage, on n'y aperçoit rien de bien particulier.

C'est le mauvais goût et l'absence de tout confortable, qui se montrent là comme dans la presque généralité de nos auberges de la montagne, souvent décorées du nom d'hôtels.

Ce sont des murs sales ou mal badigeonnés, des planchers grossiers, mal ajustés, mal rabotés, noircis par l'ordure et la poussière qu'on a soin d'y étendre chaque fois qu'on balaie après un copieux arrosage, préalable ; c'est enfin le mobilier sordide et rudimentaire qui peut seul s'harmoniser avec de tels taudis.

L'hiver on gèle dans ces cellules froides et inhospitalières, et l'été on y étouffe, même à ces hauteurs.

Les parois de bois, les plafonds disjoints laissent pénétrer l'air chaud et les ouvertures basses, étroites, uniques pour chaque pièce, ne permettent pas de renouveler l'air.

Nous avons vraiment souffert chaque fois que nous avons été obligé, dans nos excursions, de coucher dans ces pauvres auberges de nos montagnes où tout fait défaut, depuis le sommier qui repose de la fatigue du jour, jusqu'à la descente de lit qui permet de ne pas marcher dans les malpropretés dont une foule de voyageurs peu soigneux ont laissé les traces accumulées.

A ce point de vue, l'auberge de Peyrabeille n'était ni mieux ni pire que les neuf dixièmes des auberges de la région, et si elle n'était pas plus confortable, elle avait du moins cette raison à en donner : il était superflu d'y être bien couché, puisqu'on y trouvait presque toujours le sommeil éternel !

C'est lugubre à dire, n'est-ce pas, et cependant cela n'est que trop vrai.

Aussi, l'on trouve dans la disposition même des lieux, une singulière préoccupation de créer des réduits secrets, des cachettes.

Il en fallait parbleu bien pour cacher ces corps embarrassants que la mort avait refroidis, et que le mouvement d'une auberge fréquentée, ne permettait pas toujours d'aller enfouir au loin, ou de faire disparaître par quelque horrible opération.

La vaste gaine de la grande cheminée de la cuisine passe dans la paroi de la première chambre à gauche du palier qui termine l'escalier ; mais entre cette gaine et l'escalier, comme entre la paroi de la chambre et la forte muraille de la grange à laquelle est appuyée la gaine de la cheminée, il existe un vide.

Il a une profondeur d'environ 1 mètre 1/3 à peine, sur une largeur d'environ 60 centimètres.

L'ouverture qui donne sur l'escalier même et d'aplomb, est fermée par une cloison comme celle qui règne sur toute la longueur du corridor et forme la clôture des chambres.

La partie de la cloison qui correspondait à cette cachette devait s'ouvrir avec quelque facilité, soit par une porte à charnière, soit par quelque planche volante facile à soulever et à reclouer.

Ce recoin que rien n'indique au dehors, et dont on ne peut découvrir l'existence qu'en étant prévenu, ou en dressant le plan géométrique de cet étage, était une cachette sûre.

On y déposait provisoirement le corps des victimes tuées dans leur lit ou dans la grange, et qu'une circonstance quelconque empêchait de porter ailleurs, quelquefois pendant plusieurs jours, comme nous aurons occasion de le montrer plus tard.

C'est en mesurant exactement la superficie de ce premier étage que M. Célestin Dubois, de Thueyts, qui avait bien voulu se mettre obligeamment à notre disposition pour visiter ces lieux et en relever le plan, constata l'existence d'un vide entre la chambre et le gros mur, et nous pûmes reconnaître, en effet, que c'était bien là le réduit signalé comme ayant servi en diverses occasions, notamment après l'assassinat d'Enjolras, pour cacher le corps des victimes.

On est allé jusqu'à prétendre que les aubergistes de Peyrabeille plaçaient leurs lugubres fardeaux dans des placards, où quelque curieux échappant à la surveillance, cependant fort en éveil de ces gens terribles, pouvait les découvrir.

Et il n'y a rien là d'improbable, surtout vers les dernières années de ces meurtriers, alors qu'ils ne prenaient presque plus la peine de cacher leurs forfaits, tant le sans-gêne leur avait réussi jusque-là.

Nous avons dit que du palier de l'escalier au premier étage on communiquait avec la grange ou fenil par une sorte de chambre avec armoire-lit et placards sur les côtés.

Cette grange était très vaste, immense, et ce ne devait pas être l'un des moindres sujets de frayeur, de la part des voyageurs, que cette communication immédiate avec cet espace inconnu où l'on pouvait pénétrer de bien des côtés et arriver au cœur même de ce dortoir si mal clos du premier étage.

Nos lecteurs connaissent maintenant suffisamment les dispositions de cette maison si bien nommée le Coupe-Gorge, et dans laquelle tant de drames terribles et sanglants se sont accomplis, mais dont un nombre relativement restreint a laissé des traces et des témoins.

Ce sont ceux-là mêmes que nous allons retracer désormais, en nous efforçant de leur restituer leur véritable physionomie, d'après les documents de l'époque, et les révélations apportées aux débats judiciaires qui vinrent clore la série de ces crimes.

partie.

Après une petite dispute, Joseph, qui était
par trop vif, saisit son fils et le tua à coups
un peu après le tua.

Quelques minutes et un voyage d'un certain
âge, Étienne Ougès a été tué. Ils s'étaient dans
la cuisine et se chauffer, cela put expliquer leur
mort, un par suite ? ...... de la chute de
neige.

La cuisine de Pierre Martin était refroidie par
ce froid, un peu impuissant soyons; cependant
encore les deux signes de la maison, les maîtres et
leurs filles.

Plusieurs formaient un revêtu autour du foyer, se
chauffant et fumant en échangeant de gais propos en
gémissant sur les rigueurs du temps, qui allait leur
rendre peut-être la route impraticable.

Vincent Boyer et le vieillard

C'était en 1824 et au cœur de l'hiver, vers la fin de janvier.

Après une journée triste et maussade qui faisait pressentir la neige, celle-ci avait commencé à tomber un peu avant la nuit.

Quelques muletiers et un voyageur d'un certain âge, s'étaient arrêtés à l'auberge de Peyrabeille dans la crainte d'être surpris en route par quelque tourmente ou par une recrudescence de la chute de neige.

La cuisine de Pierre Martin était fort animée par ces hôtes un peu bruyants auxquels s'ajoutaient encore les domestiques de la maison, les maîtres et leurs filles.

Plusieurs formaient un cercle autour du foyer, se chauffant et fumant en échangeant de gais propos ou gémissant sur les rigueurs du temps qui allait leur rendre peut-être la route impraticable.

L'heure du souper vint bientôt et les muletiers s'attablèrent avec les maîtres de la maison, les domestiques et les filles.

Seul le voyageur que nous avons signalé comme le plus âgé, car il avait les cheveux et la barbe presque blancs, resta près du feu et ne demanda qu'un morceau de pain et de fromage, car, disait-il, il n'avait pas grand faim, ayant dîné assez tard et n'aimant pas à manger beaucoup le soir.

C'est même debout qu'il faisait son maigre repas en regardant le va-et-vient de la femme Martin occupée à servir ses hôtes et à surveiller ses marmites, tout en interpellant les uns ou les autres et en gourmandant ça et là ses filles lorsqu'elles ne la secondaient pas suffisamment dans sa besogne.

Le repas du soir était terminé lorsque la porte de la salle s'ouvrit et qu'un nouveau voyageur entra, achevant de secouer les flocons de neige qui blanchissaient sa blouse et sa casquette.

Celui-là était jeune, grand et solide.

Il n'avait d'ailleurs que 20 ans.

Il souhaita le bonjour à la compagnie, suivant la formule usitée dans la campagne et demanda si on pouvait lui donner à manger et à coucher.

— Certainement, répondit Pierre Martin, entrez donc, et venez vous chauffer, pendant qu'on va vous tremper la soupe.

Si vous étiez venu une heure plus tôt, vous auriez

soupé avec tout le monde, mais vous n'aurez pas longtemps à attendre.

J'aurai aussi besoin d'un lit, se hâta-t-il de dire.

Nous en trouverons bien un pour vous, répondit l'aubergiste de son air goguenard, avec le temps qu'il fait on ne met pas le monde à la porte.

Boyer, car c'était le nom du nouveau venu, se sentit tout rassuré en pensant qu'il trouvait un gîte pour échapper au mauvais temps qui l'avait surpris, alors qu'il se promettait bien d'aller au moins jusqu'à Lanarce ou La Chavade avant de terminer sa journée de marche.

On lui servit une soupe qui se ressentait un peu du vide déjà fait par le repas général dans la marmite de la mère Martin, mais l'appétit aidant, il l'avala bouillante et si louche qu'elle fût.

Un morceau de lard sur des choux compléta son souper.

Pendant ce temps, les muletiers avaient quitté la salle par la porte communiquant à l'écurie, afin d'aller donner les derniers soins à leurs bêtes pour se coucher ensuite.

Il ne resta plus bientôt dans la cuisine que les aubergistes, leurs filles, le domestique principal, Jean Rochette, et les deux voyageurs Boyer et le vieillard, que nous avons vu rester près du feu.

Dès que la scène se fut ainsi en partie vidée, il eût été facile de voir poindre le drame succédant à la comédie joyeuse et bruyante, dont les acteurs venaient de disparaître par la porte du fond.

Boyer, dont nous compléterons le nom en l'appelant Vincent, ainsi que cela est vrai, se rapprocha du feu pour allumer sa pipe, en homme qui a coutume de compléter tout repas par cette satisfaction superflue mais impérieuse, beaucoup plus rare à cette époque qu'aujourd'hui.

L'habitude de voyager, car Vincent Boyer était assez souvent en route pour exercer son métier de ferblantier, expliquait même à peu près exclusivement l'usage de la pipe chez un homme de son âge, tandis qu'à présent les enfants fument en sortant du berceau.

Le vieillard, lui, s'était assis après son frugal souper, et il regardait d'un œil bienveillant et observateur les deux filles des époux Martin, l'une de 18 ans, la plus jeune, et l'autre de 24 ans, dans toute la force et l'éclat de sa jeunesse, mais portant déjà dans ses allures un peu viriles, l'empreinte d'une singulière indépendance et d'habitudes fort libres avec les hommes.

C'était la Jeanne-Marie, celle-là ; la gaillarde de Peyrabeille que connaissaient bien les voituriers et les muletiers qui fréquentaient ces parages.

Son nom était mêlé à bien des histoires de grande route, et les grosses plaisanteries salées qui défrayaient les ribottes du soir à l'étape, n'étaient point faites pour effaroucher la rustique beauté de Peyraboille, que l'on appelait la Jeanne-Marie.

De leur côté, les jeunes filles regardaient avec d'étranges sourires qu'elles échangeaient furtivement entr'elles ou avec leurs parents, ce vieillard de haute taille, à l'air vénérable, et d'apparence fort aisée, qui s'était confié à leur hospitalité, et semblait chercher dans cet intérieur animé et presque patriarcal, l'image de son propre foyer, sans doute.

Vincent Boyer, lui, se trouvait placé dans la large cheminée, en face de ce voyageur, et il semblait fort entrepris par les regards peu timides des filles Martin et les interrogations non moins audacieuses de la mère.

Tout en feignant d'être occupée à divers petits soins du ménage, la mère Martin n'avait pas tardé à entamer une conversation avec Vincent Boyer, dès qu'elle s'était vue débarrassée des oreilles importunes des muletiers.

— Comment voyagez-vous par un temps pareil, dit-elle à Boyer. Il faut bien y être obligé, surtout quand c'est pour aller ainsi à pied.

— C'est bien vrai, madame Martin, mais tout le monde ne peut pas rouler carrosse, et d'ailleurs quand on travaille pour vivre comme moi, il faut y aller de bon cœur.

— Vous n'avez pas tort ; mais quel métier faites-vous donc ?

— Je suis ferblantier de mon état, et je suis en apprentissage au Puy, chez un ami de mon père.

— Ah! vous êtes ferblantier et vous habitez le Puy, mais alors où allez vous donc d'ici?

— Je vais dans ma famille qui habite Aubenas. Vous devez bien connaître mon père, si vous êtes allée là bas.

— Peut-être bien, comment s'appelle-t-il donc!

— Le père Boyer, le marchand de ferraille qui a sa boutique à côté du château. Mon oncle est le père Dumas qui est grainetier près de la place couverte, vous voyez ça d'ici.

— En effet, je crois bien que je connais tout ce monde, au moins pour avoir passé dans ces quartiers quelquefois.

— Mais c'est un bien petit métier que vous faites là? reprit la mère Martin, avec un air dédaigneux, et vous ne devez pas gagner gros au bout de l'année.

— Ma foi, l'état n'est pas des plus avantageux, car il faut bien bucher pour faire assez de lanternes, d'arrosoirs, de seaux, étamer assez de cuillers ou de casseroles, souder assez de cheneaux ou de cornets pour gagner quelques sous. Mais les foires sont assez bonnes dans nos pays, et le commerce ne va pas trop mal.

— Alors je parie bien que vous emportez déjà un petit magot chez vous, sans ça vous n'iriez pas au pays à cette heure.

— De magot ! oh non, je suis trop jeune et trop novice encore pour gagner de quoi mettre de côté, et il faut bien s'amuser un peu, madame Martin.

— Ah ! oui, s'amuser, c'est ça, et c'est ainsi qu'on ne ramasse rien. Mais vous avez l'air d'être un garçon rangé, vous, et vous n'êtes pas si bête de ne pas tirer quelque chose du métier si vous êtes tant soit peu ouvrier.

— Pour ça, madame Martin, je me flatte de faire mon métier tout comme un autre, et si j'ai mis quelques sous de côté, ça ne vaut pas la peine d'en parler. Je laisse ça chez le patron qui me le fait rapporter.

— Dans tous les cas, mon garçon, si vous aviez de l'argent, je vous engagerais à le soigner en passant par ces mauvais pays. On dit qu'il y a dans les alentours d'ici une bande de brigands qui attaque le monde sur les chemins, et il ne faut pas avoir froid aux yeux pour s'en garder.

— Je ne l'avais pas entendu dire, mais ça ne fait rien, je ne crains pas qu'on m'arrête pour mon argent; car je n'en porte sur moi que juste ce qu'il me faut pour faire mon voyage, et ce n'est pas ça qui me coûtera beaucoup, puisqu'on trouve des braves gens comme vous qui ne veulent pas écorcher les pauvres gens, bien sûr.

— Pour ça, vous avez raison, mon garçon. Mais il

y en a qui ne songent qu'à mal faire et on est bien obligé de tout prévoir.

Ainsi, que feriez-vous si on vous attaquait en route, comme font ces mauvais garnements pour de braves voyageurs ?

— Ce que je ferais ? mais je suppose bien qu'ils ne viendront pas demander la bourse ou la vie à un pauvre diable comme moi, et si ça m'arrivait, je leur abandonnerais bien les trente sous qui me resteront, après avoir payé mon auberge ici.

— C'est bien vite dit, insista la femme Martin, mais si ces gens-là en voulaient à votre vie et non pas à votre bourse ?

— A ma vie ?

— Oui.

— Et pourquoi faire, qu'est-ce que cela leur rapporterait ?

— Que sait-on ? quand ce ne serait que pour faire un mauvais coup, comme ça leur arrive si souvent, dit-on, que feriez-vous alors ?

— Ah pour ça, je leur vendrais ma peau le plus cher possible, et je crois que je suis assez solide pour ne pas me laisser faire sans qu'il y ait du mal autour de moi.

Et en disant cela, Vincent Boyer se leva avec une certaine crânerie, et montrant ses bras fortement attachés à un torse vigoureux, il avait l'air de défier ces ennemis invisibles qu'on évoquait devant lui.

Mais une certaine crainte perçait cependant dans son regard un peu inquiet.

La femme Martin le regardait à la dérobée et, poursuivant son interrogatoire, elle ajoutait :

— Si par exemple — une supposition — on tuait dans une auberge où vous seriez, un individu, que vous l'entendiez, que vous le voyiez, mais qu'on ne vous fasse aucun mal, à vous, comment vous comporteriez-vous ?

— Je défendrais cette personne, tant que je le pourrais, car il faut bien défendre ceux qui sont en danger, si l'on veut qu'on en fasse autant pour vous en pareille occasion.

— Mais s'il y allait de votre vie ?

— Qu'importe ?

— Je comprendrais encore ça si vous pouviez sauver cet homme, mais si vous n'y pouviez rien.

— Ah, pour lors, si je n'avais aucune chance de le tirer d'affaire, je crois bien que je resterais tranquille.

— A cet aveu, Marie Breysse regarda son mari et son domestique, d'un air presque souriant.

— Et puis, dit-elle, en s'adressant toujours à Vincent Boyer, vous pouvez être endormi pendant qu'on attaquerait quelqu'un de vos voisins et amis, et alors on ne peut pas porter secours.

— Quant à ça, c'est encore possible malheureusement, et quand on est jeune...

11

— On est plus difficile à réveiller. Vous n'avez peut-être pas le sommeil bien dur, si vous êtes habitué à la fatigue ?

— Au contraire, je suis très difficile à réveiller.

Lorsque je dors, on pourrait bien emporter la maison sans que je le sente ou l'entende.

La femme Martin ne crut pas sans doute utile de poursuivre plus loin cette conversation, qui paraissait d'ailleurs avoir singulièrement éveillé l'attention du jeune homme.

Le regard de Boyer avait pris une expression d'effroi et d'inquiétude facile à remarquer, malgré l'effort qu'il faisait pour n'en rien laisser voir.

Mais tout décelait en lui une terreur et un malaise qu'il ne pouvait suffisamment cacher.

Sur son front perlaient des gouttes de sueur, et malgré lui, il s'essuyait en prétextant la chaleur du feu, tandis que le frisson l'envahissait de la tête aux pieds, en songeant à tout ce que venait de lui dire la femme Martin.

Il en avait compris le sens terrible et voyait par la pensée à quelles horribles épreuves pouvait être mis son courage, dans ce coupe-gorge où il se sentait pris par la fatalité.

Cependant comme il était jeune, d'un caractère assez bien trempé, et qu'il avait foi dans sa vigueur et sa force, il finit bien vite par se faire un visage plus calme et une contenance plus assurée.

Il comprenait que c'était encore là sa meilleure chance de salut et que pour le reste, il prendrait conseil des évènements, se tenant d'ailleurs pour averti d'un danger quelconque autour lui.

Vincent Boyer qui était resté debout devant le feu, depuis le moment où il avait voulu montrer, en se dressant de toute sa hauteur et en développant ses formes juvéniles et robustes, qu'on n'aurait pas bon marché de lui si on l'attaquait, chercha à se donner une attitude plus modeste et pour ainsi dire à se dissimuler.

La peur travaillait son cerveau et la préoccupation lui faisait perdre de cette belle assurance qu'il manifestait si énergiquement un instant auparavant.

Il s'assit sur un escabeau et se renferma dans un mutisme d'où rien ne semblait devoir le faire sortir.

Marie Breysse, qui avait épuisé la série des questions pouvant la fixer sur les dispositions de Vincent Boyer, ne prit plus garde à lui et s'adressa au vieillard inconnu, qui se tenait de l'autre côté du foyer, en face de Boyer.

— Vous voyagez dans une mauvaise saison, lui dit-elle en le regardant avec effronterie et non sans une pointe d'ironie.

— Vous dites bien vrai, la mère, répondit le vieillard, et ce n'est pas précisément pour mon plaisir que je suis venu courir par ici avec ce mauvais temps.

— Et alors, qu'est-ce qui vous a donc amené ?

— Une petite affaire que j'avais faite à la foire du Puy du mois de novembre, avec un fermier de ces quartiers.

Je lui avais vendu une belle vache de trois ans, prête à faire son veau, et il m'avait demandé un peu de temps pour me régler, parce que son beau-frère, qui a du bien au soleil, m'avait donné sa garantie.

— Et vous êtes peut-être venu toucher l'argent de votre vache ? reprit Marie Breysse en jetant un regard rapide autour d'elle pour voir si ses hommes écoutaient la conversation qui devenait intéressante pour elle et pour eux.

— Justement, répondit le vieillard avec une bonhomie confiante. J'ai trouvé mon homme cette après-midi, nous avons bu pinte ensemble et il m'a compté mon argent.

C'est de braves gens, tout de même.

— Vous aviez peur de le perdre ?

— Oh ! pas précisément, parce que je connaissais son beau-frère qui fait des affaires aux bonnes foires, mais enfin on aime toujours mieux tenir, et l'argent n'est pas bien commun dans ces pays.

— Vous voilà bien tranquille maintenant. Mais ce n'est pas une bien grosse somme, si vous n'avez vendu qu'une vache ?

— Oh, bien sûr ! ça ne vaut pas une belle paire de bœufs d'Auvergne ou du Mézenc, mais enfin la bête était bien bravonne et je la garantissais pour cinquante sous de lait par jour, ce qui n'est pas facile à donner en toute confiance, aussi il me l'a bien payée tout près de soixante écus.

— Ce n'est pas mal vendu, et c'est toujours un bon prix quand on a l'argent en poche.

— Oui, oui, c'est bien bon à dire, mais quand l'argent ne doit pas y rester longtemps, et qu'on a des *mangeurs* à ses trousses, et qu'il faut les payer si on ne veut pas voir les frais grossir, ça ne fait pas beaucoup de profit.

— Vous avez donc des hommes d'affaires après vous ?

— Oh je le crois bien, et quand ça vous tient ce monde-là, ça ne vous lâche pas facilement. J'ai eu le malheur de plaider pour une affaire d'arrosage de prairie, j'ai perdu, et il me faut maintenant payer les frais de la guerre.

Enfin, quand on se porte bien et qu'on peut faire encore un peu de commerce, cinquante écus ça va et ça vient, dans notre métier.

Le vieillard était prolixe une fois mis en humeur de causer. La femme le trouvait même trop long dans ses explications, car elle savait déjà tout ce qu'elle voulait savoir.

Cet homme était porteur d'une somme suffisante pour tenter sa cupidité, et pour elle, son arrêt était déjà rendu depuis le malheureux aveu qu'il avait si imprudemment fait.

Vincent Boyer, dont les yeux à demi fermés par la méditation plutôt que par le sommeil, suivaient furtivement le jeu de toutes les physionomies des personnages de cette scène, n'avait pu que confirmer ses plus cruelles appréhensions.

Les filles Martin, qui faisaient mine de tricoter des chaussettes pour se donner une contenance, après avoir terminé les petites occupations de ménage que leur avait données leur mère, se regardaient entre elles d'un air moqueur, en se désignant le vieillard qui en dégoisait si long.

Elles aussi, n'avaient pas hésité à prononcer sur son sort dans leur conscience déjà si fort à l'aise avec les principes d'humanité et de probité.

Elles avaient lu, d'ailleurs, dans les yeux allumés de leur père et de Rochette, le suprême arrêt qui vouait ce vieillard à la mort.

Comme il le dit plus tard, Vincent Boyer avait bien compris tout cela, lui aussi, et il savait que sa vie et celle de l'inconnu, dont le sort paraissait associé en quelque sorte au sien, ne tenaient plus qu'à un fil.

Aussi, son plus grand soin fut-il de dissimuler la frayeur qu'il éprouvait et de détacher sa cause de celle du bonhomme qui avait si maladroitement allumé les convoitises des aubergistes de Peyrabeille.

Il n'adressa plus la parole à ce vieillard imprudent et fit de son mieux pour s'en isoler.

C'était peu courageux assurément, et d'une mince générosité.

Mais l'instinct de la conservation puissamment éveillé, produisait bien les meilleurs de ses fruits, l'égoïsme et la lâcheté.

Cependant l'horloge de la cuisine venait de sonner dix heures.

Pour une auberge de la haute-montagne, c'est au moins le signal du couvre-feu, et il est rare que les gens de la maison ne soient pas couchés à pareille heure.

Aussi, la femme Martin se hâta-t-elle de signifier à ses hôtes qu'il était temps d'aller se coucher.

Pierre Martin et Jean Rochette, qui déjà ne croyaient plus devoir se gêner avec des gens dont la condamnation était prononcée dans leur esprit, renchérirent sur l'insolente et grossière invitation de la femme.

Ce fut d'un ton tellement impératif que Pierre Martin ordonna de nouveau à Boyer et à son compagnon de monter dans leurs chambres, qu'ils en furent terrifiés l'un et l'autre.

Le vieillard comprit alors et plus que jamais, toute l'étendue de la faute qu'il avait commise en parlant de son argent.

Toutefois, il crut encore possible de se soustraire au danger qu'il entrevoyait clairement, en associant plus étroitement son sort à celui du jeune compagnon que le hasard lui avait donné ce soir-là, et qui lui aussi, pensait-il, devait désirer n'être point seul.

— Mais vous nous avez mis sans doute dans la même chambre, se hasarda-t-il à dire ?

— Pourquoi cela, demanda Pierre Martin ?

— Parce que je préfère beaucoup n'être pas seul, à mon âge, où l'on peut être malade pendant la nuit, et aussi parce que cela réchauffe davantage une chambre pendant ces nuits si froides.

— Tout ça, c'est de la bêtise, dit la femme Martin ; montez vite là-haut, mon vieux, et ne traînez pas pour vous coucher, car il est assez tard ; on va vous montrer votre chambre.

Le vieillard ne se tenant pas pour satisfait d'une réponse aussi brutale, insista encore pour ne pas occuper une chambre isolée, et en disant cela, il regardait fixement Vincent Boyer, d'un œil presque suppliant, dans l'espoir de décider celui-ci à joindre ses instances aux siennes.

Mais le jeune homme était bien déterminé à se montrer d'une prudence absolument égoïste.

Il ne prit aucune part à ce débat, comme il le raconta lui-même, neuf ans plus tard, parce qu'il en sentait bien toutes les conséquences pour lui, comme pour son compagnon

Enfin, Pierre Martin impatienté par l'obstination du vieillard à ne pas vouloir coucher seul, lui notifia sèchement et durement qu'il eût à obéir et à suivre le domestique. Celui-ci, un bout de chandelle fort court au bout des doigts, ouvrait la porte de l'escalier et faisait signe aux deux voyageurs de monter devant lui.

Jeanne-Marie, l'aînée des filles Martin, avait précédé d'ailleurs les deux voyageurs, portant aussi à bout de bras, dans un court chandelier de cuivre, un maigre lumignon de suif.

Sa présence au devant des voyageurs devait avoir pour but de leur inspirer un peu plus de confiance que le domestique à l'air farouche, qui avait montré un instant auparavant, par sa brutale intervention, de quoi il pouvait être capable.

Le vieillard et Boyer, un peu rassurés, en effet, par cette conductrice plus avenante en apparence au moins, s'engagèrent dans cet étroit escalier à deux courtes volées de bois, que nous avons décrit précédemment.

Arrivés au premier, Rochette continua son chemin jusqu'à la chambre du fond, en disant au vieillard de le suivre.

Quant à Boyer, Jeanne-Marie le retint à la première chambre au bout et à gauche de l'escalier, où elle le fit entrer en le poussant avec un sans façon et un ricanement qui n'avaient rien de bien engageant.

Boyer ne mettait, en effet, aucune hâte à pénétrer dans cette étroite cellule, dont il examinait avec quelque défiance la fermeture et l'aspect peu séduisant.

— Fermez bien votre porte, dit Jeanne-Marie à Boyer, d'un ton qui équivalait à un ordre et à une menace.

— N'ayez crainte répondit Boyer, il est inutile de me recommander ça, d'autant que j'aime à être tranquille pour dormir.

— Bien, bien, ajouta la fille Martin avec un sourire aigre-doux, la curiosité est mauvaise conseillère.

Elle n'avait pas besoin d'en dire aussi long pour que Boyer eût compris.

Jeanne-Marie n'attendit pas plus longtemps et descendit au rez-de-chaussée, à tâtons, n'ayant de lumière que celle qui filtrait par la porte entr'ouverte de la cuisine.

Au fond du corridor, on entendait des voix qui paraissaient en colère.

C'était celle du vieillard qui discutait avec Rochette sur le choix de la chambre dans laquelle on voulait l'enfermer, et qui ne lui convenait pas, semblait-il.

— Arrange toi comme tu voudras, lui répondait le domestique avec une insolence bien caractérisée et un rire diabolique.

Il n'y a pas d'autre chambre pour toi, ajoutait Rochette avec d'affreux jurons, et l'on entendait alors une porte violemment poussée et refermée.

Puis Rochette descendit à son tour à la cuisine,

non sans avoir écouté, en passant devant la chambre de Boyer, si celui-ci se disposait à se mettre au lit.

Dès que Vincent Boyer fut seul dans la pauvre chambre où venait pour ainsi dire de l'emprisonner l'aînée des filles, avec la significative recommandation que nous venons de dire, qu'il se mit à inspecter ce réduit, afin de mieux se rendre compte du parti qu'il pourrait en tirer pour la nuit.

Il éleva d'une main, le chétif bout de chandelle que la fille Martin lui avait laissé comme par grâce, et d'un œil déjà bien prévenu il sonda les coins et les recoins, comme pour y chercher au besoin un abri, un refuge, un moyen de défense.

Il avait entendu les durs propos échangés entre le vieillard et le domestique, et il avait compris que ce tutoiement d'une familiarité si brutale était de mauvais augure.

Ces indices n'avaient pu être que confirmés par l'attitude de Jeanne Martin, et Vincent Boyer, l'esprit déjà hanté par les plus lugubres pressentiments, ne retrouvait aucune espérance un peu consolante dans cette inspection de son logis.

Les meubles étaient sordides dans leur rusticité.

Une table nue, une mauvaise chaise de paille grossière, une cruche d'eau à peu près vide, sous la table, un grabat plutôt qu'un lit, recouvert d'une couverture de cotonnade rouge piquée et ouatée, c'était là tout le mobilier de cette sorte de cachot.

La fenêtre étroite et basse, qui devait l'éclairer dans le jour, n'ajoutait qu'une note plus triste encore à cet ensemble désolé.

Mais lorsque Vincent Boyer, après avoir épuisé les motifs de réflexions et d'observations que pouvait lui offrir l'appartement, voulut visiter le lit d'aspect fort misérable d'ailleurs, dans lequel il était cependant disposé à chercher quelque repos, il recula d'horreur.

Il eut peine à retenir le cri d'épouvante prêt à s'échapper de sa poitrine.

Il n'eut pas plutôt entr'ouvert le drap qui recouvrait l'oreiller, qu'il aperçut de larges taches sombres se découpant sur le fond bis de la toile.

Doutant encore de ce que ses yeux voyaient et de ce que son imagination ne lui faisait que trop clairement comprendre, il approcha sa lumière de ces taches.

Il n'y avait plus à douter.

C'était bien du sang qui s'étendait là en plaques de toutes formes, d'un rouge obscur sur certains points, d'une teinte plus pâle sur les bords des flaques et dans les taches éparses et plus faibles.

Il y avait de ces taches, raconta Boyer longtemps après, qui avaient la *grandeur d'un seau!*

C'étaient bien plutôt des mares, et Dieu sait si elles n'étaient pas produites par le sang de plusieurs personnes successivement assassinées là.

Il est d'autant plus permis de le supposer que nous voyons dans ce seul fait, jusqu'où pouvait aller le cynisme et la barbarie de telles gens, faisant coucher leurs voyageurs dans de pareils lits, encore humides et couverts du sang de leurs victimes de la veille.

Vincent Boyer faillit laisser tomber la maigre lumière qui lui permettait encore de lutter avec cet horrible cauchemar.

Il entrevit bien, à ce moment, toute la réalité du triste sort qui le menaçait, lui, et menaçait son compagnon plus âgé et plus riche.

Après un instant d'hésitation, l'espoir et le sang froid reprirent un peu le dessus, comme il est naturel chez un homme jeune et qui a la certitude que sa mort ne pourrait être d'aucune utilité puisqu'il n'a pas d'argent sur lui.

Il se coucha à demi habillé sur ce lit où d'autres, il le savait maintenant, avaient été égorgés, massacrés, et râlaient peu d'heures avant peut-être

Il n'est pas une convulsion, pas un cri d'agonie de ces victimes, que son imagination enfiévrée ne lui représentât.

Aussi n'était-ce point pour dormir qu'il s'était jeté là, sur ce grabat repoussant et sanglant.

Mais ses jambes refusaient presque de le porter et la secousse morale qu'il venait d'éprouver s'ajoutant à la fatigue physique d'une longue et pénible étape, il voulut au moins essayer de retrouver un peu de calme et de force dans le repos du corps.

Il y avait à peine une heure qu'il était ainsi étendu sur sa couche, lorsqu'il entendit quelqu'un s'approcher de la porte de sa chambre et cette porte s'ouvrir, car il n'avait pu la fermer autrement qu'avec le faible loquet de bois dont elle était munie pour toute fermeture.

Vincent Boyer, les yeux fermés, de façon à ce qu'on pût croire qu'il était endormi, ne perdait cependant point de vue ce qui se passait autour de lui, décidé à agir avec toute l'énergie que donne le sentiment de la conservation, dès qu'il verrait sa vie menacée.

Il aperçut Jean Rochette et un autre individu, qui était un neveu de Pierre Martin, se livrer à la visite des poches des vêtements qu'il avait quittés et placés sur ses pieds après s'être glissé sous les couvertures, mais non dans les draps.

Les deux bandits, malgré toutes leurs recherches, n'avaient trouvé que trente sous dans la poche du gilet de Boyer.

Ils eurent honte cependant de prendre ce maigre pécule qui représentait toute la fortune de ce malheureux ouvrier, obligé d'atteindre Aubenas avec de si faibles ressources.

Rochette remit cela dans la poche où il l'avait pris.

Il fit signe au neveu de Martin de s'en aller avec

lui, et tous deux redescendirent à la salle du rez-de-chaussée.

Vincent Boyer respira enfin.

Il avait pensé voir la mort peu d'instants avant, et à la vue de ces deux hommes qui pouvaient l'assaillir brusquement et le tuer, il s'était senti défaillir, et une sueur froide avait couvert son corps.

Il avait fait à ce moment là le sacrifice de sa vie, tant il s'était peu senti disposé à la défendre, malgré ses résolutions bien calculées à l'avance.

Il remercia Dieu de l'avoir sauvé de cette terrible passe, car il se considérait maintenant hors de danger, grâce à sa pauvreté bien constatée.

Vincent Boyer se laissa peu à peu gagner par la lassitude physique et morale qui l'accablait, et il allait s'abandonner au sommeil au bout de deux heures de lutte et d'angoisses toujours renaissantes, lorsqu'il entendit de nouveau des bruits de pas, et le craquement sinistre du plancher dans le corridor qui longeait sa chambre.

Il s'éveilla tout à fait et prêta l'oreille, devinant bien que le danger renaissait autour de lui, et redoutant qu'il n'en fût point quitte cette fois à si bon marché.

Mais les pas s'éloignaient du point qu'il occupait.

Peu après, il entendit distinctement des coups frappés à plusieurs reprises, et sans ménagements, à la porte d'une chambre du fond, où il avait compris que devait être logé le vieillard, son compagnon d'auberge.

— Allons, lève-toi, il est temps, disait la voix fort reconnaissable du domestique de Pierre Martin.

Cette même invitation fut répétée à plusieurs reprises, sans que celui à qui elle devait s'adresser y répondît.

Découragé dans cette première tentative, Jean Rochette et celui qui l'accompagnait, car on entendait les voix de deux personnes causant dans le corridor, redescendirent au rez-de-chaussée.

Malgré qu'ils fussent pieds nus, le bruit de leurs pas pouvait se distinguer et les escaliers criaient sous leur poids, de façon à ne laisser aucun doute sur leur nombre.

Préoccupé de nouveau par ce retour dont il comprenait le but, Vincent Boyer ne songea plus à dormir.

Il secoua énergiquement l'engourdissement dont il se sentait envahi, et se dressant sur son séant, il se promit bien de veiller jusqu'au jour et de ne point perdre un seul bruit dans cette horrible nuit qui allait lui paraître sans fin.

Une demi-heure plus tard, les mêmes pas et les mêmes voix auxquels d'autres pas et d'autres voix paraissaient s'ajouter encore, vinrent l'avertir que la scène précédente allait sans doute se reproduire.

En effet, lorsque les individus dont il avait entendu

les chuchotements en passant devant sa chambre, furent arrivés au fond du corridor, la même sommation se répéta.

— Allons, veux-tu te lever, disait Rochette, il est bien l'heure, si tu veux partir.

Et il renouvela comme avant cette invitation, en y ajoutant chaque fois un nouveau juron et une forme plus menaçante.

Mais personne ne répondait.

A la voix de Rochette et au dialogue qui paraissait s'échanger entre lui et quelques autres personnes, il était facile de comprendre que ce silence les exaspérait.

Puis un craquement violent se fit entendre, comme si on enfonçait une porte sous un brusque effort.

Des cris : au secours ! au secours ! s'élevèrent stridents et terrifiants, de la chambre dont on venait de forcer la porte.

Ils furent répétés avec un accent de plus en plus effrayé et terrible, dans ce silence de la nuit, et Vincent Boyer les entendait distinctement, saisissant toutes les nuances de cette angoisse effroyable dans laquelle se débattait le malheureux vieillard.

Et cloué par la peur, retenu par cet instinct bestial de la conservation qui lui faisait entrevoir la mort au bout de son intervention, Vincent Boyer ne bougeait pas.

Il retenait son haleine pour ne pas perdre une

syllabe de cet appel désespéré, un bruit de cette lutte épouvantable qui se passait à quelques mètres de lui.

Mais les cris de la victime devinrent de plus en plus faibles, de plus en plus inarticulés, et ce ne fut bientôt que le râle aigu, puis s'éteignant par gradation, d'un animal qu'on égorge.

C'est ainsi que Boyer le dépeignait en racontant cette scène de meurtre, dont l'analogie avec le drame de Rodez frappera certainement le lecteur.

Puis, chose horrible à dire, mais qui fut rappelée devant la justice solennelle d'une Cour d'assises et jeta un long frémissement dans l'immense auditoire qui se pressait dans l'enceinte de ce tribunal, les deux filles Martin, Jeanne-Marie et Marguerite étaient là, au moment où se commettait ce crime affreux, cet égorgement sauvage.

Elles étaient à la porte de la chambre de Vincent Boyer, toutes deux, surveillant ce témoin dangereux, tout en riant à gorge déployée et en chantant, comme pour donner le change sur l'œuvre atroce qui s'accomplissait à quelques pas de là.

Leurs éclats de rire et leurs chants cyniques avaient-ils pour but de couvrir les cris de douleur et les appels désespérés du malheureux vieillard qu'on égorgeait ?

Aussi, lorsque dix ans plus tard cette accablante déclaration fut faite par Boyer devant la cour d'asises, au milieu de l'émotion poignante des juges et du public, tous les yeux cherchèrent-ils sur le banc des accusés ces complices plus ou moins conscients du crime que Vincent Boyer comparait à des furies dans la scène atroce dont il avait été témoin.

Peu après cet assassinat, dont Vincent Boyer avait pu suivre toutes les péripéties et dont il devinait facilement tous les détails, des bruits de pas et des chuchotements se firent entendre dans le corridor.

Les pas étaient lourds, pressés, irréguliers, et les voix s'entremêlaient dans un brouhaha confus.

On pouvait aisément discerner des ordres donnés d'un ton impérieux et brutal, des ricanements sinistres, et des exclamations entrecoupées par des jurons qui indiquaient d'assez pénibles efforts pour soulever ou traîner quelque lourd fardeau.

C'est le cadavre du pauvre vieux qu'on emporte, pensa Vincent Boyer, et une terreur nouvelle s'empara de lui lorsqu'il entendit contre la cloison et la porte de sa chambre, le frôlement des assassins qui devaient porter, à plusieurs, le corps encore chaud du malheureux voyageur qu'on allait cacher quelque part.

Il était bien près de trois heures du matin, car on avait longuement discuté là-bas, au fond, sur ce qu'on allait faire de cette dépouille embarrassante, et ce n'était qu'après un colloque assez prolongé que les meurtriers et leurs complices avaient fini par s'entendre.

Mais lorsqu'il eut entendu qu'on portait le cadavre du côté de la fenière, en passant par la chambre placée en face de la sienne, Vincent Boyer n'en fut pas plus rassuré.

Il se demanda de nouveau si son tour n'était pas venu, et si les assassins, une fois débarrassés de leur victime, ne songeraient pas à supprimer aussi un témoin qu'ils avaient tant de raisons de faire disparaître.

Mais le temps s'écoulait sans qu'il vît s'approcher de sa chambre ces pas et ces voix qui ne pouvaient que lui inspirer les plus horribles appréhensions.

Toutefois, au bout d'une demi-heure, il entendit quelqu'un remonter de la cuisine et bientôt il put distinguer le clapotement de l'eau sur le plancher et le frottement énergique d'un balai ou d'un torchon.

Deux personnes semblaient se livrer là, sur toute la longueur du couloir, à un travail dont le but n'était pas douteux.

Du sang avait été répandu en abondance probablement, et l'on voulait le faire disparaître par un lavage pendant qu'il était encore temps.

Boyer n'eut garde de faire le moindre mouvement qui eût pu donner quelque inquiétude à ces bandits.

Il feignit même de ronfler avec une scrupuleuse

imitation d'un dormeur consciencieux et complètement livré aux douceurs du sommeil.

Des éclats de rire moqueurs qu'il percevait très bien, lui firent même comprendre que sa petite comédie était prise au sérieux par les personnes, des femmes assurément, qui procédaient au nettoyage du plancher.

Il en conçut l'espoir le plus rassurant.

Mais il se jura bien de ne pas succomber au sommeil et d'attendre le jour qui dissipe les noirs desseins et rend le courage aux moins braves.

Il resta même plus tard qu'il ne l'eût fait en d'autres temps, dans sa chambre, de peur d'éveiller des soupçons.

Ce n'est qu'assez tard qu'il se résolut à se lever et à descendre dans cette auberge dont les maîtres et les domestiques ne pouvaient lui apparaître désormais que comme d'abominables égorgeurs, sans pitié pour l'âge et pour la faiblesse de leurs hôtes.

Il voulait ainsi donner à ces gens le temps de cacher leur crime, afin qu'il ne pût être soupçonné d'en avoir surpris le secret.

La sûreté de sa propre personne était à ce prix, il le sentait bien, et il se tint sur ses gardes pour ne rien laisser paraître de ses craintes et de sa répulsion à l'égard de tels misérables.

Ce n'était sans doute pas très courageux, mais c'était

à coup sûr fort prudent de la part de ce jeune homme, en qui le sentiment de la vie tenait une large place.

Vincent Boyer se présenta à la cuisine d'un air parfaitement gai et dégagé de toute préoccupation désagréable.

— Bonjour Madame, dit-il en entrant, à Marie Breysse, qu'il trouva la première occupée à éplucher des pommes de terre sur la table du milieu. Vous travaillez de bonne heure au moins, on voit que vous êtes vaillante.

— Il le faut bien, dit l'aubergiste d'un air assez renfrogné et en fixant de son petit œil en dessous, son interlocuteur. Puis il n'est pas si matin que ça. Il est huit heures, vous voyez bien.

— Pas possible, dit Boyer en regardant l'horloge d'un air fort surpris.

Eh bien, il faut que j'aie bien dormi, ajouta-t-il en riant, pour ne m'être réveillé qu'à cette heure-là.

— Vous n'avez pas entendu du bruit cette nuit, interrogea de nouveau la femme, en ne perdant pas de vue Boyer ?

— Du bruit, ma foi non ; vous avez eu du monde cette nuit, des voyageurs ?

— Ça nous arrive souvent, des passants qui font tapage pour se faire ouvrir, ou des muletiers qui veulent dormir quelques heures et repartir de grand matin.

— En effet, vous êtes bien exposés à être ainsi

dérangés et ce ne doit pas être agréable pour ceux qui dorment déjà dans la maison.

Mais je n'ai absolument rien entendu et me suis réveillé comme je m'étais couché. Je n'ai fait qu'un somme. Il y avait longtemps que je n'avais si bien reposé.

Il est vrai que je m'étais bien fatigué depuis deux jours que je marche dans le mauvais pays et ça m'a tout de même remis de pouvoir faire un bon sommeil.

L'air enjoué et d'une sincérité très convaincante avec lequel Vincent Boyer avait répondu aux regards de la femme Blanc, plus pressants encore que ses interrogations, parurent avoir rassuré celle-ci.

— Vous voulez bien prendre quelque chose avant de partir, reprit-elle d'un air fort radouci.

— Merci, répondit Boyer, je suis trop en retard et je n'ai pas encore faim. Donnez-moi un morceau de pain et du fromage et je mangerai cela en route lorsque j'aurai gagné l'appétit en marchant pendant une heure ou deux.

— Ça vaut autant, dit l'aubergiste, et puisque vous n'êtes pas riche, ça vous coûtera moins.

Elle coupa un bon morceau de pain bis dans une large tourte encore fraîche de pain de seigle, et elle l'accompagna d'un petit fromage de chèvre. C'est six sous, dit-elle.

Vincent Boyer se hâta de payer cette petite dépense et celle de sa nuit.

Puis d'un air joyeux et délibéré, il dit adieu à la mère Martin qui se trouvait seule à la cuisine en ce moment et sortit.

Boyer conserva les mêmes apparences de tranquillité et de belle humeur jusqu'à ce qu'il eût fait une centaine de pas sur la route qui mène à Lanarce.

C'est à peine s'il se retourna une ou deux fois du côté de l'auberge comme pour étudier le site, mais en réalité pour s'assurer qu'il n'était pas suivi par quelqu'un de Peyrabeille.

Tant qu'il se sentit en vue de cette auberge et craignit d'être observé, il ne pressa pas autrement le pas et affecta le même calme.

Mais dès qu'il se crut hors de toute portée du regard et de la poursuite des habitants de cette infernale caverne, une terreur horrible le reprit et il se mit à courir à toutes jambes sur la route, comme s'il pouvait être poursuivi et ressaisi par ces monstres.

Tant que ses jambes purent le porter et son haleine suffire, il courut devant lui.

Lorsqu'enfin il put réfléchir et reconnaître qu'il était à l'abri de toute poursuite, il ralentit le pas et reprit haleine.

Il était brisé et défiguré, et l'on pouvait lire sur son visage les traces de l'effroyable terreur qui l'avait torturé pendant une longue nuit, comme un condamné à mort qui sent approcher l'heure fatale du supplice et n'espère plus de salut.

Un garde-champêtre qui croisait en ce moment le malheureux Boyer, fut frappé de son égarement et de sa fatigue, et lui en fit la remarque tout en s'enquérant du but de son voyage et de son identité.

Boyer n'eut pas de peine à satisfaire à la curiosité intéressée du garde qui n'insista pas davantage.

Mais il ne raconta rien de ce qu'il avait vu à Peyrabeille, et ce n'est que neuf ans plus tard qu'il fit le récit émouvant des faits que nous venons de rappeler. On l'écouta avec une attention et un recueillement qui témoignaient de l'intérêt poignant qu'offrait sa déposition.

Les criminels en furent accablés et leurs avocats n'osaient même tenter de s'élever contre un si véridique et si terrible témoignage.

Boyer répondit à toutes les questions des magistrats, précisant tous les détails de cet assassinat.

Mais il resta sans défense et sans excuse plausible, lorsque le président des assises lui reprocha d'avoir différé jusqu'alors la révélation d'un crime aussi affreux.

Le mariage de Marguerite.

Nous sommes en 1826 et cette année-là, l'auberge de Peyrabeille fut le théâtre d'un évènement considérable pour la contrée, mais qui ne devait point apporter grand changement aux maîtres de céans.

C'est, en effet, le 31 janvier de cette année-là, que la cadette des filles Martin se maria.

Marguerite avait en ce moment 20 ans révolus, étant née en 1806 à Chabourzial, hameau de la commune de Mazan, ainsi que nous l'avons déjà indiqué au commencement de cette histoire.

Elle n'était pas trop mal, dit-on, avait pour elle les charmes de la première jeunesse, et pardessus tout une dot dont personne ne savait bien exactement le chiffre, mais que la rumeur publique évaluait à une grosse somme.

Il ne manquait pas de bonnes gens faciles à éblouir par les propos qui se colportaient à Lanarce, à Mayres, à Coucouron surtout, et qui attribuaient aux aubergistes de Peyrabeille une fortune des plus mystérieuses et des plus fantastiques tout à la fois.

On enrichit une famille sans mesure et on l'appauvrit sans raison, lorsqu'on entre ainsi dans le domaine de la légende et de la fantaisie.

Mais les Martin jouissaient alors de la réputation de gens fort riches et dont le pécule ne pouvait que grossir, car tout leur réussissait à souhait, et la considération de beaucoup de gens d'une position sociale fort enviable leur semblait acquise.

Pierre Martin savait avec une égale impudence et une égale habileté tromper les plus honnêtes gens.

Il avait l'art d'assassiner et de voler tout en sachant garder les apparences d'une certaine générosité et de principes sociaux fort respectables.

Lorsqu'une paroisse du voisinage avait quelques réparations à faire à son église, quelque bonne œuvre à consolider, quelque souscription à combler, Pierre Martin n'était point le dernier à y contribuer, et il le faisait même assez largement pour qu'on parlât de lui.

L'ostentation commune aux voleurs et aux criminels, qui sont tous fiers d'étaler l'or ou les bijoux qu'ils ont dérobés au prix d'un crime, n'était peut-être pas étrangère à la façon d'agir de Pierre Martin.

Mais ce qu'il voulait surtout, c'était de se donner tous les dehors convenus d'un homme de bien, d'un citoyen honorable, afin de mieux abriter ses crimes non interrompus sous ce manteau de respectabilité.

Aussi comprend-t-on jusqu'à un certain point, qu'en dehors même du puissant appât d'une dot alors fort belle pour la fille d'un modeste campagnard, les prétendants aient pu être attirés par la bonne renommée dont savaient s'entourer les aubergistes de Peyrabeille, avec une astuce vraiment merveilleuse.

A la faveur de cette renommée si trompeuse, Pierre Martin n'avait pas craint de mettre en œuvre les plus habiles intrigues pour capter la confiance et attirer les recherches des meilleures familles du pays, pour l'établissement de ses filles.

Beaucoup de personnes et des plus honorables de la contrée, s'étaient mises à son service pour aider à ce but, trouvant tout naturel de reconnaître ainsi les prévenances, les générosités bien calculées, et les flatteries fort adroites dans leur obséquiosité basse, que Pierre Martin savait prodiguer à ceux dont il avait besoin ou qu'il redoutait autour de lui.

Enfin, tout fut si bien conduit qu'un assez gros propriétaire du voisinage, tomba dans les filets dorés des aubergistes de Peyrabeille et s'éprit de la dot et des charmes alpestres de Marguerite Martin.

Ce garçon lui-même était fort jeune.

Il n'avait que 21 ans, et portait un nom touchant, plein de promesse de fidélité éternelle pour la tendre

Marguerite de Peyrabeille, car il s'appelait Philémon.

Philémon Pertuis était de Mazemblard, paroisse et commune du Bouchet-Saint-Nicolas, sur les confins de la Haute-Loire et de l'Ardèche.

Ce jeune homme n'était pas précisément un paysan. C'était même un bourgeois campagnard, vivant de ses terres, et que le brave curé de la paroisse de Lanarce qualifiait de *Monsieur* dans l'acte où il figurait, distinction qu'il n'accordait d'ailleurs, sur les mêmes registres, à aucun autre habitant du même lieu.

Philémon Pertuis était, dit-on dans le pays, un homme bien élevé, affable, disposé à rendre service, et jouissant, lui, d'une réputation mieux assise et plus légitimement acquise que celle des Martin de Peyrabeille.

On est tout naturellement porté à croire que ces derniers, sachant que leur honnêteté était déjà fort suspecte à Lanarce et dans les environs, éprouvaient le plus vif désir de faire entrer dans leur famille et de retenir auprès d'eux un garçon qui ne pouvait que leur faire honneur et servir en quelque sorte de caution à leur honorabilité.

Aussi Monsieur Philémon Pertuis, dont le mariage eut lieu à Lanarce, au milieu de la stupéfaction de beaucoup, et des commentaires les plus divers, vint-il se fixer à Peyrabeille auprès de sa nouvelle famille.

On s'en étonna beaucoup dans le pays, où l'on savait que Pertuis était riche de son chef.

Les gens avaient peine à comprendre qu'il n'eût pas emmené sa femme, au lieu de venir vivre lui-même dans un milieu qui paraissait tout à la fois au-dessous de ses goûts et de sa condition, et plus au-dessous encore de sa réputation et de celle de sa famille.

Un romancier aurait certes beau jeu pour s'emparer de cette situation bizarre et l'expliquer par les combinaisons les plus fantaisistes que puisse fournir une imagination fertile en conceptions dramatiques et passionnées.

Mais nous n'avons ni le temps ni le désir d'aller chercher hors de la simple vérité que nous fournit l'histoire, les éléments d'un intérêt plus romanesque sans être plus vif peut-être.

Or, l'histoire de cette union de Philémon Pertuis avec Marguerite Martin est des plus prosaïques.

Le jeune couple eut trois enfants dont le premier naquit au mois d'octobre de la même année 1826, et fut baptisé le 6 de ce mois.

Ce fut une fille et elle reçut les prénoms de Marie Eulalie.

Elle eut pour parrain son grand père Pierre Martin, et pour marraine Marie Breysse sa digne épouse, l'un et l'autre ne sachant signer, ainsi qu'ils le déclarèrent au bas de l'acte baptistaire.

L'instruction de leur fille cadette ne paraît pas d'ailleurs avoir été bien supérieure, car on peut constater qu'au bas de son acte de mariage avec Pertuis, elle a signé : *Margenerites Martinte* pour Marguerite Martin.

L'année suivante, le jeune ménage eut un second enfant.

Ce fut un garçon, cette fois, et il fut baptisé le 23 octobre 1827 sous les noms de Jean-Louis.

Le parrain fut Louis-Hippolyte Pertuis, oncle de l'enfant, et la marraine Jeanne Martin, de Peyrabeille, sa tante maternelle.

Le troisième enfant naquit en 1830, et fut baptisé le 14 janvier de ladite année.

Ce fut une fille qui reçut le nom d'Appollonie.

Jean Rochette fut parrain, et Marguerite Breysse, tante et marraine de la jeune mère, fut la marraine.

On voit par là que tout le monde à Peyrabeille vivait en assez bonne intelligence, et que la prospérité du jeune ménage allait de pair avec la prospérité de l'auberge, car d'autres crimes ne cessèrent d'être commis dans cet intervalle de quelques années.

Nous allons en trouver une nouvelle preuve dans l'attentat suivant commis en 1826 sur un marchand de bestiaux, Michel Hugon.

Michel Hugou

Dans les premiers jours du mois de mai 1826, c'est-à-dire deux mois après le mariage de la fille cadette de Pierre Martin, dont nous venons de préciser la date et les conditions, c'était foire à Jaujac, bourg assez important dépendant du canton de Thueyts.

Jaujac est une localité fort ancienne, très pittoresquement située au pied d'un volcan de forme absolument classique et d'une admirable conservation.

Ses marchés et ses foires ont eu de tout temps une certaine renommée et une réelle importance, car ce bourg se trouve au débouché de plusieurs vallées communiquant avec la haute montagne vers l'ouest, par la vallée de la Souche, et avec la région montagneuse moyenne des trois autres côtés.

C'est, on peut le dire, une petite capitale au milieu de ce massif très accidenté, dont le relief principal est formé par la longue chaîne du Tanargue.

Jaujac domine la vallée du Lignon, l'un des affluents de l'Ardèche les plus étendus, et il est placé là comme une sentinelle avancée, sur une falaise assez abrupte de roches basaltiques, épanchées du volcan voisin.

A l'époque dont nous parlons, Jaujac n'avait peut-être par le cachet plus moderne qu'on lui voit aujourd'hui, avec son église un peu neuve, ses écoles fraîchement bâties, et les maisons de construction récente mises en reculement.

Mais ce bourg avait aussi un aspect plus original et plus curieux.

Ses rues étroites comme celles de toutes les petites villes qui avaient à se prémunir contre les incursions des bandes de routiers, d'Anglais, ou d'autres mercenaires étrangers, répandus dans les provinces après chaque guerre, alors qu'on les licenciait, étaient bordées de vieilles constructions, souvent très élégantes et très imposantes par leur architecture.

On voit encore à Jaujac des maisons d'un fort bon style et qui portent des dates qui en assignent la construction à deux ou trois siècles en arrière de celui où nous vivons.

L'étranger qui visite Jaujac trouve un charme réel dans l'aspect rembruni de cette bourgade aux murailles de lave et de basalte, aux fenêtres à croisillons, aux portes ogivales ou en accolades qui sont les signatures bien connues d'époques architecturales déjà éloignées, et qu'affectionne l'archéologue.

Les habitants de Jaujac ont le sentiment de ces mérites artistiques et de cette noble origine de leur petite cité.

Ils ne voudraient point le céder au chef-lieu de canton, placé de l'autre côté de la vallée du Lignon presque en face, mais séparé par un vaste massif et une arête montagneuse qui est une longue et étroite ramification de la chaîne du Tanargue.

Jaujac est la rivale de Thueyts politiquement, administrativement et commercialement.

Thueyts est bien le chef-lieu, mais Jaujac ne manque pas une occasion d'attirer à lui le plus long morceau de couverture qu'il peut.

Il voudrait fournir conseiller général, conseiller d'arrondissement, députés et sénateurs.

Dans les élections, Jaujac est toujours dans un camp opposé à Thueyts, et la lutte est déjà longue de ces deux influences rivales, de ces deux ambitions de clocher.

Mais ce n'est qu'incidemment que nous voulons parler de Jaujac et nous ne pouvons nous attarder plus longtemps dans cette esquisse d'une bourgade où prenait seulement naissance un de ces épisodes sanglants de Peyrabeille.

C'était donc foire à Jaujac, comme nous l'avons déjà dit en commençant ce récit.

Les rues, les places, surtout la vaste prairie qui est au pied du Volcan et que domine le château de Laulagnet, étaient remplies de gens et de bestiaux venus de tous les coins et recoins de l'arrondissement de Largentière.

Les éleveurs, les engraisseurs, venaient acheter les couples de brebis et d'agneaux que les paysans de la région montagneuse vendent à cette époque pour réformer leurs troupeaux.

Les marchands de bœufs et de vaches étaient aussi très nombreux.

C'est aussi l'époque où les fermiers et les propriétaires qui ont des pacages et des landes dans la région élevée de l'Ardèche, achètent de jeunes animaux de l'espèce bovine afin de leur faire consommer l'herbe qui ne commence guère à pousser qu'à ce moment.

Ces animaux augmentent de taille et de poids pendant les mois d'été passés dans les hauts pâturages, et acquièrent ainsi une plus-value qui constitue un bénéfice lorsqu'on revend à la fin de la saison à d'autres spéculateurs agricoles, qui poursuivent l'opération suivant l'état de leurs récoltes fourragères.

Ce jour-là, une grande animation régnait à Jaujac, et les auberges et cabarets ne chômaient pas, car il n'y a pas une affaire entamée ou conclue dans nos foires de l'Ardèche sans un échange de politesse, vin, café, ou dîner, suivant l'importance et la difficulté de la *pache*.

Parmi tous les propriétaires ruraux ou fermiers qui allaient et venaient du champ de foire au cabaret, achetaient ou vendaient, on eût pu distinguer un grand et fort gaillard, au type caractéristique des habitants des confins de l'Ardèche et de la Lozère, portant une blouse bleue sur une courte veste en drap, un large feutre noir relevé sur les bords, à la façon des chapeaux de curés, chaussé de fortes galoches de cuir à semelle de bois.

Il tenait à la main un de ces longs bâtons d'alisier, souples et solides, que tout maquignon, que tout paysan a l'habitude de porter pour conduire des animaux en foire ou en ramener.

Cet homme se nommait Michel Hugon et il était venu à la foire de Jaujac pour y vendre une petite bande de jeunes taureaux qu'il avait élevés sur un assez vaste domaine qu'il exploitait à côté de Pradelles.

Il avait par la même occasion réglé diverses affaires avec des maquignons d'Aubenas et de Largentière qui ne manquaient jamais cet important rendez-vous.

Michel Hugon avait reçu une assez jolie somme d'argent et s'était en même temps allégé de plusieurs petites dettes, comme en ont toujours les cultivateurs qui ont à acheter des provisions de ménage, des outils ou des vêtements, pour eux et leur famille, lorsqu'ils vont aux foires de la région, dont chacune a une spécialité quelconque.

On lui avait vu compter des piles d'écus ou de louis, et les enfouir dans un sac de toile, bourse ordinaire des paysans dans nos marchés.

Un petit marchand de bestiaux fort laid, boiteux, à la figure sournoise et fausse, s'était faufilé dans sa compagnie sous prétexte de lui faire des offres d'achat de plusieurs têtes de bétail pour lesquelles il n'avait jamais pu se mettre d'accord, offrant toujours des prix qui ne pouvaient être acceptés. Il avait suivi presque pas à pas pendant toute la journée le fermier de Pradelles, s'attachant à lui comme son ombre, sous prétexte de lui servir d'intermédiaire dans ses *paches*, se mêlant à tous ses marchés en ami obséquieux, excitant les acheteurs par ses offres rivales.

De telle façon que Michel Hugon, qui était au fond un très bon diable, assez peu défiant, même pour un montagnard, avait laissé faire le petit maquignon boiteux, et l'avait invité à plusieurs reprises à trinquer avec lui, en compagnie des gens avec lesquels il avait affaire.

Le madré petit bonhomme manifestait un dévouement fort expansif pour Michel Hugon, et ne tarissait pas en éloges sur son habileté à traiter les ventes et les achats.

Il se faisait humble et flatteur pour le gros fermier

qu'il se vantait de connaître pour en avoir entendu parler un peu partout comme d'un homme habile et malin, capable de bien mener sa barque.

Michel Hugon, comme le corbeau de la fable, s'était laissé gagner par ce rusé renard dont la verbeuse admiration le chatouillait agréablement.

Mais le renard ne perdait pas un instant de vue la proie que le corbeau tenait à son bec, c'est-à-dire la bourse et son contenu qui tantôt augmentait, tantôt diminuait.

Ce maquignon de bas étage et d'allure suspecte était, sans qu'il soit presque besoin de le dire, d'une moralité aussi boiteuse que ses jambes.

Il n'était connu dans le pays que sous le nom de *Pannard*, qui n'était à vrai dire qu'un sobriquet dont son infirmité avait fait tous les frais.

Pannard, après s'être rendu compte des entrées et sorties du numéraire dans le petit sac de grosse toile qui servait de bourse à Michel Hugon, s'informa avec quelque adresse si le brave homme comptait faire encore des achats à la foire.

Lorsqu'il eut constaté que le fermier avait terminé ses petites opérations et ne pouvait plus guère changer l'état de sa caisse, il parut satisfait.

Toute sa diplomatie se borna dès lors à faire causer Michel Hugon pour savoir s'il coucherait à Jaujac ou s'il comptait se mettre en route pour Pradelles avant la nuit, sauf à faire une halte en chemin, à Mayres par exemple.

Michel Hugon, tout d'abord sans défiance, regarda d'un œil moins bienveillant l'affreux petit Pannard, et lui trouva sans doute une mine peu rassurante pour un compagnon de route.

Il pensa qu'un gaillard de cette espèce n'était pas de ceux qu'il était bon d'attacher à ses pas dans ces chemins déserts et bordés d'abîmes qui vont de Jaujac à Thueyts et de cette dernière localité à Mayres et La Chavade.

Il éprouvait depuis un moment un certain déplaisir à sentir ses mouvements épiés par cet individu et il n'avait plus qu'une idée, celle de s'en débarrasser.

Le temps était superbe. Une vraie journée de printemps provençal avait favorisé la foire de Jaujac, et la plupart des gens qui y étaient venus paraissaient s'oublier plus que de raison dans les auberges, comme si la nuit ne devait point venir.

Michel Hugon eût voulu faire comme beaucoup de ces joyeux paysans qui, le verre en main, ne songeaient plus aux longs rubans de route qu'ils avaient à parcourir avant de retrouver leur maison et de remiser le bétail acheté par eux.

Mais il avait hâte de rentrer chez lui et de revoir les siens, car il avait fait seul le long voyage, alors que beaucoup de ses confrères voisins avaient conduit avec eux une partie de la maisonnée, ce qui est assez l'habitude de nos paysans pour les bonnes foires comme celle de Jaujac.

— Nous partirons ensemble et quand vous voudrez, dit Pannard, en s'adressant à Michel Hugon, au moment où celui-ci réfléchissait précisément aux dangers possibles d'une pareille compagnie.

— Je ne sais pas encore ce que je ferai, répondit Hugon, et il ne faut pas m'attendre.

— Ah bah ! reprit Pannard, je ne suis pas bien pressé, les enfants ne pleurent pas dans ma maison, et la femme est habituée à ne me voir rentrer que lorsque le vent souffle du côté de chez nous. Vous n'aurez qu'à me faire signe quand vous voudrez partir. Je vous accompagnerai toujours un bon bout de chemin, et ce sera plus gai pour tous deux. Qu'en dites-vous ?

— Je ne dis pas non, mais comme j'ai encore quelques petites affaires à régler ici et même en route, il vaut mieux que vous alliez de votre côté, et moi du mien. Nous nous rencontrerons peut-être en chemin et nous pourrons boire une pinte, mais ce n'est pas sûr.

Pannard lança un regard oblique à cet homme qu'il couvait des yeux, quelques instants avant.

Il avait un mauvais rire en feignant de ne pas attacher plus d'importance qu'il ne convenait à cette espèce de congé que lui donnait Michel Hugon.

— Eh bien ! comme vous voudrez, se décida-t-il à dire.

Je ne partirai qu'un peu tard et il est bien possible que nous nous trouvions en chemin.

Sinon, je vous dis au revoir, et vous remercie de vos bonnes façons pour moi aujourd'hui. J'aurai ma revanche à la prochaine occasion.

Michel Hugon tendit la main, bien à contre-cœur cependant, à cet affreux bonhomme dont il lui tardait de se débarrasser.

Les deux hommes, en bons montagnards qui ne veulent pas laisser paraître leurs véritables sentiments, se séparèrent après avoir échangé de vigoureuses poignées de main.

Voilà un individu qui ne me dit rien qui vaille, pensa Michel Hugon, et je vais m'arranger pour l'éviter sur ma route.

Toi, mon garçon, marmottait Pannard, je ne te perdrai pas de vue comme cela, et je vais te surveiller. Puis ton affaire sera claire si je ne perds pas la trace avant que tu arrives à Mayres.

En effet, le maquignon boiteux, tout en paraissant s'éloigner sans plus s'occuper de Michel Hugon, s'arrangea de façon à guetter les faits et gestes de celui-ci et à se tenir au courant de ses projets pour la nuit.

Sous un prétexte ou sous l'autre, et tout en ayant l'air de traiter quelque affaire avec des gens de son métier, il passait et repassait devant l'auberge où il avait laissé Hugon, afin de s'assurer que celui-ci n'était pas encore parti.

Six heures venaient de sonner.

La foire était à son déclin, et l'on n'entendait plus guère sur les places et dans les rues que les beuglements des bœufs ou des vaches que les paysans poussaient devant eux à grand renfort de coups de triques, ou traînaient péniblement à la remorque comme des bêtes qui comprennent qu'elles ont changé de maître et qu'elles ne verront plus l'étable à laquelle elles étaient accoutumées.

Rien n'est digne de pitié pour l'observateur philosophe, comme cette traite du bétail qui rappelle si cruellement la traite des esclaves, sur les côtes africaines.

Les enfants séparés de leur mère, les couples violemment désunis, les troupeaux dispersés comme des familles humaines devant l'invasion barbare, le vieux serviteur, accablé d'années et de travail, livré à des mains inconnues qui achèveront sans pitié l'œuvre trop lente du temps, tout cela est le spectacle habituel des foires.

La pauvre vache qui a nourri toute une famille pendant dix ans est livrée au boucher.

La tendre génisse est enlevée à l'affection de sa mère qui la réclame avec des mugissements lamentables, d'une émotion indicible pour ceux qui les comprennent.

Le troupeau uni la veille sous la main d'un même pâtre et dans les mêmes pâturages, s'émiette entre les mains des acheteurs venus de localités diverses et éloignées.

Le vieux cheval qui n'est plus assez vigoureux pour la ferme ou la voiture bourgeoise, va subir les derniers outrages et son dernier martyre dans les mains d'un maître brutal, qui lui demandera d'autant plus de travail et d'efforts qu'il n'a plus que quelques jours à lui donner pour son argent ! Mais c'est beaucoup s'apitoyer sur le sort de ces créatures d'un ordre inférieur.

C'est de vies humaines qu'il doit être ici question, et c'est pour le sort d'êtres plus élevés que nous devons réserver nos attendrissements et nos regrets.

Après quelques allées et venues qui, dans sa pensée, avaient surtout pour but de dépister la surveillance du Pannard, Michel Hugon n'ayant plus aperçu le maquignon nulle part, pensa que cet individu avait dû partir depuis un certain temps.

Il s'informa assez adroitement auprès de quelques aubergistes afin d'être mieux fixé sur ce point, mais il ne put obtenir que des renseignements fort vagues dont la plupart concluaient au départ du boiteux depuis une bonne heure.

Alors Michel Hugon eut recours à un de ses amis

qui attelait à ce moment une belle mule blanche à un char à bancs pour se mettre en route, et lui demanda s'il pourrait lui donner une place.

— Tout à ton service, lui dit le brave homme, mais je ne pourrai te mener que jusqu'à Mayres ce soir, parce que je dois m'y arrêter pour un marché de bois.

— Et qu'il y a près de cinq lieues à faire.

— Oh ! quant à cela, la Blanche ne se fatigue pas pour si peu, mais cependant avec la côte, qui a encore deux bonnes lieues, ce serait un peu trop pour sa journée, car elle a déjà fait un fameux bout de chemin aujourd'hui.

— Eh bien ! dit Michel Hugon, je ferai comme toi, je m'arrêterai à Mayres pour y coucher, à moins que je trouve quelqu'autre occasion pour aller plus loin cette nuit.

— Nous serons bien rendus avant onze heures, sans trop nous presser. Allons, montons et filons si tu n'as plus rien à faire ici.

Michel Hugon prit place sur la banquette à côté de son ami et la mule partit d'un bon train sur la route pentueuse qui descendait alors de Jaujac au Pont-de-La Baume en côtoyant de haut la gorge du Lignon pour aller aboutir au confluent de cette rivière avec l'Ardèche, et de là rejoindre la grande route d'Aubenas au Puy par Thueyts.

Du train dont marchait la mule blanche, il était

évident que nos deux hommes arriveraient de bonne heure au gîte.

La nuit était superbe, transparente, et la route blanchie par quelques journées chaudes et ensoleillées se découpait en une bande plus claire et parfaitement distincte, sur le fond de roches volcaniques ou granitiques au milieu duquel elle se développait.

La lune nouvelle jetait encore dans l'atmosphère une clarté suffisante pour qu'il fût possible de voyager sans lumière.

En passant à Thueyts, Michel Hugon et son compagnon firent une halte fort courte pour laisser souffler la mule et boire un coup, comme ne peuvent s'empêcher de le faire deux vrais campagnards qui ont déjà bu largement dans la journée.

À peine avaient-ils franchi le bourg qu'ils entendirent derrière eux le pas pressé d'un cheval qui marchait l'amble en bon cheval de maquignon et de montagnard.

Puis, bientôt, cheval et cavalier eurent rejoint la voiture et ce ne fut pas sans quelque surprise que Michel Hugon reconnut dans le cavalier en blouse et en galoches qui montait une bique blonde et maigre, le Pannard lui-même, l'homme obséquieux et louche de la foire de Jaujac.

Il avait cru le fuir, et le gnôme était à ses trousses, monté sur un animal apocalyptique, comme lui.

— Bonsoir, bonsoir les amis, cria bruyamment

Pannard, en abordant la voiture et dévisageant dans l'obscurité les deux voyageurs, comme s'il ne les reconnaissait pas tout d'abord.

Puis avec un air de vive surprise :

— Ah ! c'est vous je crois, Monsieur Hugon, dit-il, je vous souhaite le bonsoir et à votre compagnie ; je vous croyais encore à Jaujac, où l'on m'avait dit que vous couchiez.

— J'ai changé d'idée, répondit Hugon, en rencontrant un ami que voici, Baptiste Dumas, qui m'a offert une place dans sa jardinière, ce qui m'a décidé à partir.

— Mais vous n'allez pas tout droit à Lanarce, comme ça, c'est un peu tard pour grimper là-haut, malgré la bonne route.

— Certainement non, crut devoir répondre Baptiste Dumas, le compagnon de Michel Hugon ; nous couchons à Mayres.

— Mais vous partirez sans doute demain de bon matin, cela vaut bien mieux.

— Comme vous le dites, reprit Hugon. Je ne compte pas me mettre en route avant le jour, car j'ai besoin de me reposer un peu. J'ai marché toute la nuit dernière.

— Je parierais bien que vous ne serez pas à Lanarce avant sept ou huit heures du matin, ajouta avec un petit rire goguenard l'affreux maquignon.

— C'est bien possible répliqua Hugon. Dans tous

les cas, j'ai tout le temps nécessaire pour arriver chez moi dans la journée, et d'assez bonne heure. On ne m'attend guère avant le soir.

— Eh bien ! je vous laisse, dit Pannard, en saluant les deux hommes, car je suis pressé et je voudrais arriver à Mayres avant qu'il soit trop tard, pour donner un picotin à mon cheval et de là piquer sur les Astets, où j'ai quelques bêtes à acheter.

— Diable, pensa Hugon, à part lui, ce garçon est bien pressé.

Il voulait cependant m'attendre il y a peu d'heures, et maintenant il prend les devants.

Et il se mit à réfléchir, aussitôt que Pannard qui avait piqué des deux en enlevant brutalement sa monture, eut disparu au premier tournant de la route.

— Tu connais ce garçon-là, demanda Baptiste Dumas à Hugon.

— Ma foi non ; j'ai fait sa connaissance un peu malgré moi, à la foire de Jaujac, car il m'a proposé différentes paches que nous n'avons jamais terminées.

— Tu sais son nom ?

A peu près ; on l'appelle Pannard, je crois, mais c'est un sobriquet de son pays.

— Pannard ! Pannard ! connais pas cet oiseau-là, dit Baptiste Dumas après avoir vainement cherché dans ses souvenirs. Et que fait-il ?

— Un peu de tout. Il fait le maquignon, mais il m'a

semblé qu'il ne vendait guère plus qu'il n'achetait de bêtes.

— De quoi vit-il, alors ?

— Je l'ignore. Sa bourse m'a paru aussi plate que sa figure, et s'il gagne quelque chose, ce ne peut être qu'en faisant quelque pauvre métier.

Michel Hugon ne disait pas à son compagnon tout ce qu'il pensait de ce singulier personnage qui l'avait escorté une bonne partie de la journée à Jaujac, et il gardait pour lui plus d'une réflexion peu flatteuse sur cette apparition inattendue.

Les deux voyageurs arrivèrent à dix heures passées à Mayres et descendirent à une auberge qui précédait le pont.

Ils se firent servir quelques menues victuailles et soupèrent frugalement pour se coucher ensuite.

Le lendemain, dès la pointe du jour, Michel Hugon reprit à pied la route de Pradelles, ne songeant déjà plus au petit maquignon boiteux qu'il ne devait plus rencontrer d'ailleurs sur sa route.

Après une halte à La Chavade puis à Lanarce où il avait quelques affaires à régler, il passait devant Peyrabeille vers dix heures du matin.

———

L'embuscade.

Pendant que Michel Hugon avait fait son court et frugal déjeûner, il avait dû subir un de ces interrogatoires détaillés et conduit avec la brutale audace que la femme Martin apportait dans ces sortes d'instructions *criminelles*.

Le voyageur y avait répondu assez laconiquement, mais l'adroite commère avait pu constater suffisamment, et l'identité de cet homme avec celui qui avait été signalé le matin même par le Pannard, et les probabilités favorables au succès d'un attentat qui permettrait de dévaliser cet individu.

Elle avait d'ailleurs abordé la question principale dès l'entrée de Michel Hugon dans la salle de l'auberge, ainsi qu'il était dans ses habitudes de le faire, tout en paraissant empressée à servir son client.

Puis, Pierre Martin et Jean Rochette étaient successivement venus dans la salle et avaient l'un et l'autre participé à cette sorte d'information entrecoupée de plaisanteries et d'ordres variés. Lorsque d'autres voyageurs ou des journaliers se trouvaient mêlés à ces scènes préliminaires d'un mauvais coup, les questions se trouvaient si bien entrecoupées que le dialogue n'était guère compréhensible que pour ceux qui le conduisaient avec cet habile décousu qui en rompait le fil et le renouait à propos.

Pierre Martin et Jean Rochette avaient tenu à s'assurer par leurs propres yeux de ce qu'ils pouvaient avoir à craindre de Michel Hugon.

Ils avaient voulu peser et jauger cet homme que Pannard leur avait représenté comme un solide gaillard dont ils n'auraient peut-être pas facilement raison.

Ils avaient d'ailleurs complété cette étude de leur sujet en lui adressant, comme par hasard, quelques questions adroites sur ses projets de route et sur le genre d'affaires auxquelles il se livrait.

Puis, au bout de quelques minutes, ils sortirent par une porte vitrée du fond de la salle.

Ils furent suivis par la femme Martin qui échangea rapidement avec eux quelques paroles en patois dont le sens ne pouvait parvenir aux oreilles d'Hugon.

Celui-ci, qui venait d'achever son repas, se leva bientôt, demanda à régler sa dépense et se disposa à partir.

La femme Martin fit tout son possible pour le retenir encore un peu, mais ne pouvant y parvenir, elle l'accompagna jusqu'au seuil de la porte, et avec un intérêt fort bien joué d'ailleurs, elle lui donna le conseil de prendre à travers champs un sentier plus court, qui devait lui faire rejoindre la route de Pradelles en gagnant sur la grande route, disait-elle.

Michel Hugon qui n'avait aucun motif de défiance, se laissa aisément persuader par la bonne femme dont l'insistance paraissait motivée par la plus bienveillante sollicitude.

Le montagnard est toujours fort disposé d'ailleurs à suivre les *coursières* qui peuvent abréger sa route, et il ne voyait aucun inconvénient, à cette heure peu avancée de la journée, à suivre les conseils de l'aubergiste.

Il prit donc la voie indiquée, et trouva en effet le sentier dont la femme Martin lui avait montré les premières traces, du seuil de son auberge.

Il avait à peine fait quelques centaines de pas, qu'il s'engageait dans un étroit chemin de piéton, bordé de bouquets de sapins et de hêtres, et un peu encaissé dans une sorte de ravin.

A ce moment il entendit sur sa droite un bruit de pas et le froissement des branches violemment écartées.

Un homme se jeta au devant de lui, et sans proférer une parole, l'assaillit à coups de pioche comme un forcené déterminé à le tuer.

Michel Hugon reconnut Pierre Martin. Surpris par cette attaque aussi brusque qu'imprévue, il se défendit énergiquement avec son bâton, parant les coups et s'efforçant de mettre lui-même son aggresseur hors d'état d'accomplir son dessein.

Le sentiment du danger certain qui le menaçait décuplait ses forces, et il avait déjà pu faire quelques pas de côté en tenant son adversaire en respect, lorsque des pas précipités et des cris sauvages se firent entendre dans la même direction d'où était déjà venu Pierre Martin.

Frappez toujours! frappez plus fort! criait un grand diable d'individu qui accourait armé lui-même d'un fort bâton.

Il n'y avait pas à en douter, c'était bien à sa vie qu'on en voulait, et Michel Hugon, en apercevant Jean Rochette qui venait ainsi à l'aide de Pierre Martin, comprit que c'en était fait de lui s'il ne pouvait fuir.

Par un suprême effort d'énergie, il fit tant et si bien de son bâton, qu'il put arriver à désarmer brusquement Pierre Martin et d'un vigoureux croc-en-jambe le renverser à terre.

L'aubergiste écumait de rage et proférait les jurons et les menaces les plus terribles en cherchant à se relever rapidement afin de profiter du secours de Rochette et de ne pas laisser échapper sa victime.

Mais, Michel Hugon, sans chercher à achever Pierre Martin, ne songea qu'à fuir au plus vite.

Il put heureusement le faire avant que Jean Rochette fut à portée de relever son maître et d'entrer lui-même en ligne dans cette attaque.

Quoique blessé à la tête et à l'épaule et perdant du sang, Michel Hugon semblait avoir trouvé des ailes et fuyait avec une prodigieuse rapidité dans ces sentiers difficiles et semés de pierres.

Il se sentait poursuivi par les deux bandits et savait trop bien quel sort lui était réservé s'ils parvenaient à le rejoindre, pour ne pas déployer une suprême énergie afin de leur échapper.

Il avait parcouru près d'un kilomètre de cette course effrénée et il allait tomber sans force et sans haleine, lorsque parvenu à un point découvert et dominant d'assez loin l'espace environnant, il put se convaincre qu'il n'était pas suivi.

Une large distance le séparait de ses ennemis qui, de loin, lui faisaient les plus violentes menaces dans une sorte de mimique télégraphique fort curieuse, si elle n'eût été terrifiante, avec de tels bandits.

Lorsque Michel Hugon eut repris quelque assurance et bien constaté qu'il était hors d'atteinte de ses assassins, il ralentit sa marche, puis fit une courte halte assis sur un rocher, afin de reprendre haleine.

Il était bien près de défaillir en effet, et une sueur froide inondait son front.

Mais ce ne fut qu'un malaise passager et bientôt il put reprendre sa route vers Pradelles.

Michel Hugon rencontra plusieurs voituriers et voyageurs sur son chemin ; mais à aucun il ne raconta son aventure et les périls qu'il avait courus.

Comme bien d'autres qui avaient été attaqués dans des conditions semblables, avant et après lui, Michel Hugon garda le silence sur les assassins de Peyrabeille.

Ce ne fut que bien plus tard, et pour ainsi dire à la veille du procès criminel, que l'on sut dans le pays ce qui était arrivé à Hugon quelques années auparavant, et que ces faits parvinrent aux oreilles de la justice.

Michel Hugon n'oublia pas, toutefois, le maquignon boiteux de Jaujac.

Il ne douta pas un instant, après l'agression dont il avait été l'objet près de Peyrabeille, du rôle qu'avait dû jouer Pannard dans son aventure, et il eut l'occasion de s'en venger assez heureusement dans une foire.

Il surveilla lui-même le coquin dans ses manœuvres de flibustier montagnard, et le fit prendre en flagrant délit de vol et d'escroquerie.

L'aimable et vertueux Pannard cueilli par les soins vigilants de la gendarmerie, passa en police correctionnelle à Largentière, et vit son casier judiciaire orné d'un nouvel article, avec six mois de prison, en raison de ses bons états de service antérieurs.

Les Rumeurs

—

En prison, Pannard jasa quelque peu des affaires de Peyrabeillo, car il avait été fort mécontent de la façon dont l'aubergiste l'avait payé de ses peines.

Lorsqu'il était allé savoir comment s'était terminée l'entreprise préparée par lui, Pierre Martin l'avait assez mal reçu et lui avait dit avec sa brutalité habituelle, qu'il avait fait une mauvaise affaire en le payant d'avance.

Pannard avait trouvé la plaisanterie un peu dure, car il s'attendait à apprendre le plein succès de l'opération et à recevoir un supplément de gratification.

Pierre Martin, que le souvenir des coups qu'il avait lui-même reçus de sa victime, et du vilain tour que celle-ci lui avait joué en lui échappant, avait fait porter sa méchante humeur sur le maquignon et l'avait presque mis à la porte.

Pannard, en effet, en entendant Pierre Martin lui

affirmer qu'il n'avait pu avoir un sou de la bourse de Michel Hugon et qu'il avait failli être assommé lui-même, n'avait pu contenir un éclat de rire et les réflexions les plus désobligeantes pour l'aubergiste.

Il était évident qu'il n'acceptait pas comme un article de foi le récit du madré compère, tant la maladresse de ce bandit lui paraissait invraisemblable.

— Et vous étiez deux pour faire ce beau coup ? disait-il à Pierre Martin.

— Comme je te l'ai dit, répliquait le bonhomme, et tu peux croire que Rochette et moi ne nous attendions pas à celle-là.

Mais aussi nous avons mal pris nos mesures et le coup devait manquer. J'en suis encore dans une rage.....

— Et Rochette ?

— Oh lui, il ne décolère pas depuis ce jour, et il voudrait bien retrouver mon individu pour lui faire payer cher ce qu'il nous a fait.

— Je m'en doute bien, disait Pannard, mais il n'est guère probable qu'il vienne se remettre dans vos griffes. C'est une affaire bien manquée par votre faute, dans tous les cas.

— Qui te dit le contraire, prétends-tu me donner des leçons ?

— Non pas, patron ; mais il me semble tout drôle que vous ayez laissé échapper comme cela un homme seul, que vous pouviez si bien tenir, à deux surtout.

Et en disant cela, Panuard laissait lire sur tous ses traits et dans les intonations de sa voix, l'expression d'une défiance très-marquée à l'égard du récit que lui faisait sommairement Pierre Martin.

Toutefois, il n'osa trop insister ni manifester plus ouvertement son incrédulité.

Mais il garda de tout cela une secrète rancune aux aubergistes de Peyrabeille, et ne put retenir sa langue avec plusieurs de ses compagnons de prison.

De son côté, Michel Hugon, sans rien dire de positif ni de grave sur les gens de Peyrabeille, dont il avait si bien failli être la victime, laissait échapper avec ses amis des réflexions et des conseils qui n'étaient pas précisément une recommandation pour l'auberge favorite des voituriers de Pradelles, de Langogne et du Puy. On lui demandait bien pourquoi il était si mal disposé pour cette auberge.

Mais il se renfermait dans des généralités et ne disait point son secret, car il eût craint de se mettre sur les bras une mauvaise affaire, tant il savait la justice locale et beaucoup de gens influents favorables aux époux Martin.

De tout cela, il passait quelque chose dans le public. De sourdes rumeurs circulaient discrètement.

Si la défiance augmentait peu à peu dans les esprits de beaucoup de gens qui commentaient ces divers bruits, la terreur allait de pair avec cette défiance et ces soupçons, et personne ne voulait et n'osait s'élever comme accusateur ou comme témoin contre des gens devenus redoutables.

Aussi, résulta-t-il de cet état de choses, que les aubergistes de Peyrabeille se rendant un compte fort exact du sentiment qu'ils inspiraient partout autour d'eux, se montraient encore plus audacieux, et ne négligeaient aucune occasion d'en imposer à la justice, aux gendarmes, aux hommes influents du pays, par leur apparente honnêteté, par des générosités calculées habilement, et par l'assurance habituelle de leurs allures.

Lorsqu'on leur rapportait incidemment quelques-uns des bruits qui pouvaient circuler contre eux et faire suspecter leur conduite et leur fortune, ils prenaient la chose en plaisanterie.

Ils feignaient encore d'être victimes des plus abominables jalousies de quelques misérables auxquels ils n'avaient pas voulu rendre des services d'argent, ou prêter la main pour certaines entreprises peu avouables contre les intérêts de l'Etat.

Ce système devait leur réussir longtemps encore, car il avait un succès toujours assuré auprès de gens qui, d'ailleurs, n'avaient qu'à se louer de l'hospitalité et de la serviabilité de la famille Martin, c'est-à-dire, auprès des magistrats du pays et des agents de l'autorité.

Ceux-là étaient l'objet de tous les égards des aubergistes de Peyrabeille qui jouaient le mieux du monde leur rôle de braves gens devant eux.

Toutefois, le diable n'y perdait rien et dès que le danger avait disparu, le naturel de ces bandits revenait au galop.

On s'entretenait la main et on grossissait les profits en dévalisant les colporteurs ou les voituriers, ainsi que nous l'avons déjà démontré.

Peu de jours après la tentative d'assassinat et de vol sur Michel Hugon, et dès que l'on fut bien assuré à Peyrabeille que rien n'avait transpiré de cette affaire, on se remit à l'œuvre.

Les occasions ne manquaient pas.

Les marchands ambulants, les colporteurs de dentelles, de bijoux, qui à cette époque ne voyageaient pas en voiture comme aujourd'hui, et faisaient pédestrement leur tournée, la balle sur le dos, s'arrêtaient le plus souvent à Peyrabeille, de quelque direction qu'ils vinssent.

Catherine Vercasson

Vers le mois de juin 1826, une de ces femmes qui vendent des bagues et des boucles d'oreilles, des chaînes de cou, des féronnières, des cœurs et des croix pour la toilette des femmes, vint se reposer à l'auberge.

Elle entra vers le milieu du jour et demanda à déjeuner, puis à se reposer pendant les heures les plus chaudes du jour, car le temps était fort beau et le soleil assez piquant malgré l'air toujours assez vif à cette altitude.

Tout en déjeunant, la bonne femme qui s'appelait Catherine Vercasson et était de la Haute-Loire, fut entourée par les filles Martin et par leur mère auxquelles elle avait déjà raconté l'objet de ses pérégrinations et offert sa marchandise.

Sa grande boîte à plusieurs compartiments avait été ouverte sur la vaste table de la cuisine, et la brave Catherine, sans défiance à l'égard de gens que l'on disait fort riches, avait étalé toutes les richesses de sa collection de bijoux faux et de bijoux sérieux.

C'est surtout sur ces derniers qu'elle avait fait porter ses recommandations aux demoiselles Martin.

C'est aussi sur ceux-là que les filles et la mère avaient jeté des regards enflammés par l'envie, mais qu'elles s'efforçaient de rendre indifférents. Toutefois, elles n'achetèrent rien d'important.

Elles se bornèrent à choisir deux ou trois petites bagues assez simples, et un dé à coudre, en argent, dont la cadette, Madame Pertuis, avait depuis longtemps envie.

On voulut payer de suite les emplettes, et malgré l'insistance de la confiante marchande pour ne pas accepter d'argent avant d'avoir elle-même soldé les dépenses qu'elle était en train de faire, on lui remit le prix des petits achats.

Elle referma sa boîte avec une clef qu'elle portait suspendue à sa ceinture au bout d'une chaînette d'acier d'où pendaient également des ciseaux. Puis elle demanda à la mère Martin de vouloir bien lui donner une chambre où elle pût se reposer pendant une heure ou deux.

A cette demande de la marchande de bijoux, la femme Martin regarda ses deux filles, et les trois femmes échangèrent un de ces sourires qui suffisaient entr'elles à établir leur communauté de dessein et la complicité morale du méfait à commettre.

Elles s'étaient comprises, car la même pensée, la même cupidité s'étaient emparées de leur esprit.

La femme Martin avait d'ailleurs eu soin, en servant à boire à la marchande, de lui donner un certain vin préparé pour de telles occasions et qui produisait un effet toujours certain sur ceux qui l'absorbaient.

Aussi, Catherine Vercasson paraissait-elle déjà comme alourdie et éprouvait-elle un impérieux besoin de sommeil que la fatigue seule du voyage ne devait pas produire chez elle.

— Marie, dit la mère à son aînée, conduis madame dans la chambre du milieu qui est la plus commode pour se reposer, car le lit est tout fait, et personne ne dérangera cette dame si elle veut dormir un peu.

— Je ne dis pas non, fit observer la marchande, mais je compte sur vous pour me réveiller dans deux heures au plus, car je ne puis m'arrêter plus longtemps, voulant arriver avant la nuit à Mayres.

— Vous pouvez y compter, répondit la femme Martin, et vous n'avez pas à vous en inquiéter, on vous fera réveiller quand ce sera l'heure.

Et pour mieux indiquer qu'elle prenait bonne note de la recommandation de Catherine Vercasson, la rusée regarda l'heure qu'il était à la pendule de la salle.

La marchande prit sa boîte sous son bras et suivit Marie Martin qui lui montrait le chemin du petit escalier conduisant au premier étage et que nos lecteurs connaissent déjà.

Catherine Vercasson avait quelque peine à monter dans cet étroit couloir avec sa boîte qui doublait son volume déjà fort respectable.

Marie Martin lui montra une chambre à droite du corridor et s'ouvrant presque au sommet de l'escalier.

Cette pièce était contiguë au passage qui conduisait à la fenêtre, et elle contenait une sorte d'alcôve dans laquelle était un lit fixé comme dans un placard.

— Vous serez bien là, dit-elle en riant à Catherine Vercasson, et pour que le jour de la fenêtre ne vous empêche pas de dormir, je vais fermer le rideau.

Marie Martin alla, en effet, tirer le petit rideau en serge, d'un rouge sale, qui était ramassé dans l'angle de la fenêtre et dont les plis nombreux étaient reliés par des toiles d'araignée poudreuses.

Catherine Vercasson n'épargnait pas les remercîments à sa jeune hôtesse et prenait, tout en causant, ses dispositions pour se coucher, car elle se sentait de plus en plus envahie par un sommeil de plomb.

Marie Martin ne perdait pas un de ses mouvements et regardait surtout ce que la marchande faisait de la boîte et de la clef.

La bonne femme n'avait trouvé aucun meuble sur

lequel elle pût placer sa boîte et s'était décidée à la poser à terre à la tête de son lit.

Quand elle voulut quitter son tablier, elle fut nécessairement obligée de détacher de la ceinture la chaîne aux ciseaux et à la clef, qui était passée dans cette ceinture.

Elle hésita un instant pour choisir une place à ces objets. Mais Marie Martin qui l'épiait sans en voir l'air, se hâta de lui faire remarquer qu'elle pouvait pendre cette chaîne à un clou, placé sur le montant de l'alcôve, à l'intérieur.

Catherine Vercasson, sans trop de défiance, suivit cette indication.

Marie Martin qui n'avait plus grand chose à voir, se retira en souhaitant à la marchande de bien se reposer sans crainte, lui rappelant qu'elle viendrait la réveiller lorsque le moment serait venu.

Catherine Vercasson, qui ne s'était pas déshabillée, mais s'était mise simplement à l'aise pour goûter quelque repos, ne tarda pas à être gagnée par le sommeil.

En redescendant à la cuisine, Marie Martin expliqua à sa mère tout ce qu'elle avait vu et fait et les trois femmes discutèrent avec animation, quoique à mi-voix, le parti à tirer de cette nouvelle victime, que le hasard mettait à leur discrétion.

Au bout de quelques instants, leur plan fut arrêté.

Elles causaient encore lorsqu'entrèrent deux nouveaux arrivants, des gens des environs, qui venaient de mettre leurs mules à l'écurie et demandaient maintenant à se rafraîchir et à se reposer avant de continuer leur route.

La mère Martin fit signe à ses filles, comme pour leur recommander la prudence, et ne s'occupa plus que de servir ses clients.

Pierre Martin et Jean Rochette étaient aux champs avec les autres journaliers de la maison. Les femmes opéraient seules et pour leur compte.

Il y avait une demi-heure à peine que la marchande de bijoux avait été conduite dans la chambre où elle devait se reposer, lorsque Marie Martin, l'aînée des filles, fit un signe à sa mère et disparut par la porte qui menait à l'étage supérieur.

Elle en redescendait moins d'un quart d'heure après, le visage empourpré et la sueur au front comme quelqu'un qui vient d'accomplir quelque tâche pénible.

Dès qu'elle eut refermé avec une visible précaution la porte de l'escalier, elle regarda autour d'elle pour s'assurer si elle n'avait pas à redouter la présence de personnes indiscrètes.

Mais la femme Martin voulant éloigner à tout hasard les témoins de quelque scène violente et fâcheuse, dans le cas où son habile élève n'aurait pas réussi au gré de ses désirs, avait servi ses nouveaux clients dans la salle à côté de la cuisine, sous prétexte qu'ils auraient plus frais et seraient moins dérangés.

Aussi se voyant parfaitement à l'aise, Marie Martin n'eut pas à se gêner pour indiquer à sa mère et à sa sœur, par une pantomime des plus expressives, qu'elle avait pleinement réussi dans son entreprise.

Pour le confirmer, elle plongea ses deux mains dans les poches de son tablier et en sortit à moitié des objets brillants, à la vue desquels les yeux des deux autres femmes s'animèrent d'une satisfaction presque folle.

Toutes deux s'avancèrent vers Marie Martin comme pour puiser à même dans les poches gonflées de bijoux.

Mais d'un geste celle-ci les arrêta, et entendant le bruit des voix des buveurs d'à côté, elle leur fit comprendre que ce n'était pas là qu'il fallait partager ce riche butin.

Toutes trois, trop pressées pour attendre plus longtemps, se dirigèrent vers la chambre borgne du rez-de-chaussée où étaient leurs lits.

Cette petite pièce était, on s'en souvient, d'après la description que nous avons donnée ailleurs, au fond de la cuisine, en face de l'entrée, et communiquait à cette salle par une porte vitrée.

Là, l'aînée des filles étala sur le lit de sa mère tout ce qu'elle avait dérobé à la marchande de bijoux et raconta comment elle avait opéré son vol.

Elle avait trouvé Catherine Vercasson profondément endormie et n'avait pas eu de peine à se glisser assez près d'elle pour enlever la clef, ouvrir la boîte avec précaution, et y prendre un peu partout les chaînes d'or, les boucles d'oreille, les croix et les bijoux qu'elle rapportait.

— Et si elle s'était réveillée, lui fit observer sa mère ?

— Ah, ça ne se serait pas passé comme cela, répondit Marie, avec une expression sauvage, dont on ne l'eût pas cru capable à première vue.

Mais je savais bien que vous l'aviez *préparée*, et je n'avais pas de crainte à avoir. J'aurais pu l'emporter comme ses bijoux, sans qu'elle se réveillât.

En effet, la pauvre marchande de bijoux, Catherine Vercasson, avait promptement succombé au sommeil qui s'appesantissait sur ses yeux et faisait la nuit dans son cerveau.

Elle était tombée lourdement sur sa couche aussitôt que la présence de la fille Martin n'avait plus surexcité sa résistance à la torpeur qui l'envahissait, et elle n'avait plus fait dès lors que des mouvements inconscients.

Elle n'avait point entendu le bruit, bien faible d'ailleurs, qu'avait fait Marie Martin pour entrer dans sa chambre et pour y accomplir son œuvre de pillage effronté.

Mais, au bout de deux heures environ, la femme Martin qui avait hâte de voir la marchande s'éloigner de chez elle sans avoir le temps de s'apercevoir du vol qui avait été commis à son préjudice, alla réveiller Catherine Vercasson et la pressa vivement de se remettre en route, car la fin du jour pourrait la surprendre.

Catherine ne put s'éveiller qu'avec la plus grande peine; elle avait la tête encore fort lourde, et tout semblait tourner autour d'elle. Elle se secoua avec l'énergie que donne le sentiment d'une impérieuse nécessité et l'habitude des plus dures fatigues.

Elle reprit sa boîte sous son bras, sans que rien n'eut éveillé son attention sur les criminelles entreprises dont elle avait été l'objet.

Catherine Vercasson descendit à la cuisine, où elle ne trouva que la femme Martin, l'air très effaré, et qui parut prendre à tâche de ne laisser à la bonne femme que le moins de temps possible pour causer et régler sa dépense.

Les filles étaient absentes et la mère Martin, qui avait bien prévu que la marchande ferait de nouveau ses offres de marchandise si elle retrouvait celles-ci, avait pris soin de leur recommander de ne pas paraître.

La marchande ne manqua pas de demander, en effet, à l'aubergiste, si elle n'avait besoin de rien et ne voulait pas faire quelque surprise à ses filles, puisque précisément elles étaient absentes,

Mais elle fut assez durement accueillie pour n'avoir pas envie de poursuivre ses propositions alléchantes.

— Alors bonsoir, madame, dit-elle à l'aubergiste en se dirigeant vers la sortie.

— Bonsoir, bonsoir, ma bonne femme, et faites bon voyage, se contenta de répondre l'aubergiste.

Catherine Vercasson reprit sa route dans la direction de Lanarce, tout en faisant son compte de bénéfices et de dépenses ainsi que le font d'habitude les marchands ambulants. Elle vérifia sa bourse, compta et recompta, et une certaine inquiétude parut agiter l'esprit de cette femme.

Elle réfléchissait avec une intensité croissante, pour retrouver dans sa mémoire tous les détails des ventes qu'elle avait dû faire et des dépenses soldées.

Mais elle ne parvenait jamais à établir sa balance, et un déficit de quarante francs se retrouvait toujours au bout de ses opérations mentales de calcul. On m'a volé, concluait elle finalement, et ce ne peut être qu'à l'auberge de Peyrabeille, car j'avais deux louis dans ma bourse, lorsque je suis arrivée à l'auberge et ils n'y sont plus.

Toutefois, elle n'osait encore croire à ce vol, ne se rappelant aucune circonstance qui eût pu éveiller sa défiance et confirmer ses soupçons.

C'est dans cet état de perplexité que Catherine Vercasson arriva à la première auberge de Lanarce où elle s'arrêta, pour se reposer quelques instants, tout en essayant de vendre quelques objets de son commerce aux habitants de cette localité, ainsi qu'elle le faisait dans les bourgades placées sur sa route.

Toujours préoccupée de sa mésaventure, elle ne put s'empêcher d'en faire part à l'aubergiste, une fort bonne femme, et d'un abord plus avenant que la mère Martin.

— Peuh ! lui dit celle-ci, il n'y aurait rien de bien étonnant qu'on vous eût volée là-haut. Voilà déjà bien des gens, à ma connaissance, qui n'y ont pas passé sans laisser quelques plumes.

— Et cependant, reprit Catherine Vercasson, la mère et les filles m'ont acheté quelques petits objets et elles m'ont bien payé tout de suite.

— Oh ! pour payer, ils ont certes de quoi, ces gens-là ; on les dit bien riches, ils donnent de grosses dots à leurs filles, et la première a fait un mariage qui montre qu'elle a apporté de l'argent.

Mais on ne sait pas trop d'où vient tout ce bien, car enfin on a beau travailler comme on le fait ici à Lanarce, s'économiser bien des choses, faire petit, les écus ne font pas des montagnes au bout de l'année.

— Alors, fit observer non sans inquiétude la pauvre Catherine Vercasson, vous pensez.....

— Je pense, je pense..., reprit l'aubergiste, avec

la prudente réserve des gens de son état, que pour gagner tant d'argent, les braves gens ne se lèvent pas assez matin.

Et en disant cela, la bonne femme avait un air de mystère et de crainte qui en disait plus long que ses paroles.

Catherine Vercasson parut réfléchir profondément et se confirmer dans ses soupçons.

Puis elle se rapprocha de sa boîte à bijoux, comme mue par une idée subite, ouvrit cette boîte et en visita fiévreusement les divers compartiments.

Presqu'aussitôt un cri rauque s'échappa de sa poitrine, et elle retomba sur sa chaise comme suffoquée par une émotion terrible.

On m'a volé aussi mes bijoux, beaucoup de bijoux, cria-t-elle. Il m'en manque pour plus de cinquante écus.

Et elle se mit à sangloter et à gémir, en proférant des malédictions sans fin dans un jargon qui devait être celui de son pays natal.

L'aubergiste, devant cette douleur si expressive, hochait la tête et ne trouvait que de banales consolations.

— Oh! disait-elle, comme pour consoler la marchande, cela ne me surprend pas, ce ne sont pas des gens *fiables*, on le dit bien dans tout le pays, mais personne ne veut le croire.

— Ah les brigands! ah les voleuses, criait toujours

Catherine Vercasson, il faudra que je retrouve ma marchandise, je la leur ferai bien rendre à ces coquines, je vais y remonter, et nous verrons si elles oseront dire qu'elles ne m'ont pas volée, dévalisée, ces brigandes !

Je vois bien maintenant pourquoi elles m'ont fait coucher dans cette chambre noire, pourquoi cette grande fille qui a l'air si hypocrite, a fermé les rideaux de la fenêtre et m'a regardée quitter mon tablier et ma jupe.

Puis, elles m'ont fait boire quelque mauvais vin, car j'avais sommeil comme jamais je ne l'ai eu et la tête me tournait.

Ah ! les scélérates ! les canailles !

L'aubergiste écoutait toujours ces lamentations et ces révélations.

Elle alla appeler son mari, l'amena et lui montra ce qui venait d'arriver à la marchande de bijoux.

Celle-ci lui confirma elle-même tous ses malheurs avec une volubilité extrême et pleurant toujours.

— Bast, dit l'homme, vous avez fait une mauvaise journée, ma pauvre femme, mais si j'ai un conseil à vous donner, c'est de ne pas retourner seule là-haut.

Prenez quelques témoins avec vous, si vous pouvez en trouver ici. Sans quoi votre meilleur serait de laisser votre argent et vos bijoux à Peyrabeille, car en y allant seule réclamer tout cela à des gens comme les Martin, vous risqueriez d'y laisser votre peau.

— Ils sont donc bien méchants, interrogea la marchande avec anxiété ?

— Ah ! pour ça, je ne sais que ce qu'on dit dans le pays, mais je ne m'y fierais pas plus que mon grand-père ne se serait fié au roi de Bauzon, du temps où il régnait dans notre montagne.

— Vous ne m'accompagneriez pas, vous, monsieur l'aubergiste, qui êtes un brave homme et ne devez pas avoir peur de ces gens-là.

— Ma foi, répondit l'homme en se grattant l'oreille, c'est bien difficile, on croirait que c'est par malice que je vais tracasser mes confrères de Peyrabeille, etc...

— Et vous avez peur, acheva Catherine Vercasson ?

— Je ne dis pas cela, mais tenez, je vous trouverai quelqu'un ici, deux peut-être, ça n'en vaudra que mieux.

Pendant que la marchande de bijoux prenait quelque repos, malgré la vive émotion qui l'agitait à la suite du vol dont elle venait d'être victime, l'aubergiste de Lanarce ne perdait pas son temps.

Il était allé dans le village, et s'adressant à quelques-uns de ceux qu'il savait le plus mal disposés pour les gens de Peyrabeille, il leur avait conté l'aventure de Catherine Vercasson, en les poussant à servir de témoins et d'appuis à cette pauvre femme.

Il avait rencontré déjà, comme il le prévoyait d'ailleurs, plus d'objections et de craintes que de bonne volonté.

Cependant, il finit par déterminer deux jeunes gens, de solides gaillards, qui avaient eu plus d'une raison de se plaindre des moqueries des filles Martin et des fanfaronnades des clients favorisés de Peyrabeille.

— Nous accompagnerons la marchande à Peyrabeille, avaient-ils fini par dire, mais nous n'entrerons pas dans l'auberge.

Avec ces gens-là, il n'y a pas grand chose de bon à attendre, et un mauvais coup est bien vite reçu.

C'est en vain que l'aubergiste de Lanarce leur avait représenté que ce qu'ils comptaient faire n'était pas bien courageux.

Les jeunes gens n'avaient pas voulu démordre de leur détermination et force avait été d'accepter leur concours dans les conditions où ils le prêtaient.

Eh bien, s'ils ont peur, dit Catherine Vercasson, je leur montrerai qu'une femme est plus hardie. Qu'ils m'attendent seulement sur la route, à côté de l'auberge, et si j'ai affaire à des brigands capables de tout, au moins il y aura quelqu'un pour dire que je suis entrée dans cette maison et que je n'en suis pas ressortie.

L'aubergiste fut touché de cette attitude si ferme d'une femme, et il fut sur le point d'être entraîné lui-même par cet exemple, car c'était un fort brave homme et nullement peureux.

Mais la réflexion et la prudence qui sont les qualités nécessaires à tout bon aubergiste dans ces pays où les animosités sont souvent si vives, reprirent le dessus.

— Allons, ma bonne femme, dit-il à Catherine, nous aussi nous veillerons sur vous, d'ici, et s'il vous arrivait quelque malheur, nous saurions faire le nécessaire.

Voici vos compagnons, et vous n'avez pas de temps à perdre avant qu'il soit trop tard.

Les deux hommes entraient à ce moment et venaient se mettre à la disposition de Catherine Vercasson qui partit avec eux sans perdre une minute.

Elle emportait avec elle sa boîte à bijoux que les deux hommes voulurent porter à tour de rôle pour la soulager.

Catherine Vercasson voulait avoir avec elle la preuve des soustractions commises dans ses marchandises si elle ne pouvait faire la même justification en ce qui concernait l'argent disparu de sa bourse.

Une heure après, la marchande arrivait à Peyrabeille et entrait à l'auberge après avoir laissé ses deux témoins sur le bord de la route, à quelques pas de la maison, et leur avoir recommandé de venir à son secours si elle appelait ou s'ils entendaient quelques bruits extraordinaires dans la maison.

En ouvrant la porte de la cuisine, elle retrouva la femme Martin et l'aînée des filles, en train de préparer le repas du soir.

Elle interpella vivement l'aubergiste en lui disant sans plus de préambule, qu'on lui avait pris pendant son sommeil différents objets et de l'argent.

La femme Martin, un peu surprise de ce brusque retour et de cette apostrophe non moins hardie, regarda sa fille et se mit ensuite à rire avec effort, comme pour se donner une contenance et prendre le temps d'aviser.

Mais Catherine ne se laissa pas déconcerter non plus. Le sentiment du danger et aussi la pensée qu'elle pouvait être secourue lui donnaient plus d'audace.

Elle répéta son accusation et réclama énergiquement la restitution de ce qui lui avait été volé.

La femme Martin regarda immédiatement autour d'elle comme si elle cherchait un exécuteur de sa pensée, et ne voyant personne que sa fille, elle échangea avec elle, en patois, quelques paroles rapides que Catherine Vercasson ne pouvait entendre.

— Oui, oui, rendez-moi mon bien, rendez-moi ce que vous m'avez pris, reprenait la marchande de bijoux, je ne suis qu'une pauvre femme qui travaille toute l'année comme une mercenaire pour faire vivre sa famille, et c'est abominable de se voir dépouiller ainsi par des gens chez qui l'on est venu avec confiance.

Je veux que vous me rendiez ce que vous m'avez pris, ou j'irai porter plainte à la justice.

Il faudra bien que vous disiez ce que vous avez fait de tout ce qui me manque dans ma boîte.

— Sortez d'ici, mauvaise femme, répliquait la femme Martin, pourpre de colère. Sortez, ou sinon...

Et en disant cela, la mégère, emportée par la fureur, brandissait un long couteau qui venait de servir à couper les grandes tranches de pain noir pour la soupe du soir.

Mais Catherine Vercasson, qui se tenait prudemment à distance et fort près de la porte, ne parut pas effrayée outre mesure.

— Ah! vous seriez bien capable, dit-elle, de me tuer après m'avoir volée, mais je ne vous crains pas, j'ai là des témoins, tout prêts à me venir en aide, et ce sont des hommes, ceux-là. Vous n'en auriez pas si facilement raison.

— Vous avez amené du monde avec vous, dirent en ricanant l'aubergiste et sa fille, c'était bien inutile. Il fallait donc les faire entrer, ces messieurs, nous aurions vu leur mine.

— Riez tant qu'il vous plaira, dit la marchande, mais au moins rendez-moi mon bien, ou j'appelle ces hommes.

— Votre bien, votre bien, marmotta l'aubergiste, vous savez assez qu'on ne veut pas vous le garder, et si vous aviez eu soin de vos affaires, vous ne les auriez pas perdues.

Marie, dit-elle à sa fille, vas voir là haut avec Madame, si vous trouvez quelque chose de ce qu'elle a perdu.

Et la femme Breysse faisait signe à sa fille de mener la marchande au premier.

Mais Catherine Vercasson s'y refusa et répondit qu'elle savait bien n'avoir rien laissé tomber et que tout lui avait été enlevé de sa boîte, ouverte pendant qu'elle dormait.

— Allons, ajouta-t-elle avec énergie, ne m'obligez pas à vous traîner devant la justice, cela vous coûterait cher ; rendez-moi mes bijoux et mon argent, je vous laisserai tranquille. Personne ne saura rien et cela vaudra mieux pour tous.

La mère Martin consulta de nouveau sa fille du regard, et lui donna à mi-voix, l'ordre d'aller chercher tout ce qu'elle avait pris à la marchande.

Sur ces entrefaites, Marguerite Martin, la cadette, rentra par une porte du fond et alla dire quelques mots à sa mère.

Elle lui raconta que deux hommes rôdaient autour de la maison, mais qu'elle n'avait pu les reconnaître parce qu'ils faisaient leur possible pour cacher leur visage, et se dissimuler derrière le mur de clôture.

— C'est donc vrai, dit la mère, que cette coquine a amené des témoins. Dépêchons-nous à la renvoyer avec ses bijoux, puisque nous ne pouvons faire autrement sans nous attirer quelque vilaine affaire. Rends aussi ce que tu as, si elle le réclame.

Marguerite alla dans sa chambre où était déjà sa sœur, et peu d'instants après toutes deux revinrent et déposèrent sur la table quelques pièces de bijoux volées.

Mais Catherine Vercasson, qui savait au juste son compte, réclamait toujours quelque objet absent, ne voulant pas recevoir la restitution sans que tout y fût.

Ce manège menaçait de se prolonger longtemps encore, lorsque la mère intervint et d'un ton qui ne souffrait pas de réplique dit :

— Dépêchons-nous, mes filles, donnez tout à cette femme et qu'elle débarrasse la maison.

Si elle se plaint à quelqu'un après qu'on lui aura rendu ce qu'elle a perdu, sa langue pourra lui coûter plus cher qu'elle ne pense.

— Ah ! si nos hommes n'étaient pas loin de la maison aujourd'hui, dit-elle plus bas, en serrant les poings, ça ne se passerait pas comme cela et on verrait à faire le compte de chacun.

La menace était toujours le plus naturel argument des gens de Peyrabeille, et ce système ne leur réussissait que trop bien.

Dès que Catherine Vercasson et ses compagnons de route se furent éloignés de Peyrabeille, ainsi que la femme Martin s'en était assurée par une fenêtre du premier étage de l'auberge, une violente querelle éclata entre l'aubergiste et ses filles.

Elle était redescendue à la cuisine dans un état de surexcitation difficile à décrire.

— Voilà ce que vous faites, criait-elle, avec vos bêtises. Vous avez failli nous mettre une vilaine affaire sur les bras, avec cette femme que vous avez laissé échapper, pour qu'elle nous vende après.

Il fallait ne pas y toucher ou bien lui fermer la bouche. Il n'y a que les morts qui ne parlent pas.

Ah! si Pierre ou Jean avaient été ici, ça ne se serait pas passé ainsi.

— Mais c'est vous-même, répliqua l'aînée des filles à sa mère, qui n'avez pas voulu qu'on fasse autrement.

— Oui, parce qu'il y avait des clients dans la maison et qu'il ne fallait pas s'exposer à quelque scène avec cette femme si on l'avait manquée. Mais vous vouliez des bijoux, ils vous tiraient les yeux, et vous en avez pris jusqu'à ce qu'on puisse s'en apercevoir. Ah! cette femme nous causera quelque malheur, bien sûr.

Elle va chanter partout à Lanarce qu'on l'a volée à Peyrabeille et qu'elle s'est fait rendre ses objets. Demain les gendarmes peuvent venir.

— Il n'y a pas à craindre, dit la même fille. Personne n'a rien vu et nous soutiendrons que cette femme n'avait pas fermé sa boîte et que c'est pour lui faire une plaisanterie que nous lui avons pris cela.

— Oh! les gendarmes nous connaissent bien, ajouta Marguerite Martin, pour rassurer sa mère. Marie est trop bien avec le brigadier, fit-elle en clignant de l'œil et en riant, pour qu'il veuille nous ennuyer.

Il comprendra bien que les demoiselles de Peyrabeille ont assez d'argent pour ne pas être obligées de voler des bijoux.

Les autres gendarmes sont de bons enfants que papa a soin de régaler quand ils passent ici, et on leur fera voir ce qu'on voudra. Pour moi, je n'ai pas peur.

— Tout ça est très commode à dire, fit la mère, mais si votre père le savait, il ne serait pas content, et il y aurait de quoi.

— Il vaut mieux ne pas le lui dire, fit observer l'aînée.

— Certainement, et s'il l'apprend par quelque bruit de Lanarce, nous dirons toutes que c'est une invention, ajouta résolument la mère Martin.

— En attendant, reprit Marie Martin, j'ai gardé une petite chaîne en or, et la vilaine femme n'y a vu que du feu.

— Et moi, une belle jeannette aussi en or, dit à son

tour la cadette, et Marie a partagé avec moi les deux louis qu'elle avait trouvés dans la poche de la marchande.

— Eh bien, réclama la mère, je n'aurai rien pour mes embarras, moi ? Vous vous partagez tout comme si je ne comptais pas. C'est ce qui s'appelle ne pas se gêner.

Les deux filles se regardèrent pour se consulter sur le cas qu'il convenait de faire de cette observation de leur mère.

— Tenez, dit Marguerite, moi j'aime mieux vous laisser ma part. Mon mari est assez riche pour que je n'en aie pas besoin, et c'est bien juste que vous ayez quelque chose.

Elle donna la pièce d'or à sa mère qui la mit dans sa poche, sans plus de récriminations, avec une satisfaction de cupidité mal dissimulée.

A ce moment-là, les hommes rentraient des champs et la mère Martin fit avec son doigt un signe énergique qui devait suffire à rappeler le pacte de silence convenu un instant avant.

Mais à Lanarce, l'aventure de Catherine Vercasson fit quelque bruit.

Les deux témoins qui avaient accompagné la malheureuse avaient pu recevoir d'elle la confirmation du vol dont elle avait été victime et de la restitution qu'elle avait obtenue.

Elle était encore sous le coup d'une très vive émotion lorsqu'elle était sortie de l'auberge de Peyrabeille, et elle avait raconté à ses compagnons de voyage tous les détails et les incidents de la scène qui s'était passée à l'intérieur.

Elle n'avait pas manqué de répéter mot pour mot les menaces qui avaient clôturé cet entretien, et les deux hommes s'étaient regardés comme mus par une expression de même crainte.

Du moment où ils sont capables de voler les gens comme cela, avaient-ils répété en chœur, ils sont capables de faire pis encore.

Cette conclusion était celle de tous ceux qui avaient à souffrir de quelque attentat des aubergistes de Peyrabeille, et elle aboutissait aux mêmes résultats, le silence prudent des victimes.

A Lanarce, on causa tout bas de l'histoire de la marchande de bijoux, et les mieux renseignés ne manquaient pas d'ajouter avec la circonspection des paysans : on dit bien que ça s'est passé comme cela, mais il n'y avait pas de témoins pour le voir.

On ne persuadera jamais au montagnard, peu versé dans les moyens d'investigation qui sont au service de la justice pour découvrir la vérité, qu'un crime ou un délit puissent être prouvés s'il n'y a pas de témoin vivant et présent de ce crime ou de ce délit, au moment où il a été perpétré. C'est sur ce préjugé que plus d'un meurtrier et plus d'un voleur ont fondé l'espoir de leur impunité, comme le démontrent la plupart des causes criminelles où figurent des paysans.

Quoi qu'il en soit, on n'entendit plus parler de Catherine Vercasson ni de son affaire, et elle s'était hâtée, sur le conseil même de ceux qui l'avaient obligée, de quitter Lanarce et de changer sa route pour s'éloigner au plus vite d'une contrée où pouvait encore la poursuivre la colère des gens de Peyrabeille.

André Peyre.

—

Deux ans après, c'est-à-dire en 1828 et vers la fin de juillet, une tentative criminelle faillit ensanglanter de nouveau l'auberge de Peyrabeille, et ce ne fut qu'à des circonstances absolument indépendantes de la volonté de la terrible bande des Martin Blanc qu'elle manqua son effet.

Voici dans quelles circonstances :

Un petit propriétaire de La Sauvetat, nommé André Peyre, se rendait à cette époque à Largentière, où il avait une affaire d'argent à régler avec un notaire pour la succession d'un de ses parents qui lui était échue dans cet arrondissement.

La Sauvetat, qui est un petit village de la Haute-Loire dépendant du canton de Pradelles, est placé sur la grande route royale du Puy au Rhône.

Il est au nord de St-Paul de Tartas et de Pradelles dont il n'est guère éloigné que de trois lieues et demie à peine, et il se trouve placé sur la même chaîne de montagnes et à peu près au même niveau que Peyrabeille.

André Peyre qui n'était parti de la Sauvetat qu'après son déjeûner, s'attarda encore en route pour voir quelques amis et débiteurs qu'il devait trouver sur son chemin.

Ce ne fut qu'assez tard vers le soir, qu'il arriva devant Peyrabeille, accablé par la chaleur du jour et par la fatigue d'un voyage qu'il avait notablement allongé par ses détours.

Il se décida à s'arrêter à l'auberge de Martin et à y passer la nuit, afin de pouvoir se remettre en route le lendemain dès la pointe du jour.

Il avait demandé une soupe, et peu après l'avoir mangée était allé se jeter sur le foin de la grange pour y dormir quelques heures.

Tout en soupant, André Peyre avait subi de la part des gens de l'auberge, un de ces petits interrogatoires familiers qui étaient dans les habitudes de ce coupe-gorge, et permettaient d'être fixé sur le plus ou moins d'avantages qu'il pouvait y avoir à faire disparaître les voyageurs pour s'approprier leur argent ou leurs bagages.

André Peyre avait raconté l'objet de son voyage avec cette facilité imprudente qu'apportent presque toujours les gens de la campagne à mettre le premier venu au courant de leurs affaires de ménage et d'intérêt.

Il avait fait connaître ainsi qu'il portait quelqu'argent sur lui pour régler des droits de succession et des frais de justice.

Cela suffisait pour le désigner aux entreprises criminelles des féroces et cupides aubergistes de Peyrabeille.

André Peyre reposait depuis deux ou trois heures environ sur un tas de foin, dans un coin de la vaste grange attenant à l'auberge et communiquant avec le premier étage, lorsqu'il se sentit brusquement tirer par les deux pieds.

Ce mouvement de traction fut si violent que le pauvre homme, encore tout alourdi par ce premier sommeil, le plus profond, tomba sur le plancher comme une masse et ne comprit tout d'abord rien à cette attaque imprévue.

Dans l'obscurité où était plongée la partie de la grange où il se trouvait, il ne pouvait reconnaître à qui il avait affaire.

— Que me voulez-vous, dit-il tout ahuri, en se relevant, dès qu'il eût recouvré un peu ses esprits et que le sentiment du danger lui fut apparu ?

Mais son agresseur ne répondit pas et chercha à le ressaisir par la tête pour le frapper plus sûrement. Une lutte s'engagea dans l'ombre entre ces deux hommes.

André Peyre se défendait avec toute la vigueur

dont il était capable, car il avait compris que sa vie était menacée.

En repoussant son adversaire, et en portant les mains devant son visage, comme on le fait instinctivement lorsqu'on a à lutter dans l'obscurité, il avait senti un corps dur et froid comme un objet en fer, que devait tenir dans sa main l'agresseur avec lequel il était aux prises.

Il se mit alors à crier de toute la force que lui laissait l'émotion : ah brigand ! tu veux donc me tuer, assassin, au secours !

Au même moment un bruit sourd comme un roulement prolongé et un cliquetis répété de coups de fouet se faisait entendre au dehors.

Ces bruits se rapprochaient et devenaient de minute en minute plus distincts.

Les voix de plusieurs hommes poussant les cris habituels aux voituriers qui veulent arrêter leurs équipages, se reconnaissaient parfaitement, et la trépidation des murs indiquait que les lourds attelages étaient assez rapprochés de leur base pour leur imprimer cet ébranlement.

Aussitôt l'agresseur d'André Peyre parut hésiter dans la lutte forcenée qu'il avait engagée avec lui et subitement lâcha prise.

Il se dirigea vivement du côté de la porte de sortie donnant sur le premier étage et derrière laquelle il avait entreposé sa lampe, dont la lumière n'éclairait que la partie du mur correspondant à l'entrebâillement de la porte.

Lorsqu'il ouvrit plus largement celle-ci pour se faire passage, cet homme se trouva en pleine lumière, et André Peyre n'eut pas de peine à reconnaître Pierre Martin lui-même, l'aubergiste de Peyrabeille.

Ah ! c'est toi, lui cria-t-il, qui voulais me faire un mauvais parti, je te reconnais, vas, brigand.

— Tu es bien heureux que j'entende ces gens qui arrivent chez moi, lui répondit Pierre Martin, en s'arrêtant à peine sur le seuil de la porte, et son accent avait cette intonation brutale et cynique qui donnait le frisson et déconcertait ses victimes.

André Peyre n'essaya même pas de courir après cet homme et de lui faire payer chèrement cette tentative dont il ne pouvait plus douter après de tels aveux.

Il avait entrevu rapidement la grande porte de la grange qui donnait accès sur la route, par un plan incliné en terre, et il s'était hâté d'en rechercher la place, au plus vite.

Mais il était si troublé par la frayeur de voir revenir le terrible ennemi auquel il venait d'échapper, qu'il eut les plus grandes peines à retrouver le verrou et à ouvrir cette issue.

Il y parvint cependant, au bout de quelques instants, et s'échappa à toutes jambes.

Il aperçut à l'extrémité de la longue remise une file de lourdes voitures attelées de bœufs et de chevaux, qui allait pénétrer par la grande porte du nord de la remise, mais il ne s'attarda pas à un plus long examen et courut comme un lièvre traqué par les chasseurs, dans la direction de Lanarce.

André Peyre n'avait dû son salut qu'à l'arrivée attendue, paraît-il, pour le matin seulement, de ces voituriers qui allaient enlever une coupe de bois dans la forêt de Bauzon, ainsi que les enquêtes de la justice le constatèrent plus tard, lorsque cette tentative criminelle vint à leur connaissance.

Pierre Martin opérait donc quelquefois seul, lorsqu'il croyait pouvoir le faire sans danger pour lui, ou que le concours de quelque aide lui faisait défaut.

Mais le plus souvent, c'était en compagnie de Rochette son domestique et de son neveu André Martin qu'il se livrait à ces entreprises criminelles.

———

Jean-Baptiste Bourtoul.

Ainsi, le 1er septembre 1830, c'était foire à Langogne, petite ville de la Lozère, à laquelle les propriétaires et fermiers de cette partie de l'Ardèche qui confine à la Lozère ne manquent pas de se rendre pour ces grands marchés, où se traitaient d'importantes affaires en bétail ou en laines.

Langogne qui dépend de l'arrondissement de Mende dont il est un chef-lieu de canton des plus populeux, est situé à une altitude de 900 mètres, au confluent du Langoyrou et de l'Allier, et n'est pas à une distance de plus de deux lieues et demie de Peyrabeille en ligne droite. Mais la distance est double par la route qu'il faut suivre en voiture ou à cheval, car alors on doit passer par Pradelles. C'est un grand détour, et on est obligé, pour le faire, de revenir vers le sud.

Mais entre le plateau de Peyrabeille et la vallée de Pradelles, il y a une série de montagnes dont le niveau n'est pas inférieur à 1,100 mètres, et au milieu desquelles se découpe la vallée de l'Espezonnette, dont la source est à Lachavade et qui va se jeter dans l'Allier bien au-dessous de Langogne, un peu au dessus de La Vigière, dans la commune de Cellier du Luc.

Vers les trois heures du matin, l'aubergiste de Peyrabeille, Jean Rochette son domestique et André Martin son neveu, étaient partis ce jour-là, ensemble, pour se rendre à cette foire.

Ils étaient tous trois munis de ces longs bâtons noueux que portent tous les gens de la campagne qui conduisent des bestiaux en foire ou comptent en ramener. Ils ne suivirent pas la grande route, mais prirent par des chemins plus directs, quoique plus difficiles, en passant par Lavillatte, la gorge de l'Espezonnette et Lespéron, d'où ils arrivaient à Langogne après trois heures de marche.

Il fallait vraiment avoir le jarret d'un contrebandier et la connaissance profonde de tous les sentiers de la région, pour suivre un itinéraire aussi hérissé d'obstacles.

Mais, nos trois larrons devaient tenir surtout à ne pas rencontrer sur leur chemin trop de témoins de leur voyage, afin de se réserver au besoin quelque alibi.

Ils étaient depuis quelques heures déjà à Langogne, observant les uns et les autres, épiant les marchés qui se concluaient et l'argent qui passait de main en main, réussissant parfois à subtiliser la bourse de quelque paysan ivre ou naïf, lorsqu'ils firent la rencontre d'un nommé Jean-Baptiste Bourtoul.

C'était un gros fermier de St-Alban-en-Montagne, que connaissait très bien Pierre Martin, pour l'avoir quelquefois rencontré dans les diverses foires du pays.

Bourtoul avait été surpris par ces singuliers amis au moment où il venait de faire une *pache* de trente cinq moutons, avec un paysan de la Ribeyre.

Il allait payer son troupeau lorsque Pierre Martin, Jean Rochette, et André Martin, qui avaient échangé rapidement quelques paroles pendant que Bourtoul rassemblait ses bêtes, lui dirent qu'il avait bien le temps de régler son marché avant la fin de la foire, et l'invitèrent à venir manger un morceau et boire bouteille avec eux.

Chacun remplit son rôle et fit si bien que Bourtoul, homme assez faible de caractère, se laissa convaincre.

Il abandonna son troupeau au vendeur en le priant de le lui soigner jusqu'à ce qu'il revînt pour en prendre possession et lui régler son compte.

Le vendeur qui connaissait son homme et pouvait avoir toute confiance en lui, ne fit aucune difficulté.

Bourtoul suivit les gens de Peyrabeille qui s'étaient emparés de sa personne avec toutes les démonstrations hypocrites d'une amitié et d'une joie qui ne pouvait que séduire et tromper le pauvre diable.

Ils l'introduisirent dans une auberge connue sous le nom de la Foresteyre, parce qu'elle était tenue, croyons-nous, par la veuve d'un ancien garde de la forêt de Mercoire, retirée à Langogne.

Là, ils se mirent à manger, à boire et enfin à jouer aux cartes.

La gaieté était dans son plein, quoique Bourtoul perdît une assez jolie somme avec les trois larrons qui l'avaient entrepris, et s'entendaient à merveille pour mettre les bonnes chances de leur côté et corriger les caprices du hasard.

Ces gens-là avaient devancé les bonneteurs d'aujourd'hui qui font le désespoir de la police, et ils pratiquaient tous les genres de vol.

Bourtoul qui commençait à trouver la petite fête un peu trop cher pour sa bourse, et craignant de se trouver à court pour payer ses moutons, fit mine de se lever et de se retirer, prétextant avec raison qu'il était attendu par son vendeur.

Lorsque Bourtoul se leva avec une certaine résolution pour quitter ses amis et la table, Jean Rochette, sur un signe de Pierre Martin, avait saisi le fermier par le bras afin de le forcer à se rasseoir.

— Je ne peux pas rester davantage et j'ai besoin

de mon argent pour payer mes moutons, dit Bourtoul en se débattant un peu pour résister aux instances de Rochette et de ses deux acolytes, sans remarquer jusque-là, l'expression singulière qu'avait prise la physionomie de ces bandits.

— On ne quitte pas les amis comme cela, fit observer Pierre Martin d'un air à la fois narquois et méchant.

— C'est clair, ajouta Jean Rochette, et nous ne l'avons pas amené ici pour les beaux yeux.

— Ah oui, c'est pour me faire perdre tout mon argent comme j'ai commencé à le faire ?

— Certainement, répondit Jean Rochette, et si tu ne veux pas le perdre au jeu, il faudra bien que nous l'ayons autrement.

En disant cela, la figure de Rochette avait pris une expression de férocité qui n'échappait pas à Bourtoul, et lui inspirait un vif sentiment de crainte.

Puis en proférant ces menaces, Rochette s'était levé comme prêt à les mettre à exécution, et ses deux complices l'avaient imité.

— Tu as plus de sept cents francs dans ta poche, reprit Rochette en mettant la main sur l'épaule de Bourtoul qu'il serrait de plus en plus près, et tu vas nous les donner.

— Vous les donner, s'exclama Bourtoul, mais vous voulez rire ?

— Nous avons fini de rire, dit Pierre Martin d'une

voix étrange, et tu vas bien voir, si tu ne t'exécutes pas rapidement.

Bourtoul qui, au ton de Pierre Martin et à l'attitude de ses deux complices, comprit qu'il était à la merci de gens déterminés à tout pour le dépouiller, prit un parti désespéré.

Il s'élança d'un bond vers la fenêtre qui était sur sa droite et tenta de la franchir pour se sauver.

Mais, comme toutes les fenêtres des maisons de la campagne, celle-ci était basse et étroite et ne pouvait laisser passer un homme qu'à grand peine et non sans efforts.

Aussi, Bourtoul ne put-il la franchir d'un premier bond, comme il l'espérait, et fut d'ailleurs aussitôt saisi par Rochette qui lui prit le cou à deux mains et voulut l'étrangler.

Au même moment, André Martin se jetait sur Bourtoul, armé d'un couteau à virole, comme ceux qui se fabriquent à Montpezat, et étaient alors d'un usage si fréquent dans toutes les querelles et les rixes des gens de la montagne.

Bourtoul poussa un cri terrible en se sentant aux mains de ces misérables et frappé par eux, mais personne ne vint à son secours.

Le coup porté par André Martin l'avait atteint au ventre, mais sans pénétrer profondément. Néanmoins Bourtoul avait bondi sous cette piqûre douloureuse et il avait d'un coup de pied violent renversé André

Martin qui alla tomber sous la table en laissant échapper son arme.

Il se releva fou de rage, ramassa son couteau et allait cette fois faire payer cher à Bourtoul cet acte de légitime défense.

Mais Jean Rochette l'arrêta d'un geste énergique et le désarma de la main qui lui était restée libre, car de l'autre il tenait toujours Bourtoul par le cou.

— Vas, laisse-le, dit Pierre Martin, il ne faut pas verser de sang ici, nous aurons son argent sans cela.

— Oui, oui, ajoutait le neveu en bégayant de fureur, mais il me faut la vie de cet homme, il m'a frappé.

Pierre Martin eut beaucoup de peine à calmer son digne neveu qui eût voulu achever son œuvre de sang.

Mais Jean Rochette n'avait pas perdu son temps dans une lutte stérile, Bourtoul terrifié par l'attaque dont il était l'objet, n'essaya pas de lutter plus longtemps, lorsqu'il vit qu'aucun secours n'était à attendre.

Il se laissa prendre l'argent qu'il portait sur lui, et cette opération ne fut pas longue, car les trois bandits se mirent en devoir de le fouiller pendant que Rochette ne le lâchait pas, et serrait plus fortement la victime à la moindre tentative de résistance.

Bourtoul pleurait de rage de se sentir ainsi dépouillé de tout son pécule sans pouvoir se défendre.

— Misérables, geignait-il, vous aurez donc le cœur de ruiner un pauvre diable qui a besoin de son argent !

— Ah ! ah ! ricana Rochette, toi, un pauvre diable, un Crésus, tu trouveras bien du crédit à Langogne ou ailleurs pour payer ce que tu dois.

— Et si tu parles, ajouta Pierre Martin, en forme de recommandation, tu n'en seras pas quitte à si bon marché. Nous te retrouverons à ta ferme et tout y passera. Tu peux t'en aller maintenant et surveille ta langue, si tu ne veux pas finir par nos mains.

Bourtoul se hâta de prendre la porte, et malgré le désordre de ses vêtements et les souffrances qu'il endurait au ventre et au cou, il courut tant qu'il put devant lui, comme un homme ivre ou fou.

Il alla jusqu'à la dernière auberge du bourg, où il entra dans un état de prostration et de bouleversement difficile à décrire.

Il demanda un lit et se coucha pris d'une fièvre ardente.

L'aubergiste effrayé, et connaissant parfaitement Bourtoul et sa famille, envoya chercher un médecin qui arriva peu après.

Bourtoul lui indiqua les points où il éprouvait des douleurs et le médecin n'eut pas de peine à constater la blessure faite au bas du ventre,

— Vous l'avez échappé belle, dit-il au malade ; quelques lignes de plus et je n'aurais pas donné bien cher de votre vie, mon pauvre garçon.

Mais ce ne sera rien, le coup a effleuré les chairs, et dans deux ou trois jours il n'y paraîtra plus.

En attendant, vous avez de la fièvre et vous avez bien fait de vous mettre au lit.

Vous avez eu sans doute quelque mauvaise affaire, une querelle ? ça ne manque jamais les jours de foire, et vous n'êtes pas le premier aujourd'hui qui ayez tâté du couteau. Vous êtes des têtes chaudes vous autres *padgels*, et vous avez besoin de vous faire des saignées pour vous calmer.

— Ce n'est cependant pas moi qui ai cherché l'affaire, répondit Bourtoul avec effort, et je ne m'attendais pas à ce qui m'est arrivé.

— Ah ! diable, et comment avez-vous attrapé ça, interrogea le médecin.

— Est-ce qu'on sait, répondit Bourtoul, il y a des gens pour tout faire, des brigands habillés comme du brave monde, dont on ne se défie pas. Ah ! les canailles, ah ! les assassins !

Le médecin voulut bien en savoir plus long, mais soit que Bourtoul fût épuisé par l'émotion et la fièvre, soit qu'il fût rappelé à la circonspection par les menaces des bandits, — il ne fit que marmotter des paroles inintelligibles.

Le médecin habitué de longue date à ces drames

de paysans, dont chaque foire était l'occasion, n'insista pas.

Il avait bien des fois constaté que même au moment de mourir, ces victimes des querelles sanglantes de l'auberge ou du champ de foire, ne voulaient point révéler le nom de leur agresseur ou de leur meurtrier.

Ces gens-là ont une sainte frayeur de l'appareil de la justice, qui vient se mêler à leurs affaires ; puis ils ont peur aussi de susciter de nouvelles vengeances contre les leurs et de perpétuer des inimitiés, toujours féroces et vivaces dans la montagne.

Bourtoul resta pendant trois jours à l'auberge de Langogne, afin de se remettre, et rentra chez lui d'où on était venu le chercher avec une voiture à bœufs.

Personne ne put savoir comment il avait été blessé et par qui son argent avait été volé.

Il donna de cet évènement, des explications plus ou moins vraisemblables, et ce ne fut que deux ans plus tard qu'il fit connaître la vérité à la justice, déjà saisie de crimes plus graves.

Les marchands de Bagnols.

Voici un fait se rapportant à la même époque et qui nous a été raconté par une personne le tenant elle-même de l'acteur principal de ce petit drame qui faillit être victime des gens de Peyrabeille.

Deux marchands de bestiaux, de Bagnols (Gard), se rendaient à la foire du Puy accompagnés par leur domestique de confiance, originaire du Pont-St-Esprit, mais dont le nom, qui importe peu à la chose, n'a pas été recueilli par nous.

Ces deux maquignons et leur domestique voyageaient en voiture, dans une sorte de jardinière à deux roues. Ils portaient avec eux une assez bonne somme d'argent pour faire face à divers paiements et pour effectuer des achats nouveaux.

Peyrabeille se trouvait sur leur itinéraire de façon à ce qu'ils fussent obligés d'y coucher.

C'étaient de solides gaillards comme la plupart de ceux qui faisaient jadis ce rude métier et le font encore aujourd'hui.

Il faut être robuste, en effet, pour supporter les dures fatigues de cette vie essentiellement nomade du maquignon, allant de foire en foire, à de grandes distances parfois, par tous les temps, voyageant le plus souvent la nuit et passant les journées debout à discuter fort et ferme, à boire autant de fois qu'il y a de marchés à terminer ou de comptes à régler, et ne se reposant que peu et dans de misérables auberges, les trois quarts du temps.

Aussi lorsque les trois hommes arrivèrent à Peyrabeille et mirent pied à terre, furent-ils l'objet d'un examen attentif, à la suite duquel on eût pu entendre les gens de l'auberge échanger des réflexions peu gaies, mais qui eussent été rassurantes pour les voyageurs.

Le domestique qui était descendu le premier de la voiture, avait reçu de l'un de ses patrons une forte valise en cuir, de forme allongée et cylindrique, fermée par une chaîne de fer passée dans une série de boucles de cuivre, et retenue à une extrémité par un cadenas solide.

Cette valise qui contenait de l'argent et des effets fut confiée à la garde du domestique qui semblait veiller sur elle comme sur un dépôt précieux et ne la quittait pas des yeux après l'avoir placée à sa portée.

Plusieurs fois, la femme Martin proposa au domestique de le débarrasser de ce porte-manteau en le mettant dans quelque placard ou en le portant dans une chambre, mais celui-ci, en gardien fidèle et jaloux, refusa toujours de s'en séparer en prétextant qu'il lui servait d'oreiller pour dormir.

Les voyageurs soupèrent en joyeuse compagnie, d'ailleurs, car il y avait plusieurs passagers dans l'auberge, et ils allèrent ensuite se coucher.

Le lendemain, tous trois descendirent à la cuisine pour boire le coup du matin, celui qui *tue le ver*, suivant l'expression populaire et pittoresque, et ils se mirent à causer de leurs projets pour la journée.

Ils s'étaient décidés à faire un certain détour pour aller prendre livraison de bestiaux dans quelques fermes écartées du canton de Coucouron.

Comme il n'y avait pas de chemin à voiture pour aller sur ces points et qu'il était plus sûr et plus expéditif d'aller à pied pour ramener le bétail, les deux maîtres maquignons avaient pris le parti de ne pas emmener le domestique et la voiture avec eux, et de le laisser à la garde de leur cheval et de leur valise.

Il avait été en outre convenu que le domestique ne partirait qu'un peu plus tard avec la voiture, pour aller attendre ses maîtres à un endroit désigné, sur la route du Puy, où ils devaient le rejoindre avec leur bétail.

Pendant ce règlement de leur itinéraire, les trois

voyageurs étaient l'objet d'une attention très éveillée de la part des gens de Peyrabeille.

Le domestique s'en aperçut et vit bien qu'il était surveillé, surtout par Jean Rochette, qui tournait autour d'eux sous un prétexte ou sous un autre.

Il comprit que la valise, dont il ne s'était pas même séparé pour dormir, l'ayant mise sous sa tête en guise d'oreiller, comme il l'avait dit à la femme Martin, pouvait bien être l'objet de certaines convoitises, et il surprit quelques signes propres à le confirmer dans ce soupçon. Aussi, dès que ses maîtres furent partis, le domestique des maquignons se tint en garde contre toute surprise.

Il annonça, tout en causant de choses et d'autres, qu'il comptait atteler dans deux heures, pour partir, de façon à être exact au rendez-vous donné.

Il devina bientôt qu'il avait été pris bonne note de ses projets.

Il vit, en effet, au bout d'une heure, Pierre Martin et Jean Rochette sortir de l'auberge, après avoir pris leur fusil et échangé des signes d'intelligence avec la femme qui, en réponse, leur souhaita bonne chasse, d'un air sardonique.

Un quart d'heure après leur départ, le domestique des maquignons qui avait mûrement réfléchi à ce qu'il avait à faire pour échapper aux sinistres projets dont il se sentait le but, prétexta de faire manger l'avoine à son cheval, pour aller à l'écurie, et il emporta la valise en disant qu'il en profiterait pour l'arranger dans le caisson de sa voiture et la fermer à clef.

La femme Martin, voyant cela, imagina plus d'un prétexte pour le retenir à la cuisine et lui faire entendre qu'il avait encore bien du temps devant lui et n'avait aucun motif de se presser.

Le domestique n'en fut que plus sûrement averti du danger qu'il courait en s'attardant et il sortit en disant qu'il allait revenir peu après.

Mais dès qu'il eut rassuré l'aubergiste et pensa qu'il avait endormi sa surveillance, il se hâta d'atteler son cheval et de filer sur la route du Puy, sans prendre même le temps de faire manger l'avoine à la pauvre bête.

Il voulait par ce moyen devancer les gens de Peyrabeille qui, pour sûr, il le prévoyait, devaient être partis pour lui tendre quelque embuscade dans un des passages de la route où la chose était facile.

Il ne se trompait pas, et il eut bientôt la preuve que sa clairvoyance avait seule déjoué les criminels desseins de ces hommes.

Il n'avait pas fait un kilomètre sur la grande route qu'il entendit sur sa droite, la voix forte d'un homme qui lui criait de s'arrêter et lui faisait en même temps les signes dont il est d'usage d'accompagner cet ordre à une certaine distance.

Celui qui le hélait ainsi était Rochette, et il était en compagnie de Pierre Martin.

Tous deux suivaient un sentier de traverse qui abrégeait le parcours suivi par la grande route pour aller dans la direction du Puy, et ces hommes, tout en invitant le domestique à s'arrêter, ce qu'il eut garde de faire, abaissèrent leurs fusils dans sa direction et firent feu sur lui.

Il entendit siffler autour de lui quelques chevrotines, mais ni le cheval ni lui ne furent atteints et n'en poursuivirent leur course qu'avec plus de rapidité.

Le domestique fit un geste significatif aux gredins qui l'avaient manqué, mais Martin et Rochette ne gesticulaient pas moins, et leur pantomime témoignait du plus violent dépit.

Cet incident ne fut connu que beaucoup plus tard et ne fut pas retenu par l'information, faute de preuves d'identité.

Evènements de famille chez les Martin Blanc

En racontant le crime commis sur Bourtoul au mois de juillet 1830, nous avons un peu interverti l'ordre chronologique des faits relatifs aux aubergistes de Peyrabeille.

Mais nous n'avons pas voulu interrompre la succession des crimes connus, par des faits d'un caractère plus spécial à la famille Martin, quoique se rattachant utilement à cette histoire.

Au commencement du mois de janvier de cette année 1830, le jeune ménage Pertuis qui habitait à Peyrabeille avec les grands parents, eut son troisième enfant, une fille, qui reçut le nom d'Appolonie, et fut baptisée le 14 janvier.

Le parrain fut ce même Jean Rochette qui occupait dans la famille Martin-Blanc une place que le terrible aubergiste n'osait même pas lui disputer, et dont la sanglante coopération dans la plupart des crimes, augmentait l'ascendant dans ce ménage d'assassins et de voleurs.

La marraine fut Marguerite Breysse, sœur de la femme Martin, et marraine aussi de Marguerite-Philémon Pertuis.

Peu de temps après cette naissance, c'est-à-dire au printemps de cette année 1830, le ménage Pertuis quitta Peyrabeille pour aller exploiter l'auberge de Chamblazère, que Pertuis et son beau-père y avaient fait construire.

Elle était à proximité de la Croisière de Pradelles et du Puy, et à 5 kilomètres au nord-ouest de Peyrabeille, sur le bord de la route royale qui venait d'être depuis peu rectifiée, comme elle l'est aujourd'hui.

Cette opération faite en commun par les deux hommes Philémon Pertuis et Pierre Martin, est un indice de quelque changement survenu dans les projets des gens de Peyrabeille, qui sentaient le besoin de modifier leur genre de vie et peut-être de se déplacer, à un moment donné.

On ne croit pas, toutefois, que le gendre Pertuis fût au courant des habitudes criminelles de son beau-père, et les anciens habitants du pays s'accordent généralement à dire que Pertuis et sa femme restaient étrangers aux assassinats commis à Peyrabeille, s'ils ne les ignoraient pas absolument.

Ainsi, on raconte que Philémon Pertuis ayant à

cette époque découvert un cadavre humain qui était enfoncé dans un tonneau rempli de son, caché à la cave, brusqua son départ.

Il conseilla également aux parents de sa femme dont il surprit alors l'un des nombreux crimes, d'affermer leur auberge et de se retirer ailleurs.

Ce serait à la suite de cette aventure terrible que cette même année, c'est-à-dire en 1831, Pierre Blanc afferma son auberge principale, mais le fermier l'abandonna peu de temps après, et ce ne fut qu'au mois de mars 1832 que l'auberge fut occupée de nouveau par un fermier.

Le mariage de Jeanne-Marie Martin.

Quoi qu'il en soit, dans cette même année 1831, un autre gros évènement vint encore diviser la famille des aubergistes de Peyrabeille et la réduire à sa plus simple expression.

Leur fille aînée, Marie-Jeanne, se maria le 7 février, avec un habitant des Vans, jouissant d'une certaine aisance et appartenant à un degré social plus élevé que les Martin et leur famille.

Monsieur Joseph-Jules-Adrien Deleyrolles, cultivateur au mas de la Balayère, commune et canton des Vans, avait obtenu la main, assez recherchée d'ailleurs, de la fille aînée, car on la disait et on la savait bien pourvue par ses parents. Il était fils de Joseph-Félix Deleyrolles et de Marie-Arménie de Bayzac, suivant les déclarations faites à l'église.

C'est ici le lieu d'ouvrir une parenthèse et de nous arrêter quelques instants sur cette personnalité assez peu connue aujourd'hui et qui, d'après les témoignages et les souvenirs des contemporains, mérite de conserver une place dans cette histoire.

Jeanne-Marie Martin, qui était née avec le siècle nouveau, avait tardé à suivre l'exemple de sa sœur cadette, qu'elle eût dû précéder dans la voie du mariage.

Elle prenait une part plus active que sa sœur aux affaires de la maison et au trafic de l'auberge.

Nous avons entendu raconter par des vieillards du pays qui l'avaient connue et se rappelaient une foule d'anecdotes curieuses à ce sujet, que Jeanne-Marie avait des allures, des goûts et des habitudes, qui tenaient beaucoup plus de ceux des hommes qu'ils ne sont l'apanage ordinaire des femmes et des jeunes filles surtout.

Elle conduisait sans peine les chevaux de renfort demandés à Peyrebeille par les voituriers qui avaient à franchir la côte de Lanarce, et on la rencontrait à toute heure de la nuit et par quelque temps qu'il fît, accomplissant joyeusement ce travail et partageant les fatigues et les plaisirs de ses confrères rouliers.

C'est parmi eux qu'elle comptait ses adorateurs les plus nombreux dont elle entretenait, avec un certain art, les fructueuses rivalités, par ses capricieuses et changeantes faveurs.

C'est à ces circonstances de la vie de Jeanne-Marie que fait allusion la chanson suivante que nous devons aux obligeantes recherches d'un compatriote, dont le concours nous a été des plus utiles.

Voici cette chanson curieuse et naïve :

LA JEANNETTE

Jeannette s'en va-t-au champ (ter)
Toujours en chantant,
Portant son fouet à son côté,
Et son chapeau d'argent (1)

Son bon ami la suit de près (ter)
Toujours en criant
Jeannette n'allez pas si vite,
Attendez votre amant.

Mon bon ami me suivez pas (ter)
Car je ne vous aime pas.
J'ai bien d'autres amis que vous,
Auguste retirez-vous ;

Jeannette d'où vient tout cela (ter)
Que vous ne m'aimiez pas ?
Après nous être tant aimés,
Il faut donc se quitter ?

Mon bel ami j'ai mal parlé (ter)
Oui je m'en repens :
Si je vous donne un doux baiser,
Serez-vous donc content ?

Jeannette ce n'est plus le temps (ter)
De s'en repentir.
Vous m'avez donné mon congé
Et moi je l'ai pris.

(1) Elle avait une grosse boucle d'argent à son chapeau de feutre, comme en portent les femmes de la Haute-Loire, de la Lozère et de la haute montagne cévénole.

Le Roméo de cette Juliette montagnarde s'appelait donc à ce moment du nom magnifique d'Auguste.

Mais il n'avait pas, semble-t-il, le pouvoir de régner souverainement comme son impérial homonyme, sur le cœur de la fille aînée des Peyrabeille.

Auguste était d'ailleurs un modeste voiturier, originaire de la vallée de Barrès, et qui conduisait les gros équipages de la maison Pradelles, du Puy. C'était un des bons clients de l'auberge de Peyrabeille, car il lui fallait de nombreux renforts, et il y en avait jusqu'à 8 à 10 à l'écurie.

Mais Jeanne-Marie avait aussi attiré plus particulièrement et l'on peut dire, plus sérieusement, l'attention d'un jeune homme du pays qui, par sa profession de garde-forestier et par sa tenue beaucoup plus convenable, répondait mieux au désir qu'elle avait de sortir des rangs où elle était née.

Ce jeune homme était de Lavilatte et s'appelait Robert.

Il n'était pas riche, mais il appartenait à une famille très-honorable et jouissait parmi ses égaux d'une légitime considération, en même temps qu'il avait l'oreille et l'estime de ses chefs.

Il se distinguait d'ailleurs, du fond de la population indigène de ce pays, par une instruction et une certaine éducation qui en faisaient presque un *Monsieur*.

Jeanne-Marie répondait volontiers à cet amour du

forestier et elle l'eût accepté sans trop de peine pour époux.

Robert était intelligent, soigneux de sa personne, courtois avec les femmes et suffisamment passionné pour intéresser une fille qui n'était point gâtée par les sentiments tendres et discrets de ses adorateurs habituels.

Auguste, celui de la chanson, fut bien vite sacrifié.

Son martyre fut, comme celui du garde forrestier Robert, aggravé ou terminé par le mariage de Jeanne-Marie avec le jeune Deleyrolles, mais nous croyons que les sentiments que Robert éprouvait pour la fille des Martin, étaient plus sérieux encore.

Le vrai roman amoureux qui s'était noué entre Robert et Jeanne-Marie Martin durait déjà depuis quelque temps.

Mais il était traversé par un fâcheux, terrible et dangereux rival, dont la surveillance jalouse s'exerçait avec quelque dureté, et n'était pas sans inspirer parfois des craintes à Jeanne-Marie.

Jean Rochette, lui aussi, avait vu peu à peu croître sa passion pour cette fille de ses maîtres, avec laquelle il avait pour ainsi dire grandi, qu'il ne quittait qu'à l'époque où elle allait au couvent de Thueyts, pour en revenir un peu plus instruite et un peu plus demoiselle.

Jean Rochette s'était accoutumé à cette idée que ses maîtres, qui étaient en même temps ses complices et ses débiteurs, reconnaîtraient son dévouement éprouvé et ses loyaux services en lui donnant Jeanne-Marie pour femme.

N'était-ce pas du même coup s'assurer le secret pour les mystères sanglants du passé, faciliter le travail pour l'avenir, et faire profiter des gains si chèrement acquis, celui-là même qui y avait le plus contribué ?

Jeanne-Marie avait bien surpris la pensée de Rochette.

Cela lui était d'autant plus facile, que son imagination n'avait, depuis longtemps, que fort peu d'efforts à faire pour comprendre les humaines passions.

Mais, Jean Rochette lui faisait horreur.

Elle ne pouvait rencontrer ses yeux ardents de fauve en rut, sans éprouver la plus profonde répulsion, et une terreur qui excluait toute affection.

Cet homme, dont l'aspect était effrayant au dire des contemporains, et dont l'imagination de quelques gens frappée de cet aspect a pu même faire une sorte de type sauvage, de nègre ou de mulâtre, s'efforçait bien d'adoucir son regard, de façonner gracieusement son large sourire, pour capter les faveurs de Jeanne-Marie.

Il avait même essayé de forcer ses bonnes grâces, en certaines occasions où il se croyait plus à portée de réussir.

Mais, rien n'y avait fait, et son tourment restait sans écho.

Sa jalousie s'en augmentait, naturellement. Il eût voulu surprendre dans des conditions favorables ce Robert qu'il considérait comme l'unique obstacle à ses rêves ambitieux et amoureux.

Plus d'une fois il fut sur le point d'y réussir. Mais Robert avait été prévenu par Marie-Jeanne, et ce n'est pas à un garde des forêts de Bauzon qu'on peut apprendre à éviter les pièges et à faire tête au danger.

Jean Rochette s'en était aperçu et il avait compris que son rival était homme à ne point se livrer, et dans tous les cas capable de faire payer chèrement sa vie.

Il lui avait fallu cette conviction pour ne pas pousser plus loin ses tentatives de vengeance, c'est-à-dire ses projets d'assassinat sur Robert.

Mais le diable n'y perdait rien, et Jean Rochette se tenait toujours en observation, lorsqu'il avait vent de quelque rencontre possible de Jeanne-Marie avec son amant.

C'est ainsi qu'il les suprit un jour.

C'était vers la fin de l'automne 1830, par une belle soirée claire et presque chaude, pour cet âpre climat où le plateau de Peyrebeille reste parfois enveloppé, pendant de longs jours, dans un épais et humide manteau de nuages bas. Ceux-ci courent en rasant le sol, au gré du vent qui les pousse, et les arbres comme les maisons n'apparaissent plus qu'avec un aspect morne et effacé, à travers ces brumes épaisses.

Ce soir là, disons-nous, on travaillait encore aux champs, pour enlever les récoltes tardives et faire les derniers labours.

Jeanne-Marie était restée seule à la maison, pour soigner le logis, car sa mère était allée voir une parente malade, à la Chapelle-St-Philibert, et les hommes surveillaient les travaux du dehors.

Il n'y avait pas eu de passage de voituriers, ce jour-là, et personne n'était annoncé.

Il y avait une heure à peine que tout le monde avait quitté l'auberge après le dîner pour aller reprendre le travail au dehors, lorsqu'un homme de haute taille et de robuste aspect vint frapper à la vitre de la cuisine, tout en ayant l'air fort attentif à ce qui pouvait se passer autour de lui.

Il portait le costume de drap des gardes forestiers, le briquet pendait à son côté, et une courte carabine était passée à son épaule par une bretelle de buffle.

Sa barbe était longue et noire comme ses cheveux, et tout dans cet homme respirait la force et la santé.

Au bruit qu'il fit à la fenêtre, Jeanne-Marie accourut au seuil de la porte et tous deux échangèrent une longue poignée de main qui ne semblait qu'un gage bien insuffisant de sentiments et de désirs plus tendres.

— Eh bien, Jeanne, vous voilà donc toute seulette à la maison aujourd'hui, et je puis vous dire bonjour.

— C'est bien rare, n'est-ce pas, Monsieur Robert, et l'on nous surveille d'un peu trop près.

— Oui, ma chère Jeannette, et je m'en suis aperçu bien des fois. Ah ! ce vilain diable de Rochette voudrait bien me faire passer un mauvais quart d'heure. Mais je ne le perds pas de vue.

Je crois que s'il faisait trop le méchant, je ne pourrais m'empêcher de lui régler son compte à cet espion.

— Voulez-vous entrer un moment et vous rafraîchir, dit Jeanne-Marie, avec amabilité.

— Vous êtes bien bonne, ma chère amie, mais je craindrais que quelqu'un des vôtres nous trouvât seuls. Cela pourrait vous causer des ennuis. Et cependant, Dieu sait si je serais heureux de me voir accueilli ici par vos parents comme par vous.

— Ah ! monsieur Robert, ce n'est pas ma faute, croyez-le bien, si les choses ne vont pas mieux pour vous.

— Je vous crois, Jeanne. Mais enfin, vous le voyez, je ne puis risquer de vous donner du chagrin et prêter à causer. Voulez-vous sortir un peu, nous serons plus à l'aise pour parler.

Jeanne-Marie, dont Robert n'avait plus abandonné la main, obéit au timide effort que faisait son ami pour l'attirer au dehors. Elle ferma la porte derrière elle et suivit Robert qui l'entraîna vers l'angle de la maison du côté de la remise, et tous deux s'adossèrent à la muraille du côté opposé aux champs où travaillaient les gens de la ferme.

Là, ils étaient loin de tout œil indiscret et pouvaient plus librement échanger de doux regards et de tendres paroles.

Robert se hâta de mettre à profit ces instants de sécurité apparente pour enlacer de son bras la taille de sa maîtresse et mettre sur ses joues et sur ses lèvres impatientes de longs baisers.

Jeanne-Marie, qu'une affection plus sérieuse et plus vive attachait à cet homme, au milieu des faciles aventures dont elle émaillait sa vie nomade, était toute rougissante d'émotion.

Elle ne disputait que faiblement ses bonnes grâces à Robert, qui se montrait d'ailleurs plus modéré que ne l'eût été un amant moins respectueux, et dont l'amour n'eût pas eu le mariage pour objectif sérieux.

Jeanne-Marie le savait bien d'ailleurs, et elle puisait une certaine confiance dans le sentiment plus grave qu'elle inspirait à Robert.

Mais les deux amoureux étaient déjà depuis assez longtemps dans ce tête-à-tête, heureux, échangeant de doux propos et des projets d'avenir pleins de joyeux espoirs, lorsqu'ils aperçurent, encadrée dans l'une des petites fenêtres de la grange, la tête de Jean Rochette.

Son regard farouche était braqué sur eux, et il était évident qu'il avait dû surprendre leurs amoureuses caresses, car le feu de la jalousie et de la haine donnait à ses yeux un éclat terrifiant.

Jeanne-Marie, à cet aspect, fit involontairement un mouvement où l'effroi avait peine à se dissimuler.

Toutefois, elle se souvint bien vite qu'elle était maîtresse de ses actes, et qu'elle avait le droit de commander aussi dans cette maison, dont Rochette n'était en définitive qu'un serviteur, quoi qu'il prétendît à plus haut titre.

Robert fut plus altéré de cette découverte. Il redoutait non seulement la haine de cet homme, qu'il savait être son rival, mais il craignait surtout pour Jeanne-Marie, les durs reproches auxquels elle serait exposée de la part de ses parents si, comme il n'en doutait pas, Jean Rochette dénonçait cette rencontre et son caractère trop intime. Il eût voulu se retirer aussitôt, si Jeanne-Marie, dont une visible pâleur avait envahi le visage, ne l'eût retenu en lui disant :

— Ne partez pas comme cela, il croirait bien que nous avons peur de lui.

Après tout, je ne suis pas fâchée qu'il m'ait vue avec vous, ainsi qu'il a pu nous voir.

Je suis lasse de la vie que je mène ici et il faut que cela finisse.

— Oui, ma chère Jeanne, mais vous allez avoir bien de l'ennui avec vos parents si ce vilain singe leur raconte notre entrevue.

— Eh bien ! répondit Jeanne-Marie avec décision, et en regardant si Jean Rochette pouvait l'entendre, j'aime mieux cela.

Il saura une fois pour toute que je ne suis pas faite pour lui et que je n'en veux à aucun prix.

— Oh merci ! mon amie, vous m'ôtez un grand poids de dessus le cœur, car si vous saviez..... J'avais toujours peur que vous cédiez aux poursuites de cet homme, et je dois vous le dire, je n'aurais jamais pu me faire à cette horrible pensée.

— Et qu'auriez-vous fait, méchant ?

— Tenez, Jeanne, je ne suis pas méchant comme vous dites, quoique dans notre métier on soit obligé d'être dur pour défendre sa vie et son poste ; mais je crois que j'aurais fait un mauvais coup plutôt que de vous voir.....

— Epouser ce grand magot ?

— Certainement.

— Ne craignez rien de ce côté, monsieur Robert, je saurai bien m'en défendre.

— Je vous crois, ma chère Jeanne, adieu donc et à bientôt, car votre père ou votre mère pourraient nous trouver encore seuls et.....

— Et ils verraient que nous sommes de bons amis, n'est-ce pas ?

— Mieux que cela..... j'espère. Et Robert prit de nouveau la main de Jeanne qu'il serra dans la sienne avec toute la tendresse qu'il avait au cœur.

Il fit plus encore, car après s'être assuré que personne ne pouvait les voir, il l'attira à lui et lui mit un chaud baiser sus le cou et sur les yeux. Puis il se sauva.

Jeanne-Marie rentra lentement à l'auberge, encore toute émue des dernières paroles et des dernières caresses de Robert, mais en réalité plus songeuse qu'émue.

Elle se rappelait ce regard méchant et sardonique qui était tombé sur elle et sur son ami Robert, pendant que tous deux devisaient de leurs amours à l'abri de la grande remise.

Elle ne mettait pas en doute un instant que ce vilain homme qui les avait ainsi surpris en flagrant délit d'intimité, s'empressât de raconter à ses parents tout ce qu'il avait vu, et ce qu'il avait entendu, peut-être

Comme elle l'avait dit à Robert, elle prévoyait une algarade, une tempête domestique, et sans être fille à trop redouter des orages au milieu desquels elle avait été élevée pour ainsi dire, cette perspective l'inquiétait.

Elle y pensa longtemps encore, tout en préparant le souper pour le retour de sa mère et des hommes de la ferme, et sa physionomie avait revêtu dans cette circonstance et sous l'influence de ces présomptions, une gravité sombre qui n'était pas dans ses habitudes.

Elle regardait avec inquiétude autour d'elle, et le moindre bruit de porte secouée par le vent lui causait des transes singulières.

A chaque instant, elle redoutait de voir apparaître Jean Rochette, avec sa figure satanique, venant lui demander compte de la scène si tendre qu'il avait surprise un instant avant.

Elle s'était bien promis de lui faire tête avec énergie et de repousser ses menaces comme ses déclarations plus tendres, s'il s'avisait d'y avoir recours.

Mais elle savait cet homme terrible, vindicatif, passionné, et capable de ne reculer devant rien.

Puis, ses propres alarmes étaient encore accrues par celles que pouvait lui inspirer Robert lui-même, qu'elle savait désormais exposé à toute la haine sauvage du domestique, son rival.

Après avoir longtemps réfléchi, elle se redressa comme mue par une décision héroïque.

Son visage s'éclaira d'un sentiment évident de soulagement et de satisfaction.

— Eh bien ! murmura-t-elle, il faut que cela finisse et que je me marie.

Cet homme me fait peur, il m'obsède, et cette vie m'écœure.

Jeanne-Marie ne faisait ainsi que ressaisir la pensée qu'elle avait déjà exprimée en se voyant découverte et observée par Rochette, dans son tête à tête avec Robert.

Mais cette fois, elle parut y mettre tout son courage et toute sa volonté, et l'on sentait bien qu'elle ne fléchirait pas.

L'Explication

Le lendemain, dans la matinée, alors que Jeanne-Marie se trouvait seule à la maison avec sa mère, tous les hommes étant au dehors, la femme Martin, qui depuis quelques instants regardait sa fille avec des airs assez étranges, l'apostropha brusquement.

— Il paraît que tu fais des tiennes, ma fille, pendant que je n'y suis pas et que ton père est loin.

Ce fameux Robert profite de l'occasion pour venir t'en conter et il espère sans doute, qu'avec tes bonnes grâces, il aura aussi l'argent des Martin.

Qu'il n'y compte pas cependant, car ce n'est pas pour des gens comme lui, pour de méchants petits agents sans fortune et sans avenir, que ton père et moi nous avons ramassé péniblement ta dot.

Il ne faut pas que tu penses à des sottises pareilles, je ne le souffrirais pas, vois-tu.

— Mais, maman, je suis cependant en âge de m'établir, et tu n'as pas trouvé mauvais que ma sœur se marie il y a six ans. J'ai trente ans bien sonnés et.....

— Et tu crois que tu peux te moquer de ta mère et de ton père, n'est-ce pas ? dit la femme Martin déjà fort rouge d'émotion contenue et de sourde colère.

— Mais je ne dis pas cela, maman, et vous avez tort de vous tourmenter ainsi. Vous conviendrez bien néanmoins que je ne suis plus une petite fille qu'on peut mener comme un agneau à la boucherie.

— Bref, tu as l'idée de te laisser faire la cour par ce forestier et peut-être de l'épouser.

— Mais il en vaut bien un autre, et une femme ne peut être malheureuse avec lui.

— Sornette que tout cela. Il faut avant tout penser à d'autres raisons, et voir si tu ne peux pas faire un mariage qui convienne mieux à la famille et te conserve au moins à la maison. Car enfin, tu ne peux pas laisser les vieux parents tout seuls, à présent que ta sœur nous a quittés.

— Oui, oui, je comprends ce que vous voudriez. Il faudrait que je me sacrifie entièrement, moi, alors que vous avez laissé ma cadette s'établir à son aise, avant son tour, avec un monsieur riche.

Elle a le droit d'être heureuse, elle, et moi je dois passer ma vie ici, sans jamais songer à goûter du bonheur qui n'est pas fait pour moi, paraît-il

— Mais qui t'empêche de te marier avec un homme

qui t'aimera, te rendra heureuse, tout aussi bien que
ce freluquet de Robert qui t'a ensorcelée, je le vois
bien, et t'a tourné la tête.

Ne sais-tu pas que sans sortir de la maison tu
peux trouver un homme qui ne demande qu'à t'épouser, malgré tous les chagrins que lui cause ta conduite avec les uns ou les autres, et hier encore, il me
pressait pour que je lui promette ta main.

— Nous y voilà donc, maman. C'est sans doute de
ce grand judas de Rochette que vous voulez parler,
de cet homme qui vous a raconté tout ce qu'il a vu
et bien plus encore, sans doute ; lui qui me poursuit
de ses grimaces et de ses déclarations qui me font
horreur ; lui dont je ne voudrais à aucun prix, fût-il
cousu d'or.

Ah ! bien oui, si c'est là le beau mari que vous
voulez me donner, celui que vous m'avez réservé
jusqu'à présent, c'était bien de la peine inutile.

En entendant ces déclarations sortir de la bouche
de sa fille aînée, avec une énergie presque farouche,
la femme Martin était stupéfaite.

Jamais, peut-être, elle n'avait rencontré une pareille révolte autour d'elle.

Son mari pliait sous sa barre, et Jean Rochette
était l'esclave de ses charmes, soumis jusqu'au crime,
volant, pillant et tuant à sa merci.

Aussi fut-elle un moment à se remettre d'une pareille surprise, et d'ailleurs elle suffoquait de colère et d'humiliation.

— Ainsi, malheureuse, reprit-elle d'un ton à la fois sardonique et menaçant, tu veux me braver, tu veux faire à ta tête, tu ne tiens aucun compte de mes désirs et de ceux de ton père, tu prétends épouser qui te plaît ?

— Mais pourquoi pas ? répondit avec audace Jeanne-Marie, tout en soutenant avec peine le regard méchant et froid de sa mère.

Monsieur Robert m'aime, je crois, et nous nous convenons. Depuis qu'il me fréquente, je n'ai eu qu'à me louer de sa discrétion et de ses bonnes manières. Il a pour moi des égards et un respect que les autres n'ont jamais eus et son affection est sérieuse.

Que m'importe à moi qu'il soit peu fortuné, on est toujours assez riche quand on s'aime et qu'on est d'accord en ménage, et je suis habituée au travail tout comme une autre.

Quant à lui, il a une position modeste, il est vrai, mais il est encore jeune et pourra faire mieux encore.

— Oui, avec ta dot, n'est-ce pas, et tu comptes que nous nous saignerons pour le profit de ce beau galant ?

— Que m'importe ! je vous l'ai dit, nous saurons bien vivre sans tout cela.

— Ah ! tu crois que ça va tout seul, pourvu qu'on

soit marié, et que tu peux te passer de l'argent que tes parents ont si péniblement ramassé pour toi, ingrate, pour te faire faire un beau parti, comme à ta sœur ?

— Tenez, maman, ne parlons pas de cet argent, il ne me tente pas. Le bien de Peyrabeille ne fera jamais profit, car rappelez-vous le proverbe de nos montagnes : *Quon dou diablé vé l'oniel, dés lou diablé s'en vas lo pel* (1).

— Malheureuse ! s'écria la mère, peux-tu bien nous reprocher cette fortune qui n'a été ramassée que pour toi, pour ta sœur, car enfin, nous sommes vieux, ton père et moi, et ce n'est pas pour nous que nous l'avons cherchée à tout prix..... même en tuant les gens, ajouta-t-elle d'un ton plus sourd.

Et toi-même, ne nous as-tu pas aidés, et n'étais-tu pas la première à vouloir de belles choses, des bijoux, des dentelles, du beau linge fin ; rappelle-toi..

— Oui, tout cela me fait horreur aujourd'hui, et je ne veux pas lier ma vie à celle d'un homme qui pourrait toujours me dire ce que tu me dis là.

— Ainsi, tu ne veux pas épouser Jean ?

— Non, ne m'en parle pas, et dis-lui bien de me laisser en paix, car s'il me poursuit encore, je fuirai

(1) Proverbe patois qui signifie : quand du diable vient l'agneau, au diable s'en va la peau, variante de cet autre proverbe : bien mal acquis, ne fait pas profit.

la maison, j'irai n'importe où, je mendierai sur les routes, s'il le faut.

— C'est bien, dit la mère, d'un air résolu.

Tu n'épouseras pas Rochette, mais tu renonceras à Robert, et puisque tu veux te marier en dehors de la maison, nous te chercherons un mari, comme il faut que tu en aies un, avec la fortune que nous avons.

Il ne manquera pas d'hommes pour te demander, en y mettant le prix.

Mais, souviens-toi que quoi qu'il arrive, aussi loin que tu sois de Peyrabeille, tu dois avoir oublié tout ce que tu as vu et entendu ici depuis que tu as vu et compris.

— Cela est superflu, tu le sais bien. Ne serait-ce pas me trahir moi même ?

A ce moment, Jean Rochette, qui devait écouter derrière la porte de la cave, car les rideaux de cette porte s'agitaient depuis quelques instants, entra.

Il fit signe aux deux femmes qu'un des ouvriers de la maison était à côté et pouvait entendre ce qui se disait, tout comme il l'avait entendu lui-même.

En effet, cet ouvrier avait entendu cette longue et édifiante discussion de famille, et c'est par lui que ces détails sont parvenus à notre connaissance.

Dès ce moment, la mère et la fille ne parleront plus de rien, et la femme Martin fit même un signe assez éloquent à Jean Rochette pour lui indiquer que tout avait été inutile et qu'il n'avait qu'à s'en aller.

Rochette qui avait préparé toute cette scène violente, en excitant les ressentiments de la femme Martin contre sa fille, espérait en retirer quelque chose de plus conforme à ses désirs.

Aussi, avait-il suivi avec une vive attention, les phases de la discussion engagée entre les deux femmes, tout en ayant pour prétexte de ranger des récoltes à la cave qui communiquait avec la cuisine.

Mais il avait remarqué que l'ouvrier obligé d'apporter les récoltes du dehors, faisait des arrêts assez longs dans la cave, à chaque voyage, et pouvait ainsi recueillir les paroles échangées, sur un ton un peu élevé.

Toutefois, s'il avait eu la certitude que l'indiscret avait pu entendre quelque chose, peut-être le malheureux eût-il payé fort chèrement cette indiscrétion peu volontaire.

Jeanne-Marie qui n'avait, paraît-il, que des passions peu profondes, et n'était pas fille à lier trop longtemps son avenir à des difficultés matrimoniales qu'elle entrevoyait comme inextricables, laissa refroidir ses relations avec Robert le forestier, de Lavilatte.

Elle avait obtenu ce qu'elle désirait avant tout, c'est-à-dire qu'il ne fût plus question de son mariage avec Jean Rochette, dont la froide cruauté et l'insatiable férocité l'avaient fait tant de fois frémir pour les siens et pour elle-même.

Mais dès ce jour, il avait été tacitement convenu entre sa mère et elle qu'on la marierait, et qu'elle s'éloignerait de Peyrabeille, où sa présence n'était guère plus compatible avec celle de Rochette, le maître réel de la maison, et dont la sombre rancune ne pouvait que s'augmenter d'un refus aussi humiliant pour lui.

Car il est des paroles que nous n'avons pu rapporter et qui dans la discussion violente entre Jeanne-Marie et sa mère avaient en même temps cinglé le visage du domestique et stigmatisé les honteuses familiarités de sa mère avec cet homme.

Jean Rochette avait dû les entendre ces reproches sanglants, jetés à la tête de sa maîtresse, et tout son sang avait dû lui monter au cerveau comme aux heures sinistres où il égorgeait les voyageurs.

Lorsque ses yeux se rencontraient avec ceux de Jeanne-Marie, qui mettait un soin étrange à fuir son regard et sa personne, dans les promiscuités inévitables de la vie commune, c'était le reproche amer et la haine terrible qui pouvaient s'y lire.

Aussi, Jeanne-Marie ne perdait-elle aucune occasion de rappeler à sa mère son désir de fuir ces lieux en s'établissant au plus vite.

Et comme nous l'avons dit plus haut, le mariage

fut arrêté et conclu cette année même avec Deleyrolles.

On fit grande fête à Peyrabeillo, à cette occasion, et les membres de la famille, si nombreux dans le voisinage, se trouvèrent réunis encore une fois dans ce lieu, qui ne devait pas tarder longtemps après, à devenir un désert maudit et le théâtre de sanglantes expiations.

Robert ne se consola de l'abandon de Jeanne-Marie et de l'affront que lui infligeait ce mariage, qu'en donnant libre cours à sa vengeance.

Il ne fut pas étranger aux bruits plus précis et plus accablants qui se répandirent dès lors sur Peyrabeillo.

Ses révélations — car il avait beaucoup deviné et beaucoup appris dans les confidences échappées à Jeanne-Marie — furent de graves charges contre les aubergistes, au moment du procès criminel.

L'amour s'était changé en haine impitoyable, chez cet homme qui avait cru à l'amour de la fille Martin.

Il avait espéré être plus heureux qu'Auguste le voiturier, et que bien d'autres qui avaient arrêté un instant les capricieuses faveurs de cette jeune fille; mais sa déception avait été aussi profonde que son ivresse amoureuse.

Peut-être avait-il rêvé dans une généreuse inspiration de son cœur, de racheter par l'amour cette âme souillée dans ce milieu criminel, et il avait obtenu la plus noire ingratitude. La vengeance devait bientôt dépasser ses espérances.

Après le Mariage

Après toute l'animation et tout le bruit dont avait retenti pendant quelques jours l'auberge de Peyrabeille à l'occasion du mariage de la fille aînée de la maison, le silence et le vide se firent autour des deux vieillards, Pierre Martin et sa femme.

Déjà, comme nous l'avons dit plus haut, Marguerite s'était retirée avec son mari, à Chamblazère, propriété de Philémon Pertuis, son mari.

De là les deux jeunes gens allaient quelquefois à Mazamblard, petit village de la commune de Saint-Haon, situé sur les confins de la Haute-Loire avec l'Ardèche et la Lozère, dans le canton de Pradelles. Philémon Pertuis était originaire de ce hameau, où il avait encore une partie de sa famille, et des intérêts.

Quant à Jeanne-Marie, elle alla habiter aux Vans avec son mari, au milieu de sa nouvelle famille, où elle fut accueillie comme une fille apportant une belle dot.

Malgré les bruits qui circulaient déjà à ce moment avec quelque persistance, rien de grave et de sérieux n'avait été mis au jour, et il était encore permis de considérer les aubergistes de Peyrabeille comme des gens laborieux, honnêtes, enrichis par le travail et le savoir faire.

Si leurs filles, par conséquent, pouvaient apporter dans leur tablier une riche moisson d'écus qui devait faire bien des envieux et des envieuses surtout, on ne pouvait leur en faire un crime, bien au contraire, et ce n'est que deux ans plus tard qu'elles devaient avoir à en rougir et à en souffrir cruellement.

On pourrait supposer que rassurés sur le sort de leurs deux filles richement et honorablement mariées; que libres et en situation de vivre tranquillement et dans une aisance suffisante, les époux Martin vont faire un retour sur eux-mêmes et renoncer à cette vie de brigandage et de meurtre.

Il n'en est rien cependant.

Nous avons montré que le mariage de leur fille cadette Marguerite, quelques années avant, la vie commune avec leur gendre qui passait pour un fort honnête homme, puis l'éloignement du jeune ménage par suite de soupçons et de craintes trop justifiées, n'avaient nullement changé les goûts et les habitudes des aubergistes de Peyrabeille.

Après comme avant le mariage de Marguerite,

avant comme après le mariage de Jeanne-Marie, on continua les traditions de vol et d'assassinat qui s'étaient acclimatées là depuis plus de vingt ans.

Il semble que ces monstres humains aient eu la nostalgie du crime et la soif inextinguible du sang.

Ainsi, à peine Pierre Martin et sa femme venaient-ils de marier Jeanne-Marie et la voir s'éloigner d'eux, que de nouveaux crimes étaient tentés et d'autres accomplis.

Sur l'un d'eux au moins, qui se rapporte à cette année 1831, nous avons des témoignages certains sinon des détails complets.

Rose Ytier.

Au mois de mai 1831, une femme de la Haute-Loire, la veuve Bastidon, née Rose Ytier, partait de Mayres vers une heure du soir, pour rentrer chez elle à Pradelles, comptant faire ce trajet dans le reste de la journée, car elle était vaillante et rompue aux longs voyages.

Elle avait pu terminer toutes les affaires qui l'avaient attirée ce jour-là à Mayres où elle avait quelques parents assez rapprochés, et s'était mise en route d'un pas qui eût défié le meilleur chasseur de ces montagnes, où d'ailleurs le pas doit être plus lent que rapide, plus long que répété, afin de soutenir l'interminable fatigue des montées et des pentes abruptes.

La journée était chaude, le temps orageux, et la veuve Bastidon fut obligée de s'arrêter à La Chavade pour y prendre un peu de nourriture et calmer sa soif, après la rude montée qu'elle venait de franchir.

A Lanarce, elle fit une halte pour voir un parent éloigné qu'elle n'avait pas eu l'ocasion de voir depuis longtemps déjà.

Elle s'attarda ainsi passablement, et il était déjà six heures du soir lorsqu'elle reprit sa route pour Pradelles.

Elle n'arrivait que vers 7 heures du soir à la hauteur de Peyrabeille.

Le ciel était chargé de nuages lourds et noirs. L'orage menaçait d'éclater au premier moment, car déjà de larges gouttes de pluie tombaient sur la route, et des éclairs illuminaient l'horizon dans la direction du sud-ouest.

Cette femme regarda pendant plusieurs minutes le ciel pour l'interroger.

Mais tout dans la nature paraissait annoncer le déchaînement furieux des éléments et les raffales d'un vent des plus violents qui soulevait des tourbillons de poussière, ne laissait aucun doute sur l'intensité, sinon sur la durée de la tempête qui se préparait.

Des éclats de tonnerre de plus en plus rapprochés et terribles soulignaient d'ailleurs les préludes de cette tempête aérienne.

La veuve Bastidon, quoique fort ennuyée de ce contre-temps qui devait peut-être retarder son voyage plus longtemps qu'elle ne l'aurait désiré, se décida à s'arrêter à Peyrabeille pour y attendre la fin de l'orage.

Elle se dirigea vers la porte de l'auberge et souleva le loqueteau, mais ce fut en vain qu'elle fit effort pour ouvrir.

Elle frappa alors quelques coups avec une pierre qu'elle ramassa à ses pieds.

Personne ne répondit tout d'abord. Alors elle approcha son oreille de la porte et elle entendit des bruits de voix, des chuchotements, comme si l'on discutait sur quelque grave affaire.

Parmi ces voix, elle reconnut celle de Pierre Martin l'aubergiste, qu'elle connaissait bien pour l'avoir entendu en d'autres occasions, puis les bruits s'arrêtaient et c'est à peine si de temps à autre quelques mots lui arrivaient.

Cependant comme son attention était fort éveillée, et qu'un vague soupçon venait de s'emparer de son esprit à certains mots, dont le sens ne lui avait pas échappé, elle ne bougea plus et fut tout oreille.

Elle entendit distinctement ces mots, brutalement prononcés par la voix de Pierre Martin :

— Où porterons-nous ce bougre-là ? et une autre voix plus forte et moins contenue qui répondait :

— En tous cas, les fossés autour de la maison sont encore tout fraîchement remués, et il faudra l'enterrer là.

A ces paroles, dont elle ne pouvait ou n'osait

interpréter le véritable sens, en l'appliquant à un être humain, la veuve Bastidon déjà fatiguée par la route et pressée par l'orage qui éclatait avec violence, accompagnée d'une pluie diluvienne, abandonna la porte inhospitalière, fit le tour de la maison, et se glissa dans la grange pour s'y abriter et s'y reposer.

Le temps devenant de plus en plus mauvais, la pauvre femme, sans même songer à prendre quelque nourriture, se laissa gagner par le sommeil et s'endormit profondément.

Mais vers le milieu de la nuit, elle fut réveillée brusquement par le bruit d'une lutte et par les cris qui partaient d'une pièce voisine de la grange et dont la porte de communication entr'ouverte, laissait passer un jet de lumière.

Elle entendit plusieurs cris, puis un dernier, plus faible, comme étouffé et suppliant.

— Ne me tuez pas. Ah! mon Dieu, laissez-moi la vie, gémissait une voix d'homme comme étranglée par la peur ou étouffée par une pression violente.

— Il faut que tu y passes, répondait aussitôt une autre voix, et l'on entendait des gens se débattre et des jurons entrecoupés par le bruit des coups.

Effrayée par cette scène de l'horrible drame qu'elle devinait sans le voir, la veuve Bastidon se leva avec précaution, de façon à ne pas attirer l'attention par le bruit de ses pas, et se hâta de fuir par la grande porte de la grange par laquelle elle s'était introduite.

Elle longeait le mur de la maison pour rejoindre la grande route, lorsqu'à ce moment un homme sauta par une fenêtre de l'habitation et vint s'abattre auprès d'elle pour se relever aussitôt en gémissant de douleur, et pour se sauver.

Cet homme, dans la force de l'âge, était effrayant à voir.

Il n'avait plus qu'une partie de ses vêtements, et les manches comme le devant de sa chemise étaient souillés de larges taches de sang qui paraissaient noires dans la demi-obscurité de la nuit.

A ses plaintes, à peine articulées, la femme Bastidon qui, malgré elle, était restée comme clouée par la surprise et l'effroi devant cet homme, qu'elle comprenait être la victime échappée aux assassins de tout à l'heure, se mit à courir avec lui lorsqu'elle le vit fuir avec terreur cette maison maudite.

La veuve Bastidon suivait cet homme comme machinalement, sans trop savoir pourquoi, mais l'instinct d'une même nécessité et d'un même danger couru l'attachait à ses pas.

Quoi qu'il fît tous ses efforts pour courir plus vite qu'elle, la douleur, et le sang qu'il avait perdu et perdait encore en courant, l'empêchaient de la devancer, et elle faisait tous ses efforts pour ne point se séparer de lui.

Là, sur cette grande route, au milieu de la nuit, cette pauvre femme éprouvait le besoin de s'abriter derrière cet homme et de n'être pas livrée seule aux hasards du chemin, à la solitude effrayante de ce désert.

A plusieurs reprises, tout en marchant rapidement et encore haletante de peur et des efforts de cette fuite précipitée, elle avait essayé de parler à cet homme, de le questionner, mais elle n'avait obtenu pour toute réponse que des plaintes inarticulées ou des paroles inintelligibles.

Lorsque les deux fugitifs furent arrivés à une distance assez grande de Peyrabeille pour n'avoir plus à redouter d'être poursuivis et atteints, ils s'arrêtèrent par un même besoin de reprendre haleine et de se rendre compte du chemin parcouru.

C'est à peine si la masse sombre de l'auberge se découpait au loin sur l'horizon et pouvait se deviner à une ligne plus raide, plus régulière, que celle de l'arête du sol ou d'une colline.

Après avoir sondé du regard ces vagues lointains de la route et du plateau, leurs poitrines parurent soulagées d'un grand poids.

L'homme se laissa tomber plutôt qu'il ne s'assit sur le bord du fossé, et du revers de sa manche il essuya son front et son visage couverts de sueur et de sang.

Puis il jeta les yeux sur toute sa personne, et soulement alors, à l'aspect des taches sanglantes dont sa poitrine et ses bras étaient couverts, les dangers qu'il avait courus lui revinrent plus présents à la pensée.

Une violente réaction se fit et il se mit à sangloter, la tête entre ses deux mains.

— Ah ! les misérables, gémissait-il, ils m'ont pris tout mon argent et ils voulaient encore me tuer.

— Ils vous ont volé, demanda aussitôt la veuve Bastidon, pressée de connaître ce qu'elle n'avait pu savoir encore.

— Oh oui, ils m'ont volé, ces brigands, et je pourrais quasi le leur pardonner, mais m'assassiner, assassiner un pauvre père de famille comme moi, presque un voisin, c'est trop de barbarie.

Il n'y a plus de justice si on ne leur coupe pas le cou un jour à ces bandits.

Le malheureux, sur le sort duquel Rose Itier, s'apitoyait d'autant plus qu'elle avait pu le redouter pour elle-même, raconta alors comment il était tombé dans les mains de ces gens-là.

Il avait demandé à souper et à coucher à l'auberge où il était arrivé assez tard, mais il avait été mal reçu d'abord, et ce n'est qu'en insistant et en priant beaucoup qu'il avait pu obtenir quelque nourriture.

Lorsqu'il avait voulu se coucher, on lui avait répondu qu'il n'y avait pas de chambre pour lui,

Il avait alors demandé à coucher sur le foin, à la grange, et c'est avec bien de la peine et avoir chuchoté assez longtemps entr'eux que les maîtres de l'auberge avaient fini par consentir à lui donner asile pour la nuit.

Mais il fallait bien qu'il eût grand besoin de se reposer pour être ainsi resté dans cette maison maudite, car il avait remarqué des allées et des venues inquiètes, et à un moment où il avait ouvert par erreur une petite porte qui donnait sur une chambre du rez-de-chaussée, au lieu de conduire à la grange, il avait aperçu rapidement une forme humaine se dessinant à terre, sous un mauvais sac de toile.

Il avait aussitôt refermé cette porte en disant qu'il se trompait, mais quoi qu'il eût fait tout son possible pour cacher son étonnement et sa frayeur de ce qu'il venait de voir, Martin et sa femme s'en étaient aperçus, et il avait compris à leur mine et à leurs paroles que son indiscrétion involontaire pouvait lui coûter cher.

Pierre Martin avait fait allusion au danger qu'il y avait à avoir les yeux où il ne fallait pas, mais il avait ensuite semblé ne pas y attacher plus d'importance.

Le malheureux poursuivant son récit, entrecoupé toutefois par les questions avides de la veuve Bastidon, et par quelques gémissements que lui arrachaient des lancinations douloureuses dans les parties de son corps meurtries par la chute, ajouta :

— J'allai cependant pour me coucher. Jean Rochette m'accompagna cette fois, en m'indiquant la porte de l'escalier du premier.

— Tu n'as pas besoin d'aller au foin, me dit-il assez brutalement, je vais te donner une chambre. Il y en a une près de la grange.

Et en effet, il me fit entrer dans une petite pièce large comme un mouchoir de poche, où il y avait tout juste un mauvais lit et une table, que j'eus soin de mettre devant la fenêtre pour pouvoir me sauver au besoin.

Il faisait encore frais, mais j'avais laissé cette fenêtre entr'ouverte par précaution.

Puis je m'étais assis plutôt que couché sur le lit, car il était malpropre et avait dû servir à toute espèce de gens.

Il y avait bien deux heures que j'étais ainsi, ne m'étant même pas déshabillé, lorsque je crus entendre un bruit de pas dans les escaliers comme si on montait dans ma chambre.

Je dressai l'oreille, me doutant de quelque danger, et j'allai mettre mon couteau ouvert dans la bride du loquet de la porte, afin d'empêcher qu'on l'ouvrît du dehors, car il n'y avait pas de clef à la serrure.

J'entendis des voix d'hommes et l'une d'elles que je reconnus pour être celle du domestique disait : Il n'y a qu'à rentrer et ce ne sera pas long, car il doit dormir.

Cependant, on frappa trois coups assez forts, sans doute pour s'assurer si je dormais, et comme je ne répondais pas, on souleva le loquet pour entrer.

Voyant qu'on n'y parvenait pas tout de suite et qu'il y avait un obstacle dans le loquet, on secoua d'abord la porte avec quelque précaution, pour ne pas m'éveiller, puis de plus en plus fort et sans craindre de me réveiller cette fois.

Je compris que c'était bien à moi qu'on en voulait et j'eus une peur terrible. Je me vis sans défense contre ces hommes.

Je me rappelai le cadavre que je n'avais fait qu'entrevoir et je me dis que j'étais bien à la merci d'assassins qui faisaient métier de tuer les voyageurs.

Sous les secousses qui ébranlaient la porte, mon couteau glissa et tomba à terre.

Je me précipitai pour le ramasser afin de me défendre, lorsque la porte s'ouvrit brusquement sur moi et faillit me renverser.

Je n'avais pu, dans l'obscurité, retrouver mon couteau, et je me trouvai complètement désarmé en face de deux hommes dont l'un portait une lampe et la dirigea sur moi.

Je reconnus Pierre Martin et c'est lui qui me sauta à la gorge et me frappa sur la tête et les épaules, avec une espèce de masse en fer, pendant que l'autre, le domestique, saisissait ma veste et me l'enlevait d'un revers de main, comme un homme habitué à ce tour.

Mais à ce moment, le courant d'air de la fenêtre et de la porte éteignit la lampe, et ce fut dans l'obscurité que j'eus à me débattre contre ces brigands.

J'avais évité les plus mauvais coups que Martin avait voulu me porter sur la tête, et sa masse de fer n'avait fait que des blessures à la figure et aux bras.

Dans un effort désespéré et me voyant perdu, je m'élançai comme un taureau, avec la tête, contre celui que j'avais devant moi, ayant bien vu que le domestique était derrière, au moment où la lampe s'était éteinte.

Ma tête porta en pleine poitrine et je sentis que mon homme tombait à la renverse, en dehors de la chambre.

Il poussa un cri de rage et un juron affreux, et en même temps je compris au bruit de leur chute que mes deux assassins avaient été renversés l'un par l'autre.

Avec la rapidité d'un éclair, je poussai la porte de toutes mes forces et m'élançai sur la table et de là par la fenêtre ouverte, où j'eus toutes les peines à passer, tant elle était basse et étroite.

Je m'étais ramassé autant que je l'avais pu sur moi-même afin de sauter plus facilement, mais la porte se rouvrit avec fracas et je n'hésitai pas à sauter comme je pus.

C'est alors que vous m'avez vu tomber à côté de vous.

La veuve Bastidon avait écouté avec une attention émue le récit de l'attentat abominable dont cet homme avait été victime et auquel il n'avait échappé que par un véritable miracle de présence d'esprit et d'énergie.

Elle lui raconta à son tour, comment elle l'avait entendu crier au moment où il était sans doute aux prises avec les assassins, et que prévoyant quelque malheur pour elle, elle avait pris la fuite en toute hâte.

Elle questionna bien cet homme pour connaître son nom et sa demeure, mais il ne parut nullement disposé à lui donner satisfaction sur ce point, soit qu'il craignit les indiscrétions de Rose Ytier qui auraient pu l'amener devant la justice comme témoin et plaignant, soit qu'il eût été désireux de ne pas appeler l'attention de cette même justice sur sa personne. C'est ce qui dut arriver souvent à des clients de l'auberge de Peyrabeille, à la fois voleurs et volés, victimes et bandits eux-mêmes.

C'est ainsi que l'on a conservé dans le pays la tradition d'une aventure arrivée à Pierre Martin, vers cette époque, et dans laquelle un sinistre bandit, un nommé Allard, la terreur des magistrats, des gendarmes et des gardiens de prison, avait absolument déjoué les projets des aubergistes et renversé les rôles.

Voici comment l'on raconte cette curieuse histoire, que nous trouvons déjà consignée dans une sorte de roman sur Peyrabeille, publié en 1838, sous le titre de l'*Ossuaire* et qui semble avoir pu recueillir, à cinq ans de distance seulement de l'exécution des criminels, des récits encore vivants dans la mémoire des habitants de cette contrée.

Allard, qui jouissait d'une triste célébrité comme repris de justice et faisait du vol sinon, de l'assassinat, sa profession la plus ordinaire, s'arrêta un jour à Peyrabeille, en allant de St-Chelly à la foire de Beaucaire, pour y exercer son métier.

Il voulait y souper et y coucher.

Mais le soir il s'aperçut aux petits préparatifs qui se faisaient autour de lui, que sa personne était en danger, et qu'il était tombé dans un coupe-gorge.

Il prévint ses aimables hôtes en quittant sa chambre et en descendant à la cuisine, pendant que tous étaient couchés ou occupés dans un autre coin de la maison, et il trouva le moyen de dévaliser ceux qui avaient comploté de le voler.

Pierre Martin trouva sa chambre vide, lorsqu'il vint à l'heure marquée pour l'assassinat, et ce ne fut que quelque temps après qu'on arrêta Allard, pour divers vols dont il était accusé.

Quoi qu'il en soit de la véracité de ce récit, que nous trouvons répété dans le roman plus récemment écrit par M. Jules Beaujoint, soit dans les *Drames célèbres des Cours d'assises*, soit dans les feuilletons publiés à diverses époques par l'éditeur de cet écrivain, avec les mêmes textes, il nous paraît emprunté à la même source que le récit de l'*Ossuaire*, le plus ancien en date.

Les deux récits sont d'ailleurs conformes comme détails et comme rédaction, mais nous n'en trouvons aucune trace dans l'acte d'accusation, ni dans les dépositions des témoins qui ont pu nous être conservées en l'absence du dossier de cette affaire célèbre, depuis très longtemps disparu des archives du greffe de Privas, sans qu'on ait pu en retrouver la trace certaine jusqu'ici.

Nous constatons à ce propos, que nous avons fait et fait faire des recherches nombreuses pour retrouver le précieux dossier ou tout au moins des notes d'audience se rapportant à cette affaire criminelle, et que nos recherches sont restées infructueuses.

Nous aurions voulu, en effet, reconstituer ce drame toutes pièces en mains, car il eût été d'un intérêt poignant, considérable, mais nous avons dû borner nos efforts à la mise en œuvre de documents moins difficiles à recueillir et cependant sérieux et exacts.

Le vol de Cellier.

—

Les aubergistes de Peyrabeille tentaient quelquefois de voler, sans aller jusqu'à faire disparaître les propriétaires des objets ou des sommes d'argent dont ils voulaient s'emparer, comme ils le firent trop souvent.

C'est ainsi que l'année précédente, c'est-à-dire en 1830, un voiturier du nom de Cellier, qui faisait fréquemment le voyage entre le Puy et Aubenas, s'était arrêté à Peyrabeille pour y passer la nuit avec son équipage.

Il avait touché diverses sommes pour le compte de ses patrons à Aubenas, et les rapportait dans le caisson de sa voiture.

Après avoir dételé ses chevaux et remisé, il pensa qu'il n'était pas prudent de laisser son argent dans le caisson, alors que jour et nuit, des gens de toute sorte pouvaient traverser la vaste remise, s'y cacher, et y commettre facilement des soustractions, comme on s'en était plaint plus d'une fois.

Cellier prit le sac d'argent qui contenait environ 600 francs en écus ou pièces d'or, et eut l'idée de confier ce sac à l'aubergiste lui-même, pendant toute la durée de son séjour à l'auberge.

Avant de le faire, il s'établit dans un coin de la remise où il ne pouvait être ni vu ni dérangé, et il recompta soigneusement son argent; puis il ficela le sac avec beaucoup de précautions, faisant nœud sur nœud.

Lorsqu'il le présenta à la femme Martin qui était seule à la maison à ce moment, celle-ci fit, pour la forme, des objections à l'acceptation de ce dépôt.

Mais comme Cellier insistait, elle se borna à lui dire :

— Je veux bien mettre votre argent dans un placard, où je mets moi-même mon argent, mais je ne puis cependant en répondre sur ma tête. On ne sait jamais ce qui peut arriver quand il rentre tant de monde dans ma maison.

— Bah! Bah! lui dit Cellier, si vous y mettez votre argent, je puis bien être tranquille pour le mien, et quand vous l'aurez caché comme les femmes savent cacher l'argent, je suis bien sûr que personne n'ira le trouver.

— Enfin, dit la femme, c'est comme vous voudrez, et vous pensez bien que tout ce que je vous en dis, c'est par pure précaution, car j'ai la clef dans ma poche et on ne viendra pas la chercher là.

L'argent fut bien retiré sous les yeux de Cellier qui n'en demandait pas davantage, sachant les Martin riches et ne se doutant pas de leur cupidité.

Le lendemain matin, au moment de partir, il reprit son sac d'argent, que Marie Breysse ne lui remit pas sans un secret crève-cœur, et en lui faisant remarquer qu'il n'avait pas été touché à la cachette.

Cellier regarda à peine son sac, dont les apparences ne décelaient aucune différence dans l'état des liens et dans l'aspect et le poids.

Il remercia beaucoup l'aubergiste et s'éloigna bientôt avec sa charrette et ses chevaux.

Mais ayant eu besoin de rechercher quelque chose dans son coffre, il sortit le sac d'argent et l'examina à nouveau sans trop se rendre compte de ce qu'il faisait.

Il remarqua que les nœuds de la ficelle qui liaient le haut du sac, n'étaient pas faits comme ceux qu'il avait faits lui-même la veille, et étaient beaucoup plus lâches.

Il tourna et retourna le sac et fut de plus en plus convaincu qu'on avait dû y toucher.

Bref, il l'ouvrit, recompta le contenu, et constata qu'il manquait cent francs en or et en argent.

Lorsque Cellier eut bien reconnu la soustraction dont il avait été victime, il était déjà à quelque distance de Peyrabeille et se trouvait fort contrarié de revenir sur ses pas pour réclamer l'argent qui lui manquait.

Il ne pouvait guère laisser ses chevaux et sa voiture sur la route, sans surveillance, et cependant il ne voulait pas revenir chez son maître avec le déficit qui existait dans sa caisse et dont on pourrait le soupçonner d'être l'auteur.

Il jurait et maugréait, ne sachant trop comment faire, car un retour en arrière de quelques kilomètres retarderait beaucoup son arrivée au Puy, où il était attendu pour ainsi dire à heure fixe.

Il tournait et retournait dans sa tête les idées les plus diverses, lorsqu'il rencontra sur sa route et se dirigeant sur Mayres, deux marchands de bestiaux de connaissance qui se rendaient à une foire du côté de Largentière.

Il leur raconta sa mésaventure et leur exposa tout son embarras dans la circonstance.

L'un d'eux, touché de cette situation, lui offrit de garder sa voiture et ses chevaux afin de lui donner le temps nécessaire pour aller à Peyrebeille et en revenir.

L'autre consentit à l'accompagner et à lui servir de témoin dans la réclamation qu'il devait faire à la femme Martin, et ils se rendirent d'un bon pas à l'auberge.

Lorsque la femme Martin vit entrer Cellier et son

compagnon, elle comprit ce qui pouvait motiver ce retour et parut fort embarrassée d'abord.

Elle cherchait à cacher son émotion, mais elle n'y parvenait que difficilement sous le regard inquisiteur de ces deux hommes.

Cellier aborda carrément la question et lui demanda la restitution de ce qui lui avait été volé.

L'aubergiste le prit de très haut et nia effrontément qu'il ait été distrait quoi que ce soit de ce dépôt, qu'elle prétendit avoir rendu intact et dans le même état où elle l'avait reçu.

Cellier tira son sac de dessous sa blouse et lui expliqua les particularités auxquelles il avait pu constater que le dépôt avait été violé.

Mais la terrible femme n'en voulut pas démordre, et comme les deux hommes paraissaient peu disposés à se contenter de ses dénégations, elle sortit, et un moment après, rentra en compagnie de son mari et du domestique qu'elle était allé chercher à la grange.

Forte de ce secours, elle nia de plus belle et s'emporta en invectives violentes pour masquer sa culpabilité.

Pierre Martin et Jean Rochette prirent alors des attitudes menaçantes et ne laissèrent plus de doute aux réclamants, sur la violence de leurs résolutions, car sous prétexte d'être insulté et calomnié dans l'honneur de sa femme et de son auberge, Pierre Martin s'était saisi d'une hache et faisait mine de se porter aux dernières extrémités sur les deux hommes.

Devant ces menaces, Cellier et son compagnon qui étaient sans armes et n'avaient pas prévu ce cas périlleux, jugèrent plus prudent de se retirer, tout en maintenant leur bon droit, et en traitant comme ils le méritaient ces voleurs.

Peu s'en fallut qu'ils ne pussent accomplir cette sage retraite, car au moment où ils se pressaient pour franchir la porte, Rochette saisit Cellier par le cou et le serra avec fureur; mais la femme Martin lui cria bien fort.

— Laissez partir ces garnements. Ils ont de la chance que ce soit de si bonne heure et qu'on les attende.

Le domestique comprit qu'un crime à cette heure du jour, et sur deux individus, pouvait être embarrassant, et il poussa avec colère les deux hommes par les épaules, aidé par son patron, dont l'état de surexcitation était extrême.

Les deux hommes s'éloignèrent en vomissant des imprécations contre ces bandits et leur repaire.

Mais ils ne se cachèrent pas pour raconter tout ce qui leur était arrivé, et deux ans plus tard, lorsque la justice mit enfin la main sur Pierre Martin d'abord, Marie Breysse, comprenant tout ce que cette scène et ces témoins pouvaient apporter de charges contre son mari et contre elle, qui se croyait encore à l'abri des accusations les plus graves, fit rechercher Cellier et lui proposa de lui restituer ses cent francs s'il voulait se taire.

Mais Cellier, qui avait conservé une rancune féroce et trop légitime contre l'odieuse mégère, lui fit répondre que s'il fallait encore donner cent francs de sa poche pour lui voir couper le cou à elle et à tous les siens, il ne les plaindrait pas.

Aussi, ne manqua-t-il pas d'ajouter son éloquent témoignage à ceux qui accablaient les aubergistes de Peyrabeille.

Mais un vol de plus ou de moins avait une médiocre importance à côté des crimes plus graves qui pesaient sur ces misérables.

Ce vol fut un des plus anciens qui purent être relevés contre les Martin.

On leur en a attribué bien d'autres néanmoins, dans cette période et antérieurement.

Il n'est personne parmi les contemporains de cette famille de bandits et qui ait eu occasion de passer par Peyrabeille, qui n'ait éprouvé quelque pénible crainte en séjournant dans ce Coupe gorge.

Aussi a-t-on usé et abusé peut-être de la légende sanglante et terrible, qui s'est faite autour de Peyrabeille.

Les romanciers qui ont touché à ce sujet, ont mis en scène une série de drames effroyables qui n'offrent pas sans doute, au même degré, des garanties d'exactitude.

Nous laisserons de côté les contes épouvantables dans lesquels le grand four de Peyrabeille joue toujours le rôle principal et semble le moyen couramment en usage pour faire disparaître les cadavres.

Que ce four ait eu quelque part dans la suppression de plusieurs victimes, il n'y a là rien d'invraisemblable, car l'on aurait peine à s'expliquer cette existence de deux fours à si peu de distance, pour la même famille, dans la même maison.

On assure que d'ailleurs, des cendres et des débris d'une nature tout à fait suspecte auraient été retirés de ce four ou de ses alentours.

Mais rien dans les documents versés aux débats, rien dans les considérants des arrêts intervenus plus tard, ne relève un fait ou une présomption un peu formelle à cet égard.

Les histoires de personnages de marque qui auraient trouvé leur fin dans cet horrible supplice ou auraient été consumés après leur mort dans cet antre infernal, doivent donc rester dans le domaine de la supposition et de l'amplification romanesque.

Quant à nous, serrant de plus près la vérité historique, nous ne nous sentons point le courage de remuer ces cendres mystérieuses et d'en faire, par l'imagination, une restauration magique, aussi effrayante qu'il est possible de la rêver.

Tout au plus, nous bornerons-nous à résumer, pour en conserver la légende déjà bien effacée, le drame d'amour et de crime dont Peyrabeille a fourni le canevas à un écrivain de l'époque qui, sous le titre de l'*Ossuaire*, a consacré aux horreurs de ce coupe-gorge un récit à la mode du temps, nébuleux et ampoulé, sentimental à l'excès.

Il serait certes assez difficile de démêler dans ces scènes confuses et ne confinant aux faits connus que par quelques points assez rares, ce qui a été recueilli par la voie de témoignages sérieux, de ce qui a été inspiré de toutes pièces par l'imagination de l'auteur.

Quoi qu'il en soit, voici l'un des plus touchants drames dont Peyrabeille a été ou a pu être le théâtre, ainsi que cela se racontait sans doute au lendemain de la disparition des criminels, puisque le récit en fut publié en l'année 1838, c'est-à-dire six ans après l'expiation.

L'histoire du Colonel.

Tous les romanciers qui ont pris l'Auberge de Peyrabeille pour sujet de leurs publications ont brodé sur le même thème dont nous trouvons l'origine probable dans ce récit de *L'Ossuaire*.

Un colonel jeune, décoré, naturellement, part de Pradelles pour se rendre à un château sans doute difficile à trouver dans l'Ardèche, le château d'Antône, près de Montpezat.

Il voyage dans une voiture légère, avec son ordonnance, un gaillard qui se nomme Joseph et qui n'a pas froid aux yeux.

On se trompe de route, et au lieu de prendre la direction du Monastier on prend celle de Montpezat qui soit, dit en passant, n'est pas plus exacte que celle que l'écrivain fait passer au Monastier en venant de Pradelles à Montpezat.

Ce sont là des détails de géographie avec lesquels les romanciers qui ont écrit jusqu'ici sans connaître l'Ardèche, paraissent peu familiarisés.

S'étant trompés de route, nos deux voyageurs arrivent devant l'auberge de Peyrabeille où ils déjeunent.

Interrogés par les aubergistes sur la direction qu'ils comptent prendre, le colonel et le domestique font connaître le but de leur voyage, alors la femme Martin leur dit qu'ils ne peuvent arriver le soir et les invite à passer la nuit, ce qu'ils refusent.

Mais lorsque le domestique va pour atteler, l'essieu de la voiture est brisé, le cheval est déferré et boite ; l'ordonnance du colonel a remède à tout. L'on part après les réparations faites et l'on arrive au château d'Antône où le colonel d'Elvane va demander la main de la fille d'un général, une riche héritière, mademoiselle d'Orsac. Mais pour compliquer l'aventure, pendant que le colonel est auprès de cette jeune fille, un soldat qui est éperdument amoureux d'elle a déserté pour la revoir. Il se cache, car il est poursuivi par les gendarmes qui sont sur ses traces. Mademoiselle d'Orsac le fait cacher dans une serre, et chaque matin comme chaque soir, elle va s'assurer que son amoureux captif ne manque de rien.

Le colonel s'aperçoit de ces absences qui troublent sa sécurité de prétendant.

Mademoiselle d'Orsac comprend qu'elle ne peut, pour sauver cet homme qu'elle n'aime pas, compromettre son honneur, son avenir, et perdre la confiance et l'affection du jeune colonel d'Elvane dont la tristesse est une révélation pour elle.

Elle congédie honnêtement le déserteur amoureux qui s'appelle Charles.

Celui-ci, désespéré et voulant se donner la mort, a l'ingénieuse idée de tomber, sur sa route, dans le coupe-gorge de Peyrabeille, où il se met à écrire ses dernières pensées sans songer à souper.

En faisant un mouvement, il laisse tomber une bourse pleine d'or que lui avait glissée à son insu Mademoiselle d'Orsac, et cette découverte fit son désespoir. Il s'évanouit ; Pierre Martin et son domestique l'emportent et le tuent pour garder cette bourse si bien garnie.

Mais ils vont pendant la nuit jeter le cadavre du déserteur dans un ravin, et le lendemain les gendarmes trouvent ce corps portant dans ses vêtements sa lettre de désespoir et la preuve de son suicide.

Dans l'intervalle, le domestique du colonel d'Elvane vient à Peyrabeille pour coucher, car il doit aller faire des acquisitions de bois dans la forêt de Mazan, pour le compte du général et il porte de l'argent sur lui.

Pendant la soirée, il surprend des paroles menaçantes, échangées entre Pierre Martin et son domestique, et il comprend tout le danger qu'il court.

Mais, c'est un luron et un homme de décision.

Il confie tout l'argent qu'il est censé porter avec

lui, à Pierre Martin, en lui disant qu'il le prendra le lendemain lorsqu'il viendra coucher à Peyrabeille, après ses opérations faites et diverses recettes accomplies.

Il peut ainsi, par cette perspective alléchante, se dégager de la position critique où il se trouve et part le soir même pour Mazan.

Le lendemain ou le surlendemain en revenant, il rencontre les gendarmes qui ont découvert le corps du malheureux déserteur et il sait qu'on a trouvé sur lui une lettre adressée à M"e d'Orsac.

Mais poursuivant sa route, il arrive à Peyrabeille, après s'être muni d'une bonne paire de pistolets dont il se sert pour se faire restituer son argent déposé, tenir en respect Pierre Martin et son domestique, après s'être débarrassé de la présence des femmes.

La scène est assez ingénieuse, car l'on voit avec plaisir ce dompteur de fauves mettre à la raison deux brigands comme ceux-là.

Bref, l'habile Joseph s'échappe du Coupe-gorge en emportant son argent et après avoir ficelé et bâillonné Rochette et tenu Pierre Martin sous le canon de ses pistolets.

Il rentre au château, raconte ce qu'il a vu et appris en route du déserteur trouvé mort, scènes terribles où tout se gâte au château pour se raccommoder bientôt.

Le mariage du colonel et de la fille du général s'accomplit.

Voilà un épisode un peu corsé, dans lequel figurent bien, comme dans les variantes de M. Jules Beaujoint, l'auteur de l'*Affaire de Peyrabeillle*, dans les *Grands drames de la Cour d'assises*, publiés dans la collection de l'éditeur Fayard en 1860 et plusieurs fois réédités depuis, le Dragon ou le soldat Joseph, et un colonel et sa femme.

Mais dans la variante de M. Beaujoint, dont le roman sur Peyrabeille a été tout récemment encore réédité avec force illustrations et réclames, le terrible Joseph n'a aucun rapport avec le colonel, et ce dernier est lui-même un voyageur de marque égaré avec son jeune enfant dans le Coupe-gorge de Peyrabeille, et qui périt victime de la cruauté des aubergistes.

Il est assommé dans les escaliers de la maison que nous avons décrits en temps et lieu, et son corps, comme celui de son enfant, sont jetés dans le four ardent pour en faire disparaître la trace.

Nous remarquons bien des analogies entre ces deux versions si différentes au fond, et dans lesquelles toutefois, ces relations de temps et de personnes sont modifiées par la fantaisie des conteurs.

Aussi, nous le répétons, nous croyons qu'il y a là un fonds commun de données peut-être empruntées à des récits de l'époque plus ou moins imaginaires, et dont aucune preuve n'a été relevée aux débats ni dans l'accusation.

C'est pour cela que nous ne nous arrêtons pas plus longtemps sur ces versions qui nous paraissent tenir bien plus du roman que de l'histoire, et nous arrivons au dernier crime commis par les aubergistes de Peyrabeille, l'assassinat d'Anjolras.

Ce crime fut instruit avec soin, et c'est sur lui, sur les preuves que la justice put réunir sur cette affaire, sur les témoignages qui vinrent s'accumuler au dernier moment autour de cet assassinat, que les magistrats purent enfin établir la criminalité des époux Martin et de leurs complices, en leur infligeant la suprême expiation.

L'assassinat d'Aujolras.

Ce crime qui fut en effet le dernier que purent commettre les aubergistes de Peyrabeille, est en même temps celui sur lequel nous sont parvenus les renseignements les plus nombreux et les plus précis.

Les circonstances dont il fut entouré et les conséquences terribles dont il fut suivi lui donnent un intérêt plus poignant et permettent de juger en même temps le degré auquel étaient arrivées l'audace et la cupidité des gens de Peyrabeille et de leurs complices. Car là, on constate d'une façon certaine les liens criminels qui unissaient entr'elles plusieurs personnes, témoins fréquents, et l'on peut dire familiers, de ces assassinats, de ces vols.

Nous rapporterons les diverses versions qui nous sont parvenues sur ce crime et qui au fond, ne diffèrent que par quelques détails intéressants à connaître néanmoins, surtout en ce qui concerne le rôle de Laurent Chaze, le mendiant témoin du crime et dont la déposition si affirmative et si énergique devait achever d'éclairer la justice et de convaincre le jury au jour des débats.

Anjolras Jean-Antoine, qui avait pour sobriquet le nom de Bergeyre, était un cultivateur du lieu de la Fayette, de la commune de St-Paul-de-Tartas, peu éloignée de Peyrabeille, car elle est sur les confins du canton de Pradelles (Haute-Loire) et du canton de Coucouron (Ardèche).

Anjolras -- dont les neveux ont conservé l'orthographe *Enjolras* pour leur nom — était un vieillard de 72 ans, mais encore robuste et vigoureux comme on en voit souvent dans nos montagnes, où une existence laborieuse et un rude climat mettent à l'épreuve les constitutions et éliminent, avant la vieillesse, celles qui n'offrent pas les conditions indispensables de résistance pour en atteindre les limites plus avancées.

Cet homme avait vendu une vache à Pierre Martin dit de Blanc avec lequel il avait des liens de parenté, chose à noter.

Tous deux se rencontrèrent à la foire de St-Cirgues-en-Montagne, le jeudi 12 octobre 1831, et comme Anjolras avait besoin d'argent, il réclama le prix de sa vache à Pierre Martin, sachant bien que celui-ci était toujours pourvu de numéraire lorsqu'il venait en foire.

Martin le regarda d'abord avec quelque surprise, et fut sur le point de répondre à cette demande par une de ces brutalités menaçantes dont il s'était fait une habitude en voyant combien cette façon de traiter les gens lui avait assuré l'impunité par la peur qu'elle inspirait à ses victimes.

Mais il sut maîtriser son naturel, et tout en lançant un regard peu encourageant à son parent et créancier, il lui dit qu'il avait le regret de ne pas avoir pris assez d'argent sur lui pour le solder en même temps que pour payer d'autres achats qu'il avait à faire ou qu'il avait déjà faits à la foire.

— Bast! un richard comme toi, lui répliqua Anjolras, a toujours bien soixante écus sur lui, et tu ne me feras pas croire que tu ne peux pas me payer.

— Je t'assure.

— Tu veux rire, mais j'ai besoin de mon argent, et tu me feras plaisir de me le donner. Je te paierai une bouteille et le café si tu veux.

— Je te répète que je n'ai pas assez d'argent sur moi, répliqua Martin d'un ton rogue, et je ne me ferais pas prier pour te régler si tu ne me prenais pas au dépourvu.

— J'en ai cependant besoin au plus tôt, dit Anjolras presque suppliant.

— Je ne dis pas le contraire, mais il y a moyen de te contenter ailleurs ; chez moi je suis en état de te payer et tu n'as qu'à venir ce soir coucher à Peyrabeille, c'est sur ton chemin par la traverse, et nous ferons route ensemble.

Nous souperons à la maison et je te ferai boire une bonne bouteille de mon vieux vin bouché de Vinezac qui n'a pas moins de dix ans. Puis je te ferai ton compte et tu seras à la Fayette de bon matin.

— Ça me dérange bien un peu, dit Anjolras après avoir réfléchi à cette proposition. J'aurais voulu rentrer chez moi ce soir.

— Que veux-tu alors ? tu vois que j'y mets de la bonne volonté, et ma bourgeoise ne sera pas fâchée de cette occasion pour te voir.

Elle nous fera un bon souper et tu n'auras pas à regretter ton temps avec des amis et des parents comme nous.

Encouragé par le ton de bonhommie amicale que Pierre Martin avait dû mettre dans cette invitation, toujours un peu séduisante pour un paysan d'ordinaire frugal et peu gâté par la cuisine de la ménagère, Anjolras se décida à accepter.

— Eh bien ! c'est entendu, dit-il à Pierre Martin. Après la foire et lorsque j'aurai fini toutes mes affaires, j'irai te demander à coucher, mais je ne veux pas que tu me régales pour rien. J'entends bien payer mon souper comme de juste, sans cela je refuse.

— Comme tu voudras, père Antoine, mais tu ne m'empêcheras pas de t'offrir au moins une bouteille, ça me regarde, ça.

Les deux hommes se tapèrent dans la main comme pour conclure une pache et dès lors tout fut décidé ainsi que Martin l'avait voulu.

Ils se donnèrent rendez-vous à la dernière auberge du village pour repartir ensemble vers quatre heures du soir.

Ce qui fut convenu fut fait, et nos deux hommes se retrouvèrent à l'heure dite et prirent la route de Peyrabeille.

Au lieu de prendre le chemin direct qui de Saint-Cirgues-en-Montagne allait à Coucouron et de là à St-Paul-de-Tartas, comme à Peyrabeille, Anjolras et Martin suivirent en la remontant, la petite vallée d'un affluent du Vernazon qui tombe à St-Cirgues et conduit par les flancs de la montagne et la forêt de Mazan au plateau de Peyrabeille. Des sentiers que connaissaient seuls les habitants de cette région, et dans lesquels tout autre se serait égaré, abrégeaient considérablement la distance et supprimaient le détour par Coucouron.

Pierre Martin et son compagnon arrivèrent à Peyrabeille à la tombée de la nuit.

En entrant à l'auberge, ils furent reçus par la femme Martin, avec des démonstrations de satisfaction et presque de joie, et Jean Rochette qui était en train d'apporter un fagot de bois pour le feu de la cuisine, s'empressa de se débarrasser de son fardeau pour venir souhaiter le bonjour au père Anjolras, avec la figure la plus avenante qu'il lui était possible de prendre. Dans un coin de la cheminée travaillait une jeune fille, à la physionomie intelligente, mais empreinte de quelque chose de mystique et de dur tout à la fois.

Elle raccommodait du linge à la lueur d'une petite lampe placée près d'elle sur une tablette de bois attachée à la paroi de la cheminée.

Elle fixa ses yeux noirs, vifs et profonds, sur le vieillard qui venait d'entrer, et sans mot dire salua par un signe de tête les arrivants.

Tout près de cette jeune fille était aussi un garçon à peu près du même âge, de taille au-dessous de la moyenne, à la mine bestiale et rusée. Il était vêtu grossièrement comme un valet de ferme montagnard, et le bord de son large chapeau de feutre noir était rabattu par devant, de manière à mettre dans l'ombre les yeux et presque tout le visage.

On était frappé à première vue de l'aspect sournois et défiant de cet individu.

Cependant il avait l'air fort occupé de sa voisine, la jeune lingère, avec laquelle il échangeait de mystérieux sourires qui venaient éclairer çà et là, comme un peu de soleil, le visage pâle et sérieux de cette fille.

Il y avait entr'eux des affinités secrètes, des souvenirs communs ou des espérances partagées.

La fille s'appelait Marie Armand ; lui portait le

même nom que les maîtres de l'auberge de Peyrabeille dont il était le neveu ; nous ajouterons même le complice.

Il était de cette race de bandits dont la meilleure partie finit par échouer sur les bancs des cours d'assises et dont deux au moins, à notre connaissance, portèrent leur tête sur l'échafaud, et dont d'autres furent flétris par des peines infamantes.

Après les compliments de bienvenue échangés entre Marie Breysse, Jean Rochette et Anjolras, celui-ci alla s'asseoir au coin de la cheminée du côté opposé à celui déjà occupé par Marie Armand et le neveu Martin, son galant attitré, dit-on.

Pierre Martin, qui avait fait un signe imperceptible à sa femme, sortit avec elle sous prétexte de lui remettre quelques commissions faites à la foire, et tous deux passèrent dans une pièce voisine.

Leur absence fut courte, et lorsqu'ils rentrèrent dans la cuisine, un nouvel arrivant ouvrit la porte de cette salle et souhaita le bonjour à tous.

C'était un petit homme déjà vieux, couvert de haillons sordides, avec une longue barbe grise et de longs cheveux plus gris encore.

Ce mendiant, bien connu à Peyrabeille où il passait souvent, s'appelait Laurent Chaze.

Il était originaire de La Souche et avait été berger dans sa jeunesse et l'était encore vers 1820 ; puis, adonné à l'ivrognerie et à la paresse qui étaient ses qualités dominantes, il s'était livré au vagabondage et à la mendicité, dans lesquels il termina d'ailleurs son existence.

Toujours vêtu de loques bizarres et d'un aspect sordide, coiffé d'un large feutre sans forme et sans couleur, porteur d'une besace rapiécée et d'un gros bâton, Chaze servait d'épouvantail ou d'amusement aux petits enfants des villages qu'il traversait.

C'était le croquemitaine des bambins qui n'étaient pas sages et dociles et qui ne voulaient pas manger leur soupe ou rentrer au logis.

Les mères aux prises avec l'insoumission de leurs enfants, invoquaient l'apparition de Laurent Chaze comme on menace des gendarmes, du loup ou du diable, ces précoces insurgés, et tout rentrait aussitôt dans l'ordre et la discipline.

Lorsqu'il entra dans la salle de l'auberge de Peyrabeille, son apparition ne fut guère mieux accueillie et sa présence produisit l'effet d'un contre-temps tout-à-fait imprévu.

— Qui t'amène ici? lui demanda Pierre Martin d'un ton peu engageant.

— Je viens vous demander à coucher pour cette nuit, répondit le mendiant.

— Ce n'est pas possible, mon vieux, nous avons du monde ce soir et tu feras bien d'aller chercher ailleurs.

— Mais je suis fatigué, car j'ai battu bien du pays

depuis ce matin et je ne puis guère aller plus loin à l'heure qu'il est.

— J'en suis bien fâché, mon brave, vrai, je n'ai pas de lit à te donner.

— Je ne refuse pas de payer cependant, si c'est ça qui vous gêne.

— C'est si peu ça, reprit Martin, que voilà de quoi trouver un lit ailleurs.

Et il glissa dans la main de Laurent Chaze une pièce d'argent, que celui-ci regarda avec embarras avant de fermer la main.

Il ne pouvait plus douter, en effet, qu'on ne voulait pas de lui à Peyrabeille, puisque loin d'accepter le prix de son coucher on le lui payait pour s'en débarrasser.

— Tu iras loger à Lanarce, chez la veuve Etienne, ajouta la femme Martin, en s'approchant de lui et en le poussant vers la porte.

— Grand merci, mes braves gens, dit humblement Laurent Chaze, en soulevant son vieux chapeau crasseux et en se dirigeant vers l'issue. Ça me fait cependant bien de la peine d'aller ailleurs que chez vous ; mais puisque vous ne pouvez pas loger le pauvre Chaze, ce sera pour une autre fois.

Il sortit enfin et la femme Martin resta un moment sur le seuil de la porte pour s'assurer de la direction qu'il prenait.

Il faisait déjà nuit et le brouillard commençait à tomber sur le plateau.

Laurent Chaze longea la façade de la maison comme s'il allait rejoindre la route de Lanarce, puis il disparut à l'angle de la remise après s'être assuré qu'on ne pouvait plus l'apercevoir, à travers la nuit et le brouillard.

Il fit le tour de la remise et pénétra dans la grange dont il connaissait bien tous les recoins.

La porte s'était fort heureusement trouvée ouverte sur le derrière, et il en avait profité pour s'y introduire.

Dès que les aubergistes furent assurés du départ de Laurent Chaze, ils parurent soulagés d'un certain poids et reprirent un air plus gai, causant ensemble et plaisantant avec le père Anjolras.

Puis on servit le souper.

Il était relativement copieux, car l'hôte des Martin avait dit qu'il avait un bon appétit et qu'il se sentait en disposition de faire honneur à tout ce qu'on lui servirait.

Il voulait se montrer généreux vis-à-vis de ses hôtes, puisqu'il devait recevoir d'eux une somme de quelque importance, et ne pas lésiner sur le repas qu'il prenait chez eux.

La femme Martin servit, en effet, une grosse soupe au lard dans laquelle les choux et les pommes de terre formaient une épaisse purée comme il est d'usago dans la montagne, puis un beau morceau de lard vieux tout fumant, à côté duquel s'étalait une belle saucisse de ménage conservée dans le seigle depuis l'hiver précédent.

Enfin un morceau de mouton froid, une tome fraîche et des pommes de terre sautées à la poêle, complétaient ce repas plus abondant que raffiné.

On soupa d'assez belle humeur, et Pierre Martin tint parole en arrosant le tout de ce fameux vin de Vinezac dont il s'était servi comme d'un appât pour tenter Anjolras et le décider à venir coucher à Peyrabeille.

Pendant le cours du repas, ce dernier fit plus d'une fois allusion à ce règlement qu'il était venu chercher et que Pierre Martin ne se pressait pas de lui compter

Enfin, après le souper, Anjolras demanda combien il devait, pour son repas car, disait-il, il préférait régler cela avant d'aller se coucher, devant repartir de bon matin pour rentrer chez lui.

Il espérait par la même occasion déterminer Pierre Martin à lui remettre l'argent qu'il lui devait, en opérant cette petite compensation.

Les deux aubergistes se regardèrent pour se consulter sur ce qu'il convenait de faire dans cette conjoncture épineuse.

La femme répondant à cette muette interrogation, dit à son mari sur un ton presque irrité :

— Eh! paie-le donc tout de suite, ça lui tiendra chaud la nuit, car il n'y a pas de meilleur matelas que l'argent. Cela fait rêver à la fortune et si on ne l'attrape pas, c'est toujours un bon moment de passé.

Cette philosophique boutade de sa femme ne parut pas convaincre Pierre Martin qui avait quelque peine à se dessaisir de l'argent, lui qui ne reculait devant rien pour le conquérir.

Il chercha des prétextes pour ajourner encore ce règlement, disant qu'il serait levé avant Anjolras et qu'il lui remettrait son argent avant son départ en lui offrant la goutte. Mais Anjolras insista pour en finir avant d'aller se coucher, car il lui tardait de voir enfin son argent dans sa poche.

— Qu'est-ce que ça peut te faire, reprit avec son air impératif et gouailleur Marie Breysse, en indiquant par un geste à son mari qu'il retrouverait bien son argent et qu'il valait mieux ne pas contrarier cet homme.

A cette dernière injonction, Pierre Martin se décida à aller vers une armoire d'où il retira la somme due et la compta à son créancier. Anjolras la mit dans un petit sac de toile soigneusement ficelé qu'il plaça dans la poche de sa veste, sous les yeux singulièrement attentifs de tous les gens qui l'entouraient.

Tous avaient pu remarquer que lorsque Anjolras avait ouvert son sac, pour prendre quelque monnaie à rendre à Martin, plusieurs pièces d'or et quelques écus brillaient dans ce sac.

Si le malheureux avait su ce que devait lui coûter cette imprudente et trop opiniâtre réclamation, il en eût fait bien certainement l'abandon.

Enfin, lorsque tout fut terminé Anjolras souhaite le bonsoir et demanda qu'on le conduisît où il devait coucher.

Comme il faisait déjà froid à cette époque de l'année ; et qu'il ne fallait pas songer à une chambre un peu chaude dans l'auberge, on persuada à Anjolras qu'il serait mieux dans la grange alors pleine de foin et de paille, et où il était facile de trouver un endroit très abrité et très chaud, par conséquent. Il n'insista pas pour avoir un autre gîte, sachant lui-même par expérience que dans les froides et humides nuits de l'automne et de l'hiver, le fenil est en effet la plus moelleuse des chambres à coucher.

Jean Rochette le conduisit donc au grenier à foin en le faisant monter par l'escalier en bois qui mène au 1er étage.

Il lui indiqua ensuite une place dans le foin, assez rapprochée de la porte communiquant avec l'intérieur et peu éloignée de celle où était déjà enseveli pour y dormir, le mendiant Chaze, dont la présence en ce lieu était ignorée.

Il y avait déjà quelque temps qu'Anjolras était couché lorsque Jean Rochette monta doucement à la grange avec une lanterne sourde pour s'assurer que ce vieillard dormait.

Laurent Chazo, que ces allées et venues commençaient à préoccuper, se tenait éveillé et observait tout en évitant avec soin de faire deviner sa présence.

Rochette, en redescendant à la cuisine, dit à ses patrons qu'Anjolras dormait profondément et que le moment était des plus favorables pour lui faire son affaire, suivant l'expression consacrée parmi ces assassins.

Pierre Martin et sa femme se regardèrent un instant comme pour se concerter sur le rôle que chacun d'eux devait remplir.

— Il faut que je voie moi-même, dit la femme Martin, et aussitôt elle fit signe à Jean Rochette de remonter avec elle à la grange, et le domestique reprenant sa lanterne qu'il avait posée tout allumée sur la table, précéda sa maîtresse et gravit de nouveau les escaliers de bois.

La femme Martin, avant de monter, avait puisé, avec une grosse cuillère à soupe, en fer, dans une large marmite toujours suspendue sur le foyer, et elle portait ce liquide bouillant avec toutes les précautions possibles pour ne pas le laisser tomber en chemin.

Lorsqu'ils furent arrivés à l'endroit où dormait Anjolras, tous deux s'approchèrent de cet homme et, après avoir constaté qu'il était bien endormi, la femme Martin dit à son domestique d'un ton bref et en l'excitant du regard : frappe.

Aussitôt Jean Rochette qui avait étudié la position de sa victime et choisi la place où il devait la frapper, lui asséna sur le sommet de la tête plusieurs coups de marteau sous le choc desquels Anjolras se souleva comme mû par un ressort, en ouvrant des yeux hagards, effrayants à voir.

Son visage était contracté par cette douleur subite et il ouvrit la bouche pour crier ou exhaler une plainte stridente.

A ce moment, la femme Martin qui se tenait prête avec sa *poche* d'eau bouillante, lui en lança le contenu dans la bouche et à la figure.

Anjolras fit sous l'impression de cette horrible brûlure, des mouvements convulsifs qui eussent terrifié des scélérats moins endurcis et moins familiarisés avec l'épouvantable spectacle des supplices qu'ils infligeaient à leurs victimes.

Mais Anjolras qui s'était presque dressé de toute sa hauteur et automatiquement, sous l'effet de cette douleur effroyable, retomba presque aussi vite et comme une masse inerte.

C'est à peine si quelques soubresauts révélaient encore un reste de vie dans ce corps affaissé.

— Frappe encore, il n'est pas mort, disait la femme Martin, et Jean Rochette s'acharnait sur ce cadavre et achevait de briser le crâne.

Le sang sortait en abondance par le nez et par les oreilles et avait rejailli sur les assassins en larges gouttes.

Ce fut la femme Martin qui arrêta cette horrible tuerie, jugeant que cet acharnement était désormais inutile.

— Assez, Jean, dit-elle, il en a suffisamment pour son compte.

Et tous deux se mirent à fouiller le mort pour lui enlever tout ce qu'il avait sur lui.

Puis les assassins redescendirent tranquillement à la cuisine pour annoncer à Pierre Martin et aux autres qui étaient là, que l'affaire était faite.

Mais aucun d'eux ne soupçonna, d'après cette version, qui croyons-nous est la vraie, que Laurent Chaze, le mendiant, avait pu être témoin de ce crime, et que même il était présent dans la grange.

Cependant une autre version a eu cours.

Nous allons la rapporter telle qu'elle nous a été transmise par un honorable vieillard auquel le mendiant l'aurait racontée en son temps.

« Un matin, sur la fin de l'année 1831, rentrant chez moi, je trouve à ma porte un mendiant. A sa chevelure blonde, à sa barbe et à ses favoris d'un blond presque doré, je reconnais un ancien serviteur de mon père, un berger, se disant de Mayres. Il n'était resté que peu de temps chez mon père, et je ne l'avais pas revu d'au moins douze ans, sans jamais avoir plus entendu parler de lui ; mais un incident m'avait conservé sa mémoire.

Fort à la boisson, trop souvent il buvait trop, et le maître était obligé de faire garder le troupeau par la servante, avec un de ses enfants pour aide *(celui qui écrit ces mots)*.

Après deux mois, trois, peut-être, on lui trouva un remplaçant et on lui régla son gage.

Je causai un brin avec ledit mendiant. Ma fille de service, présente, me dit : vous paraissez connaître ce pauvre. Savez-vous que c'est lui qui, le premier, a découvert les Peyrabeille ?...

Sur son affirmation conforme, je le fais entrer, lui donne à manger, à boire, du temps que je vais aussi prendre ma petite réfection du matin.

Quand je le rejoignis, il me raconta à peu près ce qui suit :

Il venait de faire sa tournée dans les communes les plus froides de l'Ardèche, du côté du Mézenc, Sainte-Eulalie, Issarlès, Le Béage, St-Cirgues, Coucouron, et autres, et arrivait *presque à la nuit*, à Peyrabeille, où il demandait l'hospitalité.

Je le regrette, lui dit Martin, nous avons du monde ce soir. Mais tiens, — et lui mettant une pièce blanche dans la main, — descends à Lanarce ; avec cela la veuve Etienne te logera pour cette nuit.

Lanarce, on le sait, est environ à deux kilomètres,

plus bas, vers l'est, sur la même route, classée n° 103, de Viviers à Clermont.

Je vous remercie, M. Martin, dit le pauvre, et il part ou feint de partir. Puis, revenant sur ses pas, et connaissant les lieux, par une porte de derrière qu'il trouve ouverte, il entre au grenier à foin, et se fait dans un coin, une couchette dans le foin.

Bientôt le domestique de la maison, portant une lanterne allumée, passe tout près, accompagnant un voyageur dans un appartement voisin.

Plus tard, vers le milieu de la nuit, éveillé par un bruit insolite, il voit passer trois personnes : le domestique avec sa lanterne allumée, la femme, *portant avec précaution* une casserole ou autre vase métallique, semblant contenir un liquide quelconque, enfin Martin, portant une arme (je ne me rappelle plus quelle arme désigna le mendiant), peut-être un marteau.

Il pressentit d'abord, et peu d'instants après, il comprit qu'une scène tragique se passait près de lui, et qu'un breuvage forcé était administré au voyageur. Un bruit inusité lui fit croire à l'absorption d'un liquide brûlant qu'il supposa être du métal fondu, du plomb, sans doute.

La peur le saisit, et d'abord il voulut fuir. Mais supposant avec raison qu'il pouvait avoir été vu, et dans ce cas, jugeant la fuite impossible, il crut prudent de jouer à l'*endormi*, et se mit à ronfler de son mieux.

En effet, les trois personnes susnommées se retirant, l'une dit aux autres : ce mendiant, qui est là, peut avoir entendu et compris. Nous ferons bien de nous débarrasser de lui... On approche la lanterne, on le considère, on l'écoute... Il dort, se dit-on, et on se retire.

Et lui qui ne voit qu'à demi, mais qui entend tout, ronfle de plus belle.

Au point du jour, sans rien dire à personne, il prend la clef des champs.

Il paraît qu'il ne reparut plus à Peyrabeille, mais qu'il promena sa besace en d'autres lieux, rêvant et examinant ce qu'il avait à faire.

Sur un avis reçu, il parla...

Aux assises, après sa déposition, un des accusés, le domestique, lui dit : Tu as été heureux d'avoir su nous tromper. Tu allais y passer comme les autres.

Cette version du mendiant Chaze nous a été rapportée par un obligeant correspondant, à la date du 16 juillet 1885. Il la tenait lui-même d'une personne présente aux débats de l'affaire de Peyrabeille en cour d'assises, et qui lui avait rappelé ces souvenirs, la veille même du jour où il nous en envoyait la teneur.

Ainsi donc, d'après ce récit recueilli de la bouche même de Laurent Chaze, la présence du mendiant n'aurait pas été ignorée des assassins, et ils auraient accompli leur crime à quelques pas de lui, le croyant endormi, et ne supposant pas que la victime pût l'éveiller par ses cris de douleur ou d'appel, ou que le bruit même que devaient faire les coups ou une lutte possible, fussent capables de troubler le sommeil de Chaze.

Nous avons quelque peine à admettre une aussi audacieuse tentative dans de telles conditions, et nous préférerions de beaucoup à l'invraisemblance de cette version, les probabilités plus sérieuses des scènes que nous avons rapportées. Mais voici ce qui nous fait hésiter :

Il existe, en effet, un autre récit de l'assassinat d'Anjolras et des circonstances qui l'ont accompagné. Ce récit repose, du reste, sur des documents judiciaires qui permettent de lui accorder plus de créance peut-être qu'à celui que nous avons donné déjà et qui n'est en réalité que la version recueillie dans le souvenir des contemporains et dans certaines traditions locales.

Voici, au contraire, comment les faits se seraient passés d'après les dépositions de plusieurs témoins au cours des débats et d'après l'acte d'accusation lui-même, sur lequel fut basée toute la procédure criminelle.

C'est Laurent Chazo, dit La Guerre, mendiant, âgé de 56 ans et demeurant à La Souche, canton de

Thueyts, ainsi que nous l'avons déjà dit, qui fournit le récit du crime dans lequel Anjolras perdit la vie.

— Il y aura deux ans au mois d'octobre prochain, dit ce témoin en 1833, que je revenais d'un pèlerinage à La Louveso, en passant par le Puy.

Je logeai dans une petite maison hors de la ville et je ne connais pas le nom des propriétaires de ce logis.

Je partis au lever du soleil, le jour de la foire de St-Cirgues-en-Montagne le 12 octobre.

Le même jour, au soleil couchant, je rencontrai près les derniers villages qui avoisinent Peyrabeille, deux petits chars vides, attelés chacun d'un cheval.

J'ignore le nom du conducteur ; mais en voyant que j'étais bien fatigué par cette longue route que je venais de faire, il m'offrit une place sur le dernier de ses chars pour me porter jusqu'au village le plus rapproché de Peyrabeille, où je comptais m'arrêter.

J'acceptai avec plaisir cette complaisance et le char me porta jusqu'à une petite heure de l'auberge, et je repris ma route à pied.

Quand j'arrivai à Peyrabeille il était déjà nuit noire.

Je m'arrêtai sur le seuil de la porte et demandai l'hospitalité. La femme Martin me dit qu'on ne pouvait me loger et m'engagea à aller chercher un gîte ailleurs. Je répondis que je paierais mon coucher sur le foin et un peu de nourriture que je désirais prendre, n'ayant pas mangé depuis le matin.

Elle me dit alors : entrez.

Pierre Martin ajouta : coucherez-vous sur le foin ?

Je répondis que je coucherais là où l'on me mettrait.

J'entrai et je trouvai autour du feu Jean Rochette, André Martin, l'aubergiste et sa femme et Marie Armand.

En outre, il y avait à une table voisine trois hommes que je ne connaissais pas, mais dont l'un d'eux me demanda qui j'étais.

Je lui répondis que je demeurais pour le moment à St-Cirgues de Prades, comme cela était vrai, et il me dit alors qu'il connaissait cette localité et que le jour même à la foire de St-Cirgues-en-Montagne, il avait perdu une génisse qui lui aurait échappé et n'avait pu la retrouver.

C'est en la recherchant qu'il s'était mis à la nuit et était venu à Peyrabeille, Pierre Martin étant de ses amis.

L'un des trois hommes attablés ayant demandé encore une bouteille de vin, la femme Martin refusa de la donner, en disant qu'il était trop tard et que c'était l'heure d'aller se coucher.

— Vous savez où est votre lit ? lui dit la femme Martin.

Il répondit que oui, et Jean Rochette prit une lanterne pour l'éclairer jusqu'au 1ᵉʳ étage.

Avant de monter, cet individu qui s'appelait Anjolras, comme je l'ai su depuis, dit aux maîtres de l'auberge :

— Je ne paie pas ce soir, je paierai demain. Je dois déjeuner avec une autre personne que j'attends.

Pierre Martin répondit : cela suffit. Anjolras monta alors avec le domestique qui redescendit peu après et déclara, d'un ton assez impératif, qu'il était assez tard pour que tout le monde allât se coucher, et il m'engagea sans plus de façon à aller aussi me coucher au grenier à foin.

Il m'accompagna comme il venait de le faire pour Anjolras et me désigna, dans un coin, tout près de l'escalier, l'endroit où je devais me mettre. J'aperçus à la clarté de la lanterne de Jean Rochette, la place où Anjolras devait être couché.

La distance entre ces deux places pouvait être d'environ six ou huit pas.

Quelques instants après, les trois hommes de la maison, Pierre Martin, Jean Rochette et André Martin, le neveu, montèrent au grenier et se dirigèrent vers l'endroit où était Anjolras.

Mais ils n'avaient pas de lumière et l'un d'eux fit observer qu'il fallait attendre la lampe.

La femme Martin monta en effet un moment après une lampe.

Elle portait en même temps un pot qu'elle remit aux hommes avec la lampe et elle redescendit.

Je faisais semblant de dormir, raconte Laurent Chaze, et cependant j'observais tous les mouvements de ces hommes.

Je les vis se jeter sur Anjolras en lui disant : *il faut boire ceci.*

Alors j'entendis comme un coup de marteau donné sur la tête d'un homme, et au même instant le malheureux poussa des cris de douleur affreux. Oh ! oh ! oh !

Lorsqu'ils eurent bien examiné leur victime et qu'ils se furent sans doute assuré qu'elle était morte, ces individus s'approchèrent de moi, me considérèrent avec attention et j'entendis qu'ils disaient dans leur patois : *Il dort, il n'a pas froid.*

Ils s'éloignèrent de moi pour aller de nouveau vers Anjolras dont ils prirent le cadavre par les pieds et par les bras et qu'ils descendirent du grenier à la cuisine.

Pendant le trajet, l'un des trois assassins dit à un autre : *tiens ferme, ne lâche pas,* car le cadavre était lourd.

Puis un moment après, le bruit que faisaient ces gens en descendant avec peine dans l'escalier étroit et en charriant le cadavre dans la cuisine s'étant apaisé, j'entendis qu'ils disaient : cette nuit nous avons fait cent écus.

J'entendais cela assez distinctement, car j'étais placé au dessus de la cuisine, et les planches étaient mal jointes. A certains endroits, on pouvait même, du premier étage, voir la lumière de la cuisine.

Il y avait déjà un bon moment que les assassins étaient descendus lorsqu'ils remontèrent à la grange et restèrent tous les trois autour de la lampe qui était posée sur une petite planche.

Ces hommes, éclairés par la lampe, étaient silencieux et rangés autour de moi écoutant le bruit que je pouvais faire en dormant, car je m'efforçais de ronfler un peu comme un homme qui dort véritablement.

Ils se regardaient de temps à autre pour se consulter, et je compris qu'ils croyaient bien que je dormais. Au bout d'un moment ils redescendirent à la cuisine, et j'entendis qu'ils disaient qu'ils n'avaient pas fait un gros bénéfice, que ce n'était pas grand chose en somme. Puis ils remontèrent et redescendirent ainsi à plusieurs reprises, s'assurant toujours que je dormais.

Lorsque le jour commença à se faire, je me levai en m'étirant en tous sens comme un homme qui a passé une nuit de bon sommeil. Je vis non sans effroi Jean Rochette assis dans le foin, non loin de moi, et près de la lampe qui venait de s'éteindre faute d'huile et sentait mauvais.

Je lui souhaitai le bonjour et le remerciai poliment de m'avoir laissé coucher dans le foin. Je lui offris de payer mon coucher.

Il réfléchit un instant, puis il me répondit qu'à Peyrabeille ce n'était pas l'habitude de faire payer son coucher dans la grange.

Je le remerciai de nouveau de cette charité.

Puis il me demanda si j'avais bien dormi et si le bruit qui avait pu se faire dans l'écurie ne m'avait pas réveillé.

Je lui répondis que j'avais dormi tout d'une pièce, car j'étais bien fatigué du chemin que j'avais fait dans la journée précédente.

Il n'insista point et parut rassuré.

Je ramassai ma besace et mon bâton et descendis à la cuisine, la porte de la grange ayant été fermée avec soin pendant les allées et venues de la nuit et un peu avant le crime.

La femme Martin était dans la salle où elle s'occupait de préparer le déjeûner, comme à l'ordinaire.

Je retrouvai auprès du feu la fille Armand, la couturière que j'avais vue la veille au soir au même endroit et qui devait avoir couché dans la maison.

Je remerciai la femme Martin comme je l'avais fait avec Rochette et je lui renouvelai l'offre de payer mon coucher.

Elle n'eut pas l'air de m'entendre et ne répondit pas à ma proposition.

Alors je sortis sans plus rien dire, et je repris la

route de Lanarce, mais en ayant bien soin de regarder tout autour de moi si je n'étais pas suivi par des gens de l'auberge, car je n'étais pas aussi tranquille que j'aurais voulu en avoir l'air en sortant de cette maison, et j'avais toujours peur d'être poursuivi par quelqu'un si on s'était douté de quelque chose après coup.

Laurent Chaze, le mendiant, était en effet sous le coup de cette frayeur rétrospective qui s'empare de ceux qui ont couru un grand danger, ou qui ont été témoins de quelque terrible évènement et ne sont plus soutenus par le sentiment énergique de la lutte pour la vie, par les préoccupations si vives et si instinctives de la conservation.

Il tremblait parfois comme un fiévreux et bégayait en essayant de raconter aux personnes qu'il rencontra sur sa route, les mystères terribles du drame auquel il avait assisté.

Il ne s'expliquait pas clairement, d'ailleurs, et laissait plutôt deviner qu'il avait été témoin de bien vilaines choses, qu'il ne le racontait franchement et de façon à faire comprendre tout ce qu'il avait vu et entendu.

Lorsqu'on le pressait de questions, il répondait invariablement : *On verra bien un jour*, ça ne peut pas durer ; quand il faudra que je parle, je parlerai et l'on saura tout.

Le cadavre.

Le crime était consommé, il fallait faire disparaître le cadavre d'Anjolras et la chose n'était pas sans difficulté.

On avait bien descendu le cadavre d'Anjolras à la cuisine, puis dans un réduit à la suite de la cuisine, et il resta là quelques jours caché sous divers objets qui pouvaient le dissimuler, et l'on attendait une nuit favorable pour pouvoir l'emporter ailleurs.

Toutefois, on ne se pressait pas, rien n'étant venu le lendemain du crime, et le surlendemain, faire connaître la disparition d'Anjolras.

Cependant cette disparition avait éveillé l'attention de la famille de la victime, qui s'était livrée aux plus actives recherches sans avoir pu retrouver le vieillard disparu.

Cet évènement, assez extraordinaire à cette époque de l'année, où la neige ne recouvrait pas encore le pays et où les communications étaient libres et fréquentées, souleva bientôt dans tout le pays une émotion très vive et fut très commenté.

Chacun chercha et fit sa petite enquête, et bientôt le bruit circula que l'on avait vu Anjolras du côté de Peyrabeille, et que c'était depuis lors qu'il avait disparu.

Une fois sur cette piste, l'on arriva à constater par les témoignages de diverses personnes, qu'Anjolras s'était arrêté à l'auberge des Martin et que ce ne pouvait être que chez eux qu'il avait pu rester depuis lors.

D'ailleurs, les bruits vagues mais sinistres qui circulaient depuis longtemps dans la contrée s'étaient réveillés, et l'autorité ne fut pas sans en être informée.

Ces bruits prirent une plus grande consistance à mesure que la disparition prolongée d'Anjolras ne pouvait que confirmer les soupçons d'une mort violente, et la justice finit par s'en émouvoir.

Le juge de paix de Coucouron, dont nous avons entendu blâmer avec vivacité la conduite singulière dans cette occasion, par ceux-là mêmes qui avaient pris part à la procédure de cette affaire, fut chargé de faire une perquisition chez les Martin.

Il se livra à cette perquisition le 25 octobre, c'est-à-dire treize jours après le crime, et fit si bien qu'il ne trouva rien dans l'auberge et ses dépendances.

Il paraît résulter, en effet, des éléments de l'information que le cadavre n'était pas là où le juge de paix le chercha, mais bien dans la maison voisine qu'habitait la famille Martin et dans laquelle le magistrat, peu perspicace ou peu désireux de découvrir ce qu'il cherchait, n'exerça pas ses perquisitions.

Quelques contemporains vont même jusqu'à ajouter que les Martin furent avertis dès la veille des recherches que la justice devait opérer chez eux et prirent en conséquence leurs dispositions pour cacher le cadavre d'Anjolras.

Voici d'ailleurs un fait qui nous a été raconté sur les lieux, par des contemporains et acteurs de cet incident curieux.

Les soupçons qui planaient sur les gens de Peyrabeille étaient assez graves pour que le maire de Lanarce, invité par l'autorité, ou agissant de sa propre initiative, se déterminât à faire une descente à Peyrabeille quelques jours après la disparition d'Anjolras.

Il était accompagné de plusieurs jeunes gens de bonne volonté parmi lesquels M. Calixte Besson, aujourd'hui receveur buraliste et aubergiste à Lanarce.

Arrivés dans la cuisine, ils allaient immédiatement procéder à des perquisitions minutieuses dans toutes les parties de la maison, lorsque la femme Martin dit :

— Monsieur le Maire, veuillez passer au salon, une personne veut vous parler.

Cette personne mystérieuse était le juge de paix de Coucouron qui était arrivé un moment avant et qui paraissait en train de déjeûner.

On ne sait ce qui se passa dans ce court entretien, entre ces deux magistrats, mais ce qui paraît certain, c'est qu'un moment après, le maire sortit du salon et dit à son escorte de jeunes volontaires : *Messieurs, vous pouvez vous retirer. Il n'y a rien à faire.*

Les jeunes gens qui avaient mis la plus grande bonne volonté à participer à cette expédition qui n'était pas sans danger avec des gens tels que ceux de Peyrabeille, trouvèrent l'ordre du maire assez singulier.

Ils s'étaient bien promis de fouiller avec une scrupuleuse minutie, une ardeur que rien ne découragerait, cette maison maudite dans laquelle la rumeur publique avait déjà accumulé tant de cadavres.

Ils furent donc très surpris en même temps que très contrariés de cet ordre du maire et s'en allèrent désappointés.

Le maire, lui, resta seul avec le juge de paix et rien n'a transpiré du mystérieux accord qui s'était si subitement établi entre eux pour empêcher la perquisition.

Le cadavre, cependant, était toujours là, et nous en trouvons la trace dans cet incident dramatique qui se produisit quelques jours après le crime dans la maison occupée par la famille Martin. Le gendre qui habitait à Chamblazère, Philémon Pertuis, le mari de la seconde des filles de Peyrabeille, avait conservé des terres dans la ferme de Pierre Martin, celles sans doute qui avaient servi à constituer une partie de la dot de sa femme.

Or, il revint à Peyrabeille pour chercher avec un tombereau, les pommes de terre qui lui revenaient sur la récolte de sa portion du domaine.

La femme Martin, sans plus de réflexion, commanda à l'un des journaliers momentanément à son service pour l'enlèvement des récoltes, un nommé Jean Testud, dit Banne, d'aller charger le tombreau de son gendre.

Mais par une circonstance qu'elle ignorait peut-être aussi, le tas de pommes de terre se trouvait dans l'arrière-cave, à côté d'un tonneau rempli de son.

Testud alla par hasard accrocher sa lampe ou *chalel*, précisément au-dessus de ce tonneau et en s'en approchant, il fut saisi par l'odeur infecte qui s'en échappait. Il ne s'en préoccupa pas autrement et continua son travail.

Mais vers les derniers voyages qu'il dut faire de la cave au tombereau avec un panier plein de pommes de terre, sa lampe vint à s'éteindre. Lorsqu'il revint, il fut obligé de pénétrer dans la cave qui était très obscure pour y prendre sa lampe, et ce ne fut qu'à tatons qu'il put y parvenir.

En recherchant sa lampe éteinte, il mit la main dans le contenu du tonneau qui était découvert et cette main, en plongeant dans la couche de son, rencontra l'une des extrémités glacées du cadavre d'Anjolras, enfoui dans ce tonneau.

Testud reconnut aussitôt qu'il venait de mettre la main sur un corps humain refroidi par la mort, et, pris d'une frayeur extrême, il se sauva à toutes jambes au dehors, où il arriva dans un état tel qu'il faillit en perdre la tête.

Il put cependant se traîner dans la cuisine de l'auberge où se trouvaient en ce moment le gendre Pertuis et la famille Martin.

Là, pâle et défait, il s'écria : *Je suis malade, je n'en puis plus !*

La femme Martin voulut aussitôt lui faire prendre quelque cordial et le faire reposer.

Mais Testud, que la pensée du cadavre découvert dans le tonneau de son poursuivait comme un horrible cauchemar, ne voulut pas rester dans cette maison et la quitta en toute hâte pour aller à Lanarce, et de là au village de Banne qu'habitait sa famille.

Ce départ aussi brusque qu'imprévu, l'air étrange de Testud et son malaise inexpliqué durent éveiller l'attention des Martin qui voulurent vérifier si leurs craintes étaient fondées et s'ils trouveraient quelque indice d'une indiscrétion ou d'un malheureux hasard ayant fait découvrir la preuve de leur crime.

Pierre Martin et Jean Rochette allèrent de suite et avec de très grandes précautions visiter la cave et le tonneau. Leur surprise fut terrible et ils échangèrent un regard consterné lorsqu'ils retrouvèrent la lampe de Testud accrochée au bord du fatal tonneau.

Ils comprirent que tout pouvait être découvert et qu'ils couraient de graves dangers en laissant plus longtemps ce cadavre dans la maison.

Il y eut le soir un conciliabule assez long et fort agité entre Pierre Martin, Jean Rochette et André Martin le neveu.

On examina plusieurs projets destinés à faire disparaître le corps d'Anjolras et à donner à sa disparition si commentée et à sa mort, toutes les apparences d'un accident ou d'un suicide.

Une foule de propositions et de combinaisons furent successivement agitées et repoussées.

Il était déjà fort tard lorsqu'on tomba d'accord sur les moyens qui pouvaient être employés avec le plus de succès pour éloigner tout soupçon de la maison de Peyraleille.

Pierre Martin eût voulu se mettre à l'œuvre de suite, et il envoya tour à tour son neveu, puis Jean Rochette, examiner les alentours et explorer l'horizon.

Mais la nuit était claire, le ciel serein, et l'on entendait au loin le bruit de coups de fouet et les chants des voituriers qui se dirigeaient peut-être sur Peyrabeille, et par lesquels on était exposé à être aperçu ou rencontré.

Ils durent remettre au lendemain pour trouver des conditions plus favorables à leur expédition nocturne. Mais cette nuit-là encore, ils se trouvèrent aux prises avec les mêmes obstacles, car à cette époque de l'année et avec une température assez clémente, beaucoup de cultivateurs voyageaient pendant la nuit pour le transport de leurs récoltes arrachées et chargées jusqu'à nuit close, et quelques-uns avaient un assez long trajet à faire pour regagner leur hameau et leur maison.

Enfin, vers le troisième jour, après avoir combiné toute leur expédition par des chemins peu fréquentés, ils chargèrent le cadavre d'Anjolras enfoui dans un sac, sur la barde d'un mulet, et l'assujettirent avec des cordes quoiqu'ils l'eussent placé avec le plus grand soin en équilibre, tête de ci, jambes de là.

Puis après mille précautions pour s'éclairer dans le chemin à parcourir à travers les terres et les landes, Jean Rochette et Martin se mirent en route.

Ils piquèrent dans la direction de Lespéron, en passant près du hameau de Mauvas ou même traversant ce hameau à cette heure où ses quelques habitants étaient plongés dans le plus profond sommeil.

A peine avaient-ils quitté Peyrabeille en suivant les landes couvertes çà et là de massifs de genêts, qu'ils virent venir un homme de leur côté.

Cet individu voyageant à pareille heure, dans ce désert, ne pouvait être qu'un habitant du pays, connaissant bien les lieux et probablement aussi les gens de cette contrée.

Ils furent vivement surpris de cette rencontre et firent le possible pour l'éviter en se détournant de sa route probable.

Mais l'homme qui devait les avoir aperçus obliquait aussi sa direction comme s'il était bien décidé à les rejoindre et à les reconnaître.

Jean Rochette et André Martin échangèrent rapidement à voix basse leurs impressions et les décisions que comportait le cas.

Ils avaient tout à redouter d'un indiscret, plus encore d'un agent de la justice, si c'en était un qui fût à leur poursuite.

Mais l'écart était déjà si faible entre la direction suivie par les gens de Peyrabeille et par le voyageur qui semblait vouloir les rejoindre, que ce dernier fut bientôt à deux pas de leur groupe, et considéra avec une singulière curiosité le mulet et sa charge d'une forme si particulière.

Puis regardant à leur tour les deux hommes qui cheminaient l'un en avant, l'autre en arrière du mulet, il les reconnut et leur adressant aussitôt la parole avec la familiarité que semblait autoriser une vieille connaissance, il leur dit :

— Où diable allez-vous à cette heure ; on dirait que vous portez un mort ?

Et il désignait en même temps du bout de son bâton de voyage, le fardeau qui pendait de chaque côté de la bête de somme et dont les lignes raides mais bien humaines cependant, se devinaient même sous le feuillage dont il était à demi recouvert.

Mais il n'eut pas plutôt prononcé ces mots qu'il dut s'apercevoir de l'impression désagréable qu'ils produisaient sur les deux hommes dont les yeux s'éclairèrent aussitôt de fauves lueurs.

— File vite ton chemin, nous ne te demandons rien, lui dirent d'un ton plein de colère et de menaces les deux hommes de Peyrabeille, en se rapprochant de lui comme pour ajouter à cet ordre une sommation plus brutale encore.

Le voyageur ne se le fit pas répéter, et comprenant de suite le danger qu'il courait par suite de l'indiscrétion commise par lui, il marmotta quelques paroles incohérentes d'excuse, et pressa le pas pour s'éloigner dans une direction opposée à celle que suivaient les deux hommes et leur mulet.

— Garde ta langue si tu tiens à manger du pain, lui cria d'une voix basse et terrible Jean Rochette, alors que le voyageur était encore à portée d'entendre et de comprendre.

Il entendit en effet ce sinistre avis, et fila plus vite encore sans retourner la tête.

La masse noire des deux hommes et de leur monture fantastique se détachait en vigueur sur le ciel, tantôt s'effaçant sous un pli de sol ou un massif de genêts, tantôt émergeant de l'ombre comme un corps ballotté par les vagues de la mer.

Le voyageur avait peu à peu modéré sa course et s'était repris à regarder derrière lui, pour s'assurer de la direction que pouvaient suivre Jean Rochette et André Martin.

Il respirait plus à l'aise tout en discutant avec lui-même la vraisemblance de la supposition qu'il avait faite en abordant les gens et leur mulet. Il se prenait à regretter son imprudence, pensant bien qu'il n'était pas bon de se trouver en tiers dans de telles affaires. A ce même moment, il lui sembla entendre des pas précipités, ces pas qui résonnent si bien mais si sourdement dans la lande de bruyère et de genêts, qu'il faut tout le silence de la nuit et toute la finesse d'oreille d'un montagnard pour les percevoir.

Comme les indiens des pampas, qui entendent le moindre bruit à plusieurs kilomètres de distance en appliquant leur oreille au sol ou aux arbres, les indigènes de nos montagnes, les pâtres et les chasseurs surtout, acquièrent dans les luttes difficiles avec la nature sauvage et inclémente de ces hautes régions, une finesse d'ouïe qui leur permet de se héler à de longues distances et de recueillir bien des bruits qui seraient sans signification pour d'autres oreilles.

Notre homme regarda attentivement devant lui, perçant l'obscurité de son œil avide, et il reconnut bientôt une forme noire qui s'avançait dans sa direction et comme par bonds énormes.

Il comprit aussitôt ce que pouvait signifier cette poursuite après la rencontre qu'il avait faite et les menaces dont il avait été l'objet. Il jugea le danger pressant et inévitable s'il ne pouvait se soustraire aussitôt à cette poursuite.

Un bouquet de buissons et de hauts genêts était à sa portée et il s'y coula vivement, s'y pelotonna comme un lièvre, se rejetant autant qu'il le put hors du passage probable de ses traqueurs.

Quelques secondes à peine s'étaient écoulées que deux hommes haletants passèrent à peu de distance de l'endroit où il s'était blotti ; puis poursuivant encore quelques instants leur course et leurs recherches, il les vit s'éloigner de son gîte en faisant un crochet pour aller rejoindre leur mulet.

Le malheureux qui avait éprouvé certainement quelques minutes d'une angoisse très vive, n'attendit pas plus longtemps pour reprendre sa course et regagner la route peu distante de ce dernier point, qui devait le conduire à son but, c'est-à-dire chez lui, au lieu de Lair, car nous connaissons le nom de ce voyageur nocturne et la triste suite de son aventure.

Il se nommait Pagès, Claude, dit Lair, du lieu de sa naissance, il était âgé de 39 ans et venait du marché de Pradelles, où il était allé vendre des fruits. Il eût pu apporter un précieux témoignage à la justice s'il eût vécu jusqu'au moment où l'instruction ouverte par l'assassinat d'Anjolras aurait pu recueillir ses déclarations accusatrices.

Mais Claude Pagès avait éprouvé une telle frayeur et une émotion si vive dans cette rencontre avec les assassins de Peyrabeille, et dans la poursuite dont il avait été l'objet de la part de ces bandits, qu'il eut beaucoup de peine à atteindre Lair pendant la nuit et à se rendre à Malbos, commune de Mayres, au sein de sa famille. Sa santé en fut subitement altérée et fut obligé de s'aliter.

Il mourait un mois après, le 20 novembre, des suites de cette émotion violente, et nous devons aux obligeantes recherches d'un correspondant, M. C. Dubois, de Thueyts, la constatation authentique de ce décès par l'extrait que voici des actes de l'état civil de la commune où il mourut et fut inhumé.

« Le 20 novembre 1831, est décédé à Mayres Claude Pagès, âgé de 39 ans, demeurant à Malbos, commune de Mayres, époux de Marie Etienne, fils de feu Joseph Pagès et de feue Marie Duny, demeurant de leur vivant à Lanarce.

Mayres, le 6 août 1885.

Le maire : Deligans. »

Voilà donc encore une de ces victimes de la terreur qu'inspiraient les assassins de Peyrabeille à ceux qui étaient les témoins de leurs crimes ou subissaient leurs terribles menaces.

Ce fait et ceux analogues que nous avons déjà rapportés, pourront expliquer le silence que gardèrent si longtemps des personnes échappées à leurs attentats audacieux et criminels.

La découverte du cadavre.

Le 26 octobre 1831, c'est-à-dire peu de jours après celui où nous avons vu les assassins de Peyrabeille transporter le cadavre d'Anjolras sur un mulet, à travers les landes, dans la direction de Lespéron, des paysans découvrirent au lieu du *Ranc Courbier*, sur les bords de l'Allier, entre la tour de Concoules et le viaduc actuel du chemin de fer de Langogne, dans la commune de Lespéron, un cadavre blotti sous une haute falaise de rochers.

Ce cadavre était disposé de façon à faire croire tout d'abord à une chute accidentelle du haut des rochers.

La nouvelle de cette découverte se répandit aussitôt dans la contrée où la disparition d'Anjolras avait jeté une certaine émotion, et préoccupait vivement les esprits, par suite des bruits d'assassinats répandus et des allées et venues de la justice, des gendarmes et des gens de Lanarce, à l'auberge de Peyrabeille.

Aussitôt prévenus, deux neveux de l'infortuné Anjolras se hâtèrent d'aller à Ranc-Courbier pour s'assurer si le cadavre trouvé sur ce point de l'Allier n'était pas celui de leur oncle.

Anjolras Jean, habitant aux Uffernés, et Anjolras Jean-Baptiste, de la Fagette, commune de St-Paul-de-Tartas, arrivèrent sur les lieux, et ils n'eurent pas de peine à reconnaître le corps de leur oncle Jean-Antoine, disparu depuis le 12 du même mois.

En examinant bien le cadavre, sa position, et les conditions dans lesquelles il se trouvait comme soutenu hors de l'eau par des morceaux de bois ou piquets sur lesquels il était comme appuyé, des soupçons ne pouvaient manquer de naître dans l'esprit de l'observateur quelque peu sagace.

On devinait que ce corps n'avait pu tomber de si haut, dans cette position, et sans s'être broyé et comme écrasé.

Il était évident, pour l'œil le moins exercé qu'il n'avait pu prendre cette attitude dans une chute aussi terrible et que même il eût dû, en suivant la disposition des lieux, tomber dans le lit de la rivière en rebondissant sur les rochers et sur le sol, par l'effet naturel de la chute.

D'un autre côté, des blessures graves et nombreuses, dont le corps n'offrait pas de traces visibles, auraient dû être la conséquence inévitable d'un pareil saut.

Toutes ces circonstances vivement commentées par les personnes que la découverte avait attirées bientôt au Ranc-Courbier, ne purent que corroborer les soupçons graves qui pesaient sur les aubergistes de Peyrabeille, soit que Laurent Chaze, le mendiant, Jean Testud de Banne, ou Claude Pagès de Lair, eussent fait des révélations aux premiers bruits de la disparition et de l'assassinat supposé d'Anjolras.

L'autorité s'en émut enfin d'une façon plus sérieuse et malgré cela, ce ne fut que neuf jours après, c'est-à-dire le 1er novembre, que l'arrestation de Pierre Martin et de Jean Rochette fut décidée par la justice et que la gendarmerie eut l'ordre d'y procéder sans retard.

L'arrestation de Pierre et d'André Martin.

Ce fut un évènement considérable dans tout le pays, où l'on n'avait vu pareille chose depuis l'arrestation de Duny et des compagnons de sa bande de chouans qui avaient exercé une si grande terreur dans le pays, ainsi que nous l'avons dit précédemment.

Une brigade de gendarmerie venait d'être récemment créée à Lanarce et elle fut plus particulièrement employée à l'arrestation, car ses hommes connaissaient mieux les localités avoisinantes et les gens qu'il s'agissait de surveiller ou d'arrêter. Les gendarmes de Lanarce avaient, en effet, des relations assez fréquentes et assez familières avec les aubergistes de Peyrabeille, qui ne les laissaient jamais passer sans leur faire des politesses et les inviter à se rafraîchir. L'un de ces gendarmes nommé Coquet, était même devenu, de cette façon, l'ami de la maison et comptait parmi les familiers de Pierre Martin.

Il entrait souvent à l'auberge pour y boire ou y manger.

Il y avait bu la veille du 1er novembre et voulant témoigner de sa reconnaissance pour le bon accueil qu'il avait reçu ce jour-là et d'autre fois aussi, de Pierre Martin, il l'avait invité à venir dîner avec lui le lendemain. Mais Pierre Martin ne voulut pas prendre d'engagement à ce sujet et remercia le gendarme Coquet en renvoyant à un autre jour le plaisir d'aller dîner chez lui.

Le lendemain 1er novembre, au milieu de la journée, on vint prévenir la gendarmerie de Lanarce que le village de La Chavade brûlait.

Toute la brigade partit aussitôt pour se rendre sur le lieu du sinistre.

C'était en effet la vaste et magnifique auberge de M. Lemaire, avocat à Paris, et voisine d'une importante scierie appartenant au même grand propriétaire, qui était la proie des flammes, et qui détruite à peu près complètement, ainsi que le montrent les pans de mur encore debout actuellement, à 4 kilomètres de Lanarce.

Les gendarmes étaient déjà depuis quelque temps à diriger les secours lorsqu'ils aperçurent sur la route, dans la direction de Mayres, une dizaine de gendarmes à cheval débouchant de leur côté, et ayant à leur tête le lieutenant en résidence à Aubenas.

Aussitôt le brigadier de Lanarce, surpris de cette apparition inopinée et d'un tel déploiement de gendarmerie sur ce point, sans qu'il en connût le motif et eût été averti, pensa bien qu'il se passait quelque chose de nouveau.

Il se hâta d'aller au-devant de son chef pour lui rendre ses devoirs et recevoir au besoin ses ordres.

Aussitôt le lieutenant lui dit : j'ai à vous parler à part, venez ici.

Le lieutenant descendit de cheval après avoir fait faire halte à sa petite troupe, et fit plusieurs pas à l'écart avec le brigadier, qu'il entretint à voix basse et avec beaucoup de précautions, pour que personne ne soupçonnât l'objet de cette conversation.

Dans cet entretien, l'officier et le chef de brigade concertèrent les moyens de s'assurer de la personne de Pierre Martin, de son domestique et de son neveu, regardé comme complice, d'après les révélations faites par Chaze ou Pagès.

Le lieutenant de gendarmerie d'Aubenas avait été un peu effrayé des difficultés possibles de ces arrestations.

On lui avait dépeint les gens de Peyrabeille comme capables de tout et comme pouvant opposer, soit par eux-mêmes, soit avec le concours de nombreux affidés de la contrée, une résistance acharnée et les armes à la main.

Il avait appris que si les Martin avaient beaucoup

d'ennemis à Lanarce, ils comptaient aussi dans le pays des amis dévoués, dangereux, et de nombreux parents répandus dans toute la contrée.

Aussi l'officier de gendarmerie avait-il pris ses précautions en réunissant une troupe capable de maîtriser les bandits et leurs auxiliaires, et il se proposait de n'arriver à Peyrabeille qu'à la tombée de la nuit et en faisant quelques détours, pour cerner à l'improviste et sans éveiller l'attention, le repaire des assassins.

Le brigadier fit alors observer au lieutenant qui venait de lui exposer son plan, qu'il n'était pas nécessaire de prendre tant de précautions.

Il lui expliqua que Pierre Martin était sans défiance aucune pour le moment, que la veille deux de ses gendarmes avaient passé chez lui dans leur tournée, qu'ils avaient bu et causé avec la famille Martin, qui les avait très bien reçus comme à l'ordinaire et n'avait aucun motif de se douter des soupçons et des mesures dont elle était l'objet.

D'ailleurs, ajouta le brigadier de Lanarce, j'ai ici un de mes gendarmes qui est très-lié avec Martin et dont celui-ci n'aura pas l'idée de se défier.

Il se nomme Coquet. Lui et moi nous nous chargeons d'arrêter Martin et son domestique, pendant que vos brigades cerneront la maison.

Par conséquent, ajouta le brave brigadier, comme un homme sûr de son affaire, le meilleur est de marcher directement sur Peyrabeille, par le plus court chemin. Je vous précéderai de quelque distance avec Coquet qui est là au feu avec mes autres hommes et que je vais rallier en passant.

L'officier ajouta foi aux assurances si formelles du brigadier et accepta son plan d'opération à la fois si simple et si sûr d'après le peu de difficultés qu'il y voyait.

Les cavaliers, au nombre de 10 ou 12, escortés par les hommes de la brigade de Lanarce, se dirigèrent sur Peyrabeille par le chemin le plus court. Ils arrivèrent à l'auberge alors que la nuit était déjà tombée.

A ce moment, le gendarme Coquet, l'ami de Pierre Martin, et son brigadier se détachèrent de la troupe pour pénétrer dans l'auberge afin de parler à ceux qu'ils devaient emmener avec eux.

Ils eurent d'abord quelque peine à se faire ouvrir et loquetèrent longtemps. La femme Martin qui n'était pas encore au lit, quoique en partie déshabillée, vint ouvrir.

Les deux gendarmes saluèrent très poliment et très gaiement l'aubergiste et lui demandèrent des nouvelles de son mari.

— Oh ! mon homme est déjà au lit, répondit-elle en montrant l'endroit où Pierre Martin était en effet couché. Celui-ci se remua aussitôt en entendant les voix des gendarmes et leur souhaita le bonsoir.

— Eh bien, dit Coquet, vous êtes au lit de bonne heure, mais vous n'êtes pas malade au moins?

— Malade! Dieu merci non, mais j'ai fatigué un peu aujourd'hui parce que j'étais seul pour faire l'ouvrage.

— Et Jean n'était pas là pour vous aider ?

— Ma foi non, il est à Chamblazère, chez mon gendre, pour lui aider à rentrer quelques récoltes et ne reviendra que demain.

— Comment, il n'est pas ici, c'est bien rare cependant qu'il s'absente.

— C'est vrai, mais ça s'est rencontré comme ça et j'ai fait double journée.

— Pour une fois vous n'en mourrez pas, Monsieur Martin.

Ce colloque avait réveillé l'aubergiste et lui avait permis de reprendre ses esprits.

Il brûlait évidemment de connaître le motif de la visite quasi nocturne des gendarmes que Coquet ne s'était pas hâté de lui donner avant de savoir où était Jean Rochette et d'avoir pu observer un peu les dispositions de la maison et de ses habitants.

— D'où diable venez-vous donc à cette heure, leur demanda-t-il ensuite? Vous venez boire pinte en passant, mais c'est bien tard et ça me fait quasi de la peine de me lever, car je commençais à me réchauffer.

— Il faut cependant que vous vous leviez tout de

suite monsieur Martin, lui répondit sans rire le gendarme Coquet que le brigadier avait chargé de cette opération.

— Mais pourquoi cela ? reprit Pierre Martin avec sa brusquerie naturelle qui n'admettait guère qu'on le dérangeât malgré lui.

— Parce que, répliqua le gendarme, il faut nous suivre. Le lieutenant de gendarmerie d'Aubenas vous demande à Lanarce, et le brigadier et moi sommes chargés de vous emmener.

La femme Martin, d'abord stupéfaite devant cette déclaration, essaya de reprendre quelque aplomb.

Elle se mit à parler avec volubilité et colère, protestant contre une pareille manière de faire, et prétextant que jamais on n'avait obligé son pauvre homme à courir comme ça la nuit, sans savoir pourquoi. On pouvait bien attendre au lendemain pour lui parler si on avait quelque chose à lui dire.

Elle poussait de grands soupirs de surprise, et faisait les grands bras, demandant toujours aux gendarmes ce qu'on pouvait bien leur vouloir à eux, qui n'avaient jamais fait de mal à personne et avaient au contraire rendu service à tout le monde.

Pendant ce temps, Pierre Martin ne soufflait mot et se hâtait lentement.

— Allons, allons, pas tant d'histoire, reprit le gendarme Coquet, d'un ton qui n'admettait pas de réplique ; Monsieur Martin, levez-vous vite, nous vous attendons et le lieutenant aussi.

L'aubergiste comprit fort bien qu'il n'y avait pas à hésiter et s'habilla plus rondement, tout en marmottant des paroles inintelligible, et en regardant autour de lui, comme s'il cherchait quelque moyen de résistance.

Mais pendant que le brigadier se tenait devant la porte d'entrée afin d'empêcher toute tentative de sortie, Coquet se rapprocha de Pierre Martin pour lui aider à prendre ses derniers vêtements et activer sa toilette.

— Vous êtes un fameux ami, dit à voix plus basse, Martin à Coquet ; hier vous m'invitiez à aller dîner avec vous, et aujourd'hui vous m'arrêtez ?

Et en disant cela, l'aubergiste chez qui la colère et l'instinct de la conservation reprenaient leur violent empire, fit un mouvement pour éloigner Coquet et prendre quelque chose dans la poche de son pantalon.

Mais aussitôt le gendarme lui saisit le bras, et fouillant dans la poche suspecte, mit la main sur un couteau à virolle que Martin tenait déjà par un bout.

Il s'en empara prestement.

— Ah ! oh ! dit-il, vous voudriez bien jouer du couteau, Monsieur Martin, mais c'est inutile, allez, nous sommes deux pour vous empêcher de faire des bêtises, et je vous conseille de filer doux ; dépêchons-nous vivement, le temps passe.

— Sortez d'ici, de chez moi, cria Martin exaspéré par ce coup et ne s'imaginant pas que quelqu'un, fût-ce un gendarme, osât résister à ses ordres.

Il avait dit cela très haut et sa femme était venue comme à un appel suprême se placer à côté de Coquet prête à porter main forte à son mari qu'elle croyait disposé à entamer une lutte avec le gendarme. A cet instant un autre homme fit irruption par une porte intérieure et vint se ranger autour de Martin et de sa femme, criant :

— Ah ! l'on veut faire du mal à mon oncle, on veut l'emmener, et il levait le bras comme pour frapper.

Le brigadier quittant son poste d'observation, se jeta sur lui et le saisit au collet.

— Vous aussi vous allez me suivre dit-il, et je vous arrête au nom de la loi.

— Allons, Coquet, emmenons ces gaillards et que tout ça finisse, cria le brigadier.

Les deux gendarmes, dont la patience était à bout et qui craignaient qu'une lutte plus vive et de nouveaux renforts pussent survenir, entraînèrent violemment vers le dehors les deux hommes solidement maintenus.

Le brigadier ouvrit la porte et cria : à nous, lieutenant !

Aussitôt on entendit autour de la maison et dans l'obscurité de la nuit, augmentée par un brouillard épais qui tombait depuis un moment, le cliquetis des sabres et le piétinement des chevaux.

Plusieurs gendarmes se précipitèrent dans la salle de l'auberge avec leur officier.

Le brigadier de Lanarce rendit rapidement compte de ce qui venait de se passer et des velléités de résistance que les prisonniers avaient manifestées.

C'est bien, dit le lieutenant, qu'on leur mette les menottes.

Pendant que l'on procédait à cette opération, le lieutenant donna des ordres à ses brigades, pour remiser les chevaux, et assurer la surveillance des abords, car il ne fallait pas songer à se remettre en route par une nuit aussi noire et avec le brouillard.

Des gendarmes furent mis en faction à toutes les issues de l'auberge et des remises. D'autres furent chargés de la garde des chevaux et du relèvement des factionnaires, et le reste de la troupe, avec les sous-officiers, reçut l'ordre de veiller avec la plus grande attention à la garde des deux prisonniers qui restèrent, les menottes aux mains, dans la salle du rez-de-chaussée servant de cuisine.

Martin et son neveu, comme deux fauves qui se sentent réduits à l'impuissance, gardèrent le plus absolu silence pendant toute la nuit. Seule la femme

Martin, qui elle n'était point captive, aucun ordre d'amener n'ayant encore été lancé contre elle, essayait de payer d'audace, d'interroger l'officier ou les gendarmes, tantôt brusquement, tantôt avec enjouement et câlinerie.

Elle leur offrait ses services, pour aller leur chercher à boire ou à manger, mais la consigne avait été rigoureusement donnée de ne point laisser sortir la femme sous aucun prétexte, et de la tenir étroitement en surveillance en quelque point de la maison qu'elle eût besoin d'aller pour les nécessités du ménage et de l'existence.

Aussi finit-elle par renoncer à toute espèce de tentative de ce genre, et elle tomba à son tour dans un mutisme farouche, car elle n'avait pas même la permission d'aller causer avec son mari et son neveu, qu'on avait placés sur un banc, dans un coin de la grande cheminée, afin qu'ils n'eussent pas trop froid dans cette immobilité forcée, et par cette nuit humide et déjà un peu glaciale.

Au point du jour, c'est-à-dire dès qu'il fut possible de se guider dans des ténèbres moins épaisses et que le brouillard fut devenu moins dense, un détachement de gendarmes à cheval, reçut l'ordre d'aller avec toute la vitesse possible arrêter Jean Rochette à Chamblazère, avant qu'il eût pu être prévenu par quelqu'un, de la présence des gendarmes à Peyrabeille, et peut-être même de l'arrestation de ses maltres. Car ce déploiement de force, dans cette contrée isolée, avait naturellement dû être fort remarqué et très commenté, et il importait que le bruit n'arrivât pas jusqu'aux oreilles de ce domestique si avisé et si déterminé.

L'arrestation de Rochette.

—

Les gendarmes avaient fait à peine deux kilomètres sur la route de Peyrabeille à Chamblazère, qu'ils virent venir de leur côté un grand et vigoureux gaillard, portant sur son épaule un panier au bout d'un bâton.

L'un des gendarmes qui avait été détaché de sa brigade pour cette expédition, parce qu'il connaissait très bien Jean Rochette pour l'avoir vu plusieurs fois, et avoir même bu et causé avec lui dans quelques foires de la contrée, dit tout bas, mais vivement à ses camarades : attention, voilà notre homme. Il vient lui-même donner dans le traquenard.

Aussitôt chacun fut attentif aux mouvements de Rochette qui s'avançait toujours avec une sécurité parfaite, au moins en apparence.

— Aussitôt à portée de l'individu, le maréchal-des-logis qui conduisait l'expédition, commanda en se tournant vers ses hommes et à mi-voix : gendarmes un tel et un tel mettez pied à terre, empoignez le particulier et mettez-lui les menottes ; les autres hommes en avant et en arrière.

Jean Rochette touchait déjà à la troupe armée lorsque ces ordres venaient d'être donnés.

Prompts comme la pensée, deux gendarmes avaient mis pied à terre et saisissaient chacun un bras de Jean Rochette, le clouant pour ainsi dire sur place, et sans proférer une parole.

— Vous êtes bien Jean Rochette, le domestique de Pierre Merlin, demanda pour la forme et à brûle-pourpoint le maréchal-des-logis.

— Oui, répondit simplement Rochette, surpris par cette brusque arrestation et roulant des yeux hagards.

— Eh bien ! suivez-nous, ajouta le maréchal-des-logis, et surtout pas un mouvement pour échapper, pas une rébellion, car je réponds de vous et je dois vous amener mort ou vif.

En avant, marche !

Et la brigade rebroussa chemin, suivant l'ordre de route assigné à chacun par le chef.

Lorsqu'il se vit si bien gardé et garrotté, Jean Rochette commença à comprendre que ses affaires et celles de ses maîtres, sans doute, avaient brusquement pris une mauvaise tournure.

Il se rappela l'assassinat d'Anjolras, la découverte du cadavre et la rencontre de Pagès dans la lande.

Il réfléchit à tout cela et vit bien que le châtiment n'était peut-être pas éloigné ; mais il conservait néanmoins l'espoir de sortir encore de ce mauvais pas après tant d'autres si facilement franchis.

Au bout de quelques instants donnés à la stupéfaction et à la réflexion, il se hasarda à adresser quelques questions à celui des gendarmes qu'il connaissait plus particulièrement.

Il demanda si on ne s'arrêtait pas à Peyrabeille où il avait à prendre quelques effets et à régler des affaires avec ses patrons, en même temps que le gendre Pertuis lui avait donné des commissions pour son beau-père.

— Votre patron est ficelé, comme vous, lui dit le maréchal-des-logis, et vous allez faire route ensemble pour le même pays.

La justice a besoin de causer un brin avec de braves gens comme vous, et nous avons l'avantage de vous conduire aux magistrats chargés d'éclaircir vos petites affaires.

Tous les gendarmes souriaient de cette lumineuse réponse de leur chef, et Rochette trouvant sans doute l'explication suffisante, baissa la tête et garda désormais le silence.

En passant à Peyrabeille, la brigade qui conduisait Jean Rochette fit halte.

Le lieutenant réunit toute sa troupe, lui donna des

ordres très précis et très sévères en ce qui concernait la garde des trois prisonniers.

La femme Martin poussa des cris et des protestations au moment où l'on emmena son mari et son neveu.

— Soigne bien tout, jusqu'à mon retour, eut l'audace de lui crier Pierre Martin ; je reviendrai bientôt, car on ne voudra pas retenir un innocent.

— Ah ! bien sûr qu'il y a encore de braves juges, lui répliqua la femme, et qu'on saura distinguer les bons des méchants. Ces messieurs nous connaissent bien d'ailleurs.

En avant, commanda le lieutenant que ce colloque sentimental et hypocrite commençait à agacer, et la troupe s'ébranla.

La brigade à pied de Lanarce, qui avait plus spécialement coopéré à l'arrestation, s'était partagé les prisonniers en les plaçant à la queue leu leu, un par un, à la droite d'un gendarme.

Les brigades à cheval formaient la haie de chaque côté de la route.

Les prisonniers furent ainsi conduits jusqu'à Lanarce, où on les fit monter sur une voiture louée à cet effet, et qu'escortèrent jusqu'à Largentière les brigades à cheval, car on craignait toujours quelque coup de main imprévu.

Après ces trois arrestations opérées sans incident dramatique, la rumeur publique évoqua une foule de souvenirs tragiques, et se donna libre carrière pour faire peser sur la famille Martin les disparitions nombreuses, les assassinats et les vols dont on ne s'était entretenu qu'avec circonspection jusque là.

Dans le pays, où l'on savait ce que valait la femme Martin, et quelle part elle avait dû prendre et pris effectivement à beaucoup des crimes commis dans son auberge, on s'étonnait de ce que la justice la laissât en liberté, alors qu'elle avait été certainement la complice, sinon l'auteur et l'instigateur de plus d'un crime, de celui d'Anjolras en particulier.

Mais la femme Martin se chargea elle-même de provoquer son arrestation.

Elle s'agita beaucoup et n'épargna aucune démarche pour déjouer les soupçons et les accusations qui pesaient sur ses hommes.

Elle mit tout en œuvre pour faire retomber sur d'autres les crimes qui pouvaient leur être reprochés.

Elle essaya d'acheter le silence des victimes et des témoins signalés par la voix publique, et ne recula pas devant les captieuses intrigues pour se procurer des témoignages favorables, donnant ou promettant, semant l'argent, les enjolements ou les menaces.

Elle mit ses parents et ses amis en campagne pour répandre le bruit qu'Anjolras avait été tué dans une rixe avec un nommé Robert, garde-forestier à La Villatte, le même que nous avons vu précédemment faire la cour à Jeanne-Marie Martin qu'il espérait épouser, et dont les prétentions avaient été repoussées par les Martin.

C'était une odieuse calomnie et une vengeance bien digne de cette affreuse mégère.

Toutefois, cette manœuvre indigne devait tourner contre ses auteurs.

Le garde-forestier Robert n'eut rien tant à cœur, lorsqu'il eut connaissance de l'accusation qui pesait sur lui, et dont l'aubergiste de Peyrabeille était l'inventeur, que de réunir les preuves les plus nombreuses et les plus accablantes contre les gens de Peyrabeille.

Il ne négligea rien pour informer les magistrats de Largentière des menées de son ennemie la femme Martin, et fit si bien, que l'arrestation de cette femme, qui entravait considérablement l'œuvre de la justice par ses agissements, fut enfin décidée et accomplie.

Arrestation de Marie Breysse femme Martin.

Le brigadier de gendarmerie de Lanarce, le nommé Richebourg, fut chargé d'exécuter le mandat d'amener, quelques jours après la triple arrestation opérée comme nous l'avons raconté.

Il se présenta de bon matin à l'auberge.

La femme Martin se disposait à partir pour Pradelles.

Le brigadier Richebourg lui dit :

— Madame Marion, où allez-vous donc que vous êtes tout endimanchée comme ça ?

— A Pradelles, M le brigadier, répondit-elle.

— Eh bien ! Madame, il vous faudra y aller à reculons, comme les écrevisses, il est nécessaire que vous descendiez à Largentière. car ces messieurs de la justice vous demandent là-bas.

Ils ne vous feront pas de mal, allez, ajouta-t-il en voyant le soubresaut que faisait la Marion, surprise par cette brusque et désagréable nouvelle.

En disant cela, le brigadier qui ne craignait pas de mettre un peu de goguenardise dans l'accomplissement de son mandat, arrêtait la femme Martin et lui faisait quitter cette demeure qu'elle ne devait plus revoir que deux ans après, du haut de l'échafaud.

L'Instruction

Une fois les quatre coupables sous les verrous, l'instruction déjà commencée avec quelques difficultés, marcha un peu plus aisément, quoique les mots d'ordre donnés par la femme Martin à ses parents et à ses amis continuassent à être observés.

Les embûches étaient semées sous les pas de la justice avec la tenacité et la ruse particulières aux paysans et aux montagnards, lorsqu'ils veulent échapper à ces investigations redoutables.

Des doutes étaient soulevés, des mensonges propagés, des témoignages contradictoires provoqués à tout prix, et les témoins sérieux, affirmatifs, dignes de toute créance faisaient défaut, lorsqu'on voulait tirer au clair la plupart des accusations de quelque gravité.

On ne pouvait mettre la main sur ceux qui détenaient les secrets les plus importants. On ne savait pas où les prendre ou bien ils s'échappaient.

Aussi l'instruction fut longue, et dura plus d'une année.

En effet, l'arrestation des criminels de Peyrabeille ayant eu lieu le 1er novembre 1831, ce ne fut que le 11 février 1833 que l'arrêt de la chambre des mises en accusation de la cour de Nimes ordonna le renvoi en cour d'assises des quatre principaux accusés : Pierre Martin *dit de Blanc*, Jean Rochette, Marie Breysse, femme Martin, et André Martin, neveu de Pierre.

L'affaire, qui entraîna encore des compléments d'information et de nouvelles formalités de procédure, ne fut en état de figurer au rôle que pour la session de juin de la même année, et ce fut le 18 juin 1833 qu'elle fut appelée et que les débats s'ouvrirent.

Les accusés avaient été depuis quelque temps déjà transférés des prisons de Largentière à la maison d'arrêt de Privas pour être tenus à la disposition des magistrats et des avocats chargés de la défense des divers accusés.

Ce transfert leur fut signifié en même temps que l'arrêt de renvoi de la Cour de Nimes, car à la suite de l'acte d'accusation, nous trouvons le protocole suivant de l'huissier qui signifia l'arrêt et l'acte d'accusation :

Au parquet de la Cour de Nimes, le quatre février mil huit cent trente-trois, le procureur général

Viger, signé. — L'an mil huit cent trente-trois, le onze février, Je, Louis Bonnaud, huissier audiencier et de la justice de paix, reçu au tribunal civil de première instance séant à Largentière, patenté, n° 126, 3° classe, le 15 octobre dernier, à la mairie de cette ville, y résidant soussigné, à la requête de M. le procureur du roi près le tribunal de première instance séant à Largentière, qui élit domicile audit Largentière, en son parquet au palais de justice, l'arrêt rendu par la Cour royale de Nîmes, chambre d'accusation, le deux janvier 1833, portant qu'il y a lieu à accusation, et l'acte d'accusation dressé à suite par M. le procureur général du roi, près ladite Cour, le quatre février courant contre : 1° Pierre Martin, dit le Blanc; 2° Marie Breysse, sa femme; 3° Jean Rochette, son domestique; 4° et André Martin, son neveu, tous cultivateurs, demeurant au lieu de Peyrabeille, commune de Lanarce, actuellement détenus dans la maison d'arrêt de cette ville, prévenus d'assassinats et de vols, ont été dûment intimés et signifiés dans tout leur contenu et suivant leurs formes et teneurs sus-nommées, afin qu'ils ne puissent prétendre cause d'ignorance, sous toutes les réserves et protestations de droit avec déclaration qu'ils sont renvoyés devant la Cour d'assises du département de l'Ardèche séant à Privas, pour y être jugés selon la loi, à raison des crimes dont ils sont accusés, et que leur translation dans la maison de justice établie audit Privas sera incessamment effectuée. Baillé et laissé copie à chacun des sus-nommés tant desdits arrêt et acte d'accusation, en parlant pour ledit André Martin, neveu, à lui-même trouvé entre les guichets de ladite maison d'arrêt, coût vingt-six francs trente-cinq centimes.

BONNAUD.

LES DÉBATS
A LA COUR D'ASSISES

Enfin, au milieu d'une émotion considérable et d'une foule avide de voir les grands criminels de Peyrabeille dont la triste célébrité s'était accrue avec les révélations et les légendes provoquées par leur capture et par cette longue instruction, les débats furent ouverts le 18 juin au matin, sous la présidence de M. Fornier de Clausonne, conseiller à la cour de Nîmes, ayant pour assesseurs M. Veau Lanouvelle, vice-président du tribunal de première instance de Privas, M. Masclary, juge, et M. Faure, juge suppléant, ce dernier ayant été appelé à défaut de juge et de juges suppléants plus anciens, empêchés.

Le siège du ministère public était occupé par M. Aymard, procureur du Roi, au siège de Privas, dont le frère exerçait les fonctions d'avoué dans la même ville.

Le commis-greffier était un sieur Decis.

Les formalités d'usage, pour la constitution du jury furent l'objet de dispositions particulières comme celles qu'entraînent toutes les affaires importantes et dont les débats doivent être d'une longueur exceptionnelle.

A l'audience du 18 juin, sur les réquisitions du procureur du Roi, la cour ordonna qu'il serait procédé au tirage au sort de deux jurés suppléants qui assisteraient aux débats et seraient appelés à délibérer sur l'accusation dans le cas seulement où un ou deux des jurés titulaires seraient empêchés de suivre les débats jusqu'au bout.

La cour d'assises ordonna en outre que celui de MM. les juges du tribunal, le premier inscrit dans l'ordre du tableau, assisterait aux débats conjointement avec les trois magistrats pour prendre part aux délibérations de ladite cour.

Ces préliminaires terminés, ainsi que les divers avis que le président d'assises avait coutume, comme aujourd'hui, d'adresser au jury et au public, le greffier fut invité à donner lecture de l'acte d'accusation.

L'acte d'accusation.

La lecture en est écoutée dans le plus grand silence par tout l'auditoire.

En voici la teneur :

Louis-Philippe, roi des Français, à tous présents et à venir salut.

La Cour royale de Nîmes, chambre d'accusation, a rendu l'arrêt suivant : La Cour royale de Nîmes, réunie en la chambre du conseil, M. de La Beaume, substitut, est entré et a fait pour M. le Procureur général le rapport de la procédure instruite au tribunal de première instance de Largentière (Ardèche), contre les nommés. 1° Pierre Martin, dit le Blanc ; 2° Marie Breysse, sa femme ; 3° Jean Rochette, son domestique ; 4° et André Martin, son neveu, tous cultivateurs, demeurant à Peyrabeille, commune de Lanarce, prévenus, savoir : 1° *Tous les quatre susnommés* d'être auteurs ou complices d'un assassinat commis dans le mois d'octobre mil huit cent trente-un sur la personne du nommé Anjolras ; 2° *Pierre Martin* et *Jean Rochette*, d'une tentative d'assassinat commise il y a environ sept ans sur la personne du nommé Hugon ou, du moins, de complicité de ce crime ; 3° *Pierre Martin*, d'une tentative d'assassinat commise à la fin de juillet mil huit cent vingt-huit sur la personne du nommé Peyre ; 4° *Pierre Martin, André Martin, son neveu, et Jean Rochette*, d'être auteurs ou complices d'une tentative d'assassinat pour faciliter un vol et suivie dudit vol commis par plusieurs personnes, porteuses d'armes apparentes à l'aide de violence et dans une maison habitée, sur la personne et au préjudice du nommé Bourtoul ; 5° *Pierre Martin*, d'une tentative d'assassinat pour faciliter un vol commis il y environ deux ans sur la personne d'un inconnu ; 6° *Marie Breysse, femme Martin*, du vol d'un objet confié à sa garde en qualité d'aubergiste commis il y a environ trois ans au préjudice du sieur Cellier ; 7° *Pierre Martin, Jean Rochette et Marie Breysse*, d'être auteurs ou complices d'un assassinat commis il y a environ six ans sur la personne d'un jeune homme inconnu ; 8° *Pierre Martin*, du vol d'une somme de soixante francs commis il y a environ quatre ans et demi au préjudice du nommé Jérôme Barjette, logé dans l'auberge dudit Martin ; 9° Pierre Martin, du vol d'un couteau commis il y a environ deux ans au préjudice de Pierre Bonnet, logé dans l'auberge dudit Martin ; 10° Pierre Martin, du vol d'un mouton commis dans le courant d'avril mil huit cent trente au préjudice de Jean Sabaton alors logé dans l'auberge dudit Martin. — Le greffier a lu à la Cour, en présence de M. le substitut, toutes les pièces de cette procédure qui ont été laissées sur le bureau ainsi que le mémoire fourni au nom des prévenus. M. le substitut s'est ensuite retiré après avoir déposé sur le même bureau sa réquisition écrite et signée tendant à la mise en accusation de tous les prévenus susnommés pour les six premiers crimes qui leur sont ci-dessus respectivement imputés, sauf néanmoins de Marie Breysse et d'André Martin, neveu, à l'égard du premier fait pour lequel il s'est déclaré n'y avoir lieu à suivre contre eux et à leur renvoi à la Cour d'assises de l'Ardèche pour y être jugés selon la loi ; qu'il s'est aussi déclaré n'y avoir lieu à suivre en l'état à raison des quatre derniers faits ci-dessus mentionnés, que l'ordonnance de prise de corps soit annulée et qu'il en soit par la Cour décerné une nouvelle par l'arrêt à intervenir. Le greffier s'étant également retiré, la Cour, après délibérations, considérant qu'il résulte des pièces de cette procédure des indices suffisants : 1° que dans le mois d'octobre mil huit cent trente-un lesdits *Pierre Martin, Marie Breysse, sa femme, et Jean Rochette* se sont rendus coupables soit comme auteurs soit comme complices pour s'être, avec connaissance, mutuellement aidés ou assistés dans les faits qui ont préparé, facilité ou consommé l'action d'un assassinat commis dans l'auberge dudit Martin sur la personne du nommé Anjolras, crime prévu par les articles 59, 60, 295, 296 et 302 du code pénal ; 2° que lesdits *Pierre Martin* et *Jean Rochette* se sont encore rendus coupables soit comme auteurs, soit comme complices pour s'être, mutuellement et avec connaissance, aidés ou assistés dans les faits qui ont préparé, facilité ou consommé l'action d'une tentative d'assassinat commise il y a environ six ans aux environs de Peyrabeille, sur la personne du nommé Hugon, laquelle tentative suivie d'un commencement d'exécution ne manqua son effet que par des circonstances indépendantes de la volonté de ses auteurs, crime prévu par les articles 2, 59, 60, 295, 296 et 302 du code pénal ; 3° que ledit *Pierre Martin* s'est rendu coupable d'une tentative d'assassinat commise à la fin de juillet mil huit cent vingt-huit, audit lieu de Peyrabeille, sur la personne du nommé Peyre, laquelle tentative manifestée par un commencement d'exécution, n'a manqué son effet que par des circonstances indépendantes de la volonté de l'auteur, crime prévu par les articles 2, 295, 296 et 302 du code pénal ; 4° que lesdits *Pierre Martin*, *André Martin*, son neveu, et *Jean Rochette* se sont rendus coupables le premier septembre mil huit cent trente, à Langogne, soit comme auteurs soit comme complices, pour s'être mutuellement et avec connaissance aidés et assistés dans les faits qui ont préparé, facilité et consommé l'action d'une tentative d'assassinat pour faciliter un vol et suivie dudit vol commis par plusieurs personnes porteuses d'armes apparentes à l'aide de violence et dans une maison habitée, sur la personne et au préjudice du nommé Bourtoul, laquelle tentative d'assassinat manifestée par un commencement d'exécution n'a manqué son effet que par des circonstances indépendantes de la volonté de ses auteurs, crime prévu par les articles 2, 295, 296, 302, 381, 382 et 386 du code pénal ;

5° que ledit *Pierre Martin* s'est rendu coupable, il y a environ deux ans, à Peyrabeille, d'une tentative d'assassinat pour faciliter un vol sur la personne d'un inconnu, laquelle tentative manifestée par un commencement d'exécution n'a manqué son effet que par des circonstances indépendantes de la volonté de l'auteur, crime prévu par les articles 2, 295, 296 et 302 du code pénal ; 6° que ladite *Marie Breysse, femme Martin*, s'est rendue coupable, il y a environ trois ans et dans son auberge, du vol d'un objet confié à sa garde en qualité d'aubergiste, ledit vol commis au préjudice du sieur Cellier, crime prévu par l'article 386 du code pénal ; que tous ces crimes sont de la compétence des cours d'assises, qu'ils ont été commis dans le département de l'Ardèche ; considérant, en ce qui touche *André Martin neveu*, qu'il ne résulte pas de la procédure des indices suffisants de culpabilité à raison de l'assassinat commis sur la personne du nommé Anjolras et dont il était aussi prévenu ; considérant qu'il n'en résulte pas des indices suffisants de culpabilité contre aucun des susnommés à raison des quatre derniers faits à raison desquels il avait été mis en prévention ; considérant enfin que le délit a été mal qualifié dans l'ordonnance de prise de corps rendue par le tribunal de Largentière le douze de ce mois, lorsque notamment il a mis mal à propos, *André Martin, neveu*, en prévention à raison de l'assassinat du nommé Anjolras et qu'ainsi il y a lieu d'annuler cette ordonnance et d'en décerner une nouvelle ; vu les articles 231, 232, 233 et 234 du code d'instruction criminelle ; par ces motifs, la Cour annule la susdite ordonnance, déclare néanmoins qu'il y a lieu à accusation contre lesdits Pierre Martin, Marie Breysse, Jean Rochette et André Martin, neveu, à raison des différents crimes ci-dessus mentionnés et qualifiés par la Cour qui leur sont respectivement imputés, les renvoie en conséquence à la cour d'assises du département de l'Ardèche séant à Privas, à laquelle toutes les pièces de cette procédure seront adressées, pour y être jugés conformément à la loi et sur l'acte d'accusation qui sera rédigé contre eux par M. le procureur général, déclare encore n'y avoir lieu à suivre contre *Martin* neveu, à raison de l'assassinat du nommé Anjolras, déclare enfin n'y avoir lieu à suivre contre aucun des susnommés à raison des quatre derniers faits dont ils étaient prévenus et qui sont ci-dessus mentionnés, et, en cet état ordonne que par tous huissiers ou agents de la force publique, les nommés : 1° *Pierre Martin*, ancien aubergiste, cultivateur, habitant à Peyrabeille, commune de Lanarce, âgé de soixante ans, taille d'un mètre cinq cent nonante millimètres, cheveux et sourcils gris, tête chauve, yeux gris, nez gros, bouche moyenne, menton rond, visage ovale, teint clair ; 2° *Marie Breysse*, femme dudit Martin, ménagère, habitant audit lieu de Peyrabeille, âgée de cinquante-quatre ans, taille d'un mètre cinq cent vingt-quatre millimètres, cheveux et sourcils noirs, front découvert, yeux roux, nez moyen, bouche moyenne, menton pointu, visage ovale, teint brun tirant sur le noir ; 3° *Jean Rochette*, domestique dudit Martin, habitant audit lieu de Peyrabeille, âgé de quarante-huit ans, taille d'un mètre sept cents millimètres, cheveux et sourcils châtain-clair, front grand, yeux gris, nez bien fait, bouche moyenne, menton rond, visage ovale, teint coloré ; 4° *André Martin*, neveu, cultivateur, habitant audit lieu de Peyrabeille, âgé de trente-deux ans, taille d'un mètre cinq cent nonante-huit millimètres, cheveux et sourcils châtains, front couvert, yeux olivâtres, nez aquilin, bouche grande, menton pointu, visage ovale, teint brun, une cicatrice au-dessus de l'œil gauche ; tous les quatre actuellement détenus dans la maison d'arrêt de Largentière, respectivement accusés des faits ci-dessus mentionnés et qualifiés par la Cour, crimes prévus par les articles 2, 59, 60, 295, 296, 302, 381, 382 et 386 du code pénal, seront pris au corps et conduits directement dans la maison de justice établie à Privas près la cour d'assises du département de l'Ardèche où ils seront écroués par tout huissier requis, et que le présent arrêt sera exécuté à la diligence de M. le procureur général, ainsi jugé à Nimes par la Cour royale, chambre d'accusation, le deux janvier mil huit cent trente-trois, présents et opinants : MM. De Trinquelague, président, La Boissière, Gide, de Donnant et Rousselier, conseillers, tous cinq membres de ladite chambre qui ont signé le présent arrêt, De Trinquelague, la Boissière, Gide de Donnant, Rousselier, signés; mandons et ordonnons à tous huissiers sur ce requis de mettre le présent arrêt à exécution à nos procureurs généraux et à nos procureurs près les tribunaux de première instance d'y tenir la main, à tous commandants et officiers de la force publique de prêter main forte lorsqu'ils en seront légalement requis. En foi de quoi la présente expédition a été signée par le greffier et et scellée du sceau de la Cour, pour expédition conforme délivrée à M. le procureur général sur sa réquisition, Gabriel, signé; vu par nous, procureur général, pour quatre rôles de La Beaumé, substitut, signé.

Le procureur général du roi près la cour royale de Nimes, expose que par arrêt de ladite Cour, chambre de mises en accusation, il a été déclaré y avoir lieu d'accuser les nommés Martin Pierre, dit Pierre le Blanc, Breysse Marie, sa femme, Rochette Jean, son domestique, et Martin André, son neveu, domiciliés au lieu de Peyrabeille, commune de Lanarce, des crimes et délits ci-après spécifiés et qualifiés et qu'ils ont été, en conséquence, renvoyés devant la cour d'assises de l'Ardèche pour y être jugés selon la loi, déclare le procureur général que des pièces de la procédure y résulte ce qui suit :

« Le 12 octobre 1831, Antoine Anjolras revenait de la foire de St-Cirgues, emmenant une génisse qu'il y avait achetée ; il fut rencontré, sur divers points de la route par des personnes qui lui firent observer qu'il était beaucoup trop tard pour se rendre chez lui, et il leur répondit qu'il n'allait que jusqu'à Peyrabeille, où il coucherait chez Pierre Martin, avec qui il avait des comptes à régler. On peut, à l'aide de dépositions de témoins, le suivre sur la route jusque à Peyrabeille et même jusque dans la maison de Pierre Martin, où plusieurs personnes l'ont vu entrer à la nuit tombante, et d'où il n'est plus sorti vivant. Sa famille, inquiète de son absence, se livra inutilement aux plus actives recherches ; mais bientôt le bruit de son assassinat à Peyrabeille, chez Pierre Martin, se répandit et prit assez de consistance, pour que le juge de paix de Coucouron crut devoir, le 25 octobre, venir y faire des perquisitions.

Ce magistrat mal informé, fit une visite domiciliaire à l'auberge de Pierre Martin, alors affermée au sieur Galand, mais n'en fit aucune à la maison habitée par Pierre Martin lui-même, où tout indique que l'assassinat a eu lieu et que le cadavre se trouvait encore. Les assassins avertis par ces recherches, du danger qu'ils pouvaient courir, se hâtèrent dans la nuit du 25 au 26 octobre, de le transporter au loin, sur les bords de l'Allier, où il fut trouvé le lendemain. Les hommes de l'art reconnurent que la mort d'Anjolras avait été violente ; ils en rapportèrent l'époque au 12 octobre et déclarèrent que quelques-unes de ses blessures avaient été faites après la mort, et dans l'intention probable de faire croire qu'il s'était tué en tombant du haut du rocher auprès duquel il fut trouvé.

Pierre Martin, sa femme et son domestique Rochette, dont la mauvaise réputation est un fait établi, furent universellement accusés de cet assassinat. Ils étaient tous les trois dans la maison de Peyrabeille le 12 octobre au soir, et ils déclarèrent n'y avoir pas vu Anjolras. Ils vont même jusqu'à dire qu'ils ne l'ont jamais vu ni connu. Cette dénégation, leurs conversations, les démarches nombreuses qu'ils ont faites ou fait faire auprès de certains témoins, tout, dans cette affaire, donnait déjà aux soupçons contre ces individus un caractère de certitude, lorsqu'on apprit que, dans la nuit du 25 au 26 octobre, Pierre Martin et Rochette auraient été reconnus suivant la route qui mène à l'Allier, et y transportant un cadavre placé sur le dos d'un cheval. Les poursuites dirigées contre ces individus, ont fait acquérir la preuve de beaucoup d'autres crimes, dont quelques-uns ont dû être écartés à cause de la prescription qui, dans ce cas, venant en aide aux coupables, ne leur laisse que la honte et l'infamie, et les met à l'abri de toute pénalité.

Il y a sept ans que le sieur Michel Hugon, revenant de la foire de Jaujac, s'arrêta en passant à Peyrabeille, dans l'auberge tenue par Pierre Martin, et eut l'imprudence de convenir qu'il n'avait pas employé tout son argent. Parti pour retourner chez lui, à peine eut-il fait quelques centaines de pas, qu'il se vit arrêté, dans un coin enfoncé, par Pierre Martin qui, à l'improviste, se jeta sur lui armé d'une pioche, et l'en frappa violemment. Michel Hugon défendait sa bourse et sa vie, et allait désarmer son assassin, quand, voyant avancer Rochette qui criait à son maître de frapper plus fort, il se sauva à toutes jambes. Vers la fin de juillet 1828, André Peyre se rendait de la Sauvetat à Largentière, et s'arrêta, surpris par la nuit, à Peyrabeille, chez Pierre Martin. Il dormait sur le tas de foin où il s'était couché, lorsqu'au milieu de la nuit il fut saisi par un individu qui l'en fit sauter en le tirant violemment par les jambes.

André Peyre ne dut son salut qu'à l'arrivée subite de plusieurs chars qui allaient à la forêt de Bauzon, et passaient tous près de la porte du grenier à foin. Pierre Martin qu'il avait déjà reconnu à la lueur d'une lanterne laissée derrière la porte, lui dit en le quittant : « Tu es bien heureux que j'entende ces gens arriver chez moi. »

Le 1er septembre 1830, jour de la foire à Langogne, Pierre Martin, Jean Rochette, son domestique, et André Martin, son neveu, y rencontrèrent le sieur Jean Baptiste Bourtoul, qu'ils connaissaient, et le conduisirent à une auberge appelée la Foresteyre. Après l'avoir fait jouer et boire, André Martin et Rochette lui dirent qu'ils ne l'avaient pas amené là pour le voir, mais pour lui prendre l'argent de trente-cinq moutons qu'il avait achetés et qu'il n'avait pas encore payés. Bourtoul, épouvanté de ce propos, ayant voulu s'élancer à la fenêtre pour crier au secours, Rochette le saisit au cou, et au même instant, André lui porta un coup de poignard qui ne fit que lui effleurer le bas-ventre. Bourtoul fut alors réduit à leur livrer sa bourse, qui contenait une somme de 500 francs, et n'osa plus, jusqu'à l'arrestation des coupables, parler de cet événement.

Il y a environ deux ans que la femme Rose Ytier, veuve Bastidon, se rendant de Mayres à Pradelles, s'arrêta, à cause de la nuit, à Peyrabeille, et frappa à l'auberge de Pierre Martin. Pendant qu'elle attendait qu'on vînt lui ouvrir, elle crut entendre plusieurs individus, parmi lesquels elle reconnut Pierre Martin à la voix, qui parlaient bas, et qui paraissaient tenir conseil.

Un instant après, elle entendit encore Pierre Martin qui disait : *Où porterons-nous ce bougre-là ?* et une voix qui répondit : *En tous cas, les fossés autour de la maison sont encore frais, il faudra l'enterrer-là.* Ne sachant trop quelle interprétation donner à ces paroles, et voyant qu'on tardait trop à lui ouvrir, la veuve Bastidon se glissa dans le grenier à foin de l'auberge et s'y coucha.

Vers le milieu de la nuit, elle entendit un cri plaintif accompagné de ces mots : *Ah ! mon Dieu, ne me tues pas !* à quoi Martin répondit : *Il faut que tu y passes.*

Saisie de frayeur, la femme Bastidon se hâta de fuir, et à peine était-elle hors de la maison, que l'homme dont elle avait entendu les cris, sauta par la fenêtre et vint tomber à côté d'elle.

Cet homme, qui était en manches de chemise, et qui pouvait avoir quarante ans, ne dit à la veuve Bastidon ni son nom, ni sa demeure ; mais il lui raconta que pendant qu'il ne dormait pas encore, Pierre Martin et un autre individu, qu'il ne nomma pas, étaient entrés dans sa chambre, armés de couteaux pour l'assassiner, et qu'il était parvenu à leur échapper en sautant par la fenêtre.

On voit encore parmi les crimes non prescrits, révélés par la procédure, qu'il y a près de trois ans, le sieur Cellier, voiturier, couchant à Peyrabeille à l'auberge de Pierre Martin, confia jusqu'au lendemain à sa femme, Marie Breysse, une somme de 690 francs, qu'il portait dans le caisson de sa voiture ; qu'ayant voulu, après son départ, compter l'argent que cette femme lui avait rendu, il s'aperçut qu'on lui avait soustrait 100 francs ; qu'à son retour, la femme Martin nia hautement les avoir pris ; mais, depuis l'arrestation de son mari, elle a offert de les lui rendre, à condition qu'il ne serait plus parlé de ce vol.

En conséquence, Pierre Martin, Marie Breysse, sa femme, et Jean Rochette, sont accusés : 1° de s'être rendus coupables, dans le mois d'octobre 1831, d'un assassinat commis dans l'auberge dudit Martin, sur la personne du nommé Antoine Anjolras ; 2° lesdits Pierre Martin et Jean Rochette sont encore accusés de s'être rendus coupables d'une tentative d'assassinat commise il y a environ 9 ans, sur la personne du nommé Hugon ; 3° ledit Pierre Martin est accusé de s'être rendu coupable d'une tentative d'assassinat commise à la fin de juillet 1828, au lieu de Peyrabeille, sur la personne du nommé Poyre ; 4° lesdits Pierre Martin, André Martin, son neveu, et Jean Rochette, sont accusés de s'être rendus coupables, le 1er septembre 1830, à Langogne, d'une tentative d'assassinat, pour faciliter un vol, et suivie dudit vol, commis par plusieurs personnes porteurs d'armes apparentes, à l'aide de violences, et dans une maison habitée, sur la personne et au préjudice du nommé Bourloul ; 5° ledit Pierre Martin est accusé de s'être rendu coupable, il y a environ deux ans, à Peyrabeille, d'une tentative d'assassinat, pour faciliter un vol sur la personne d'un inconnu ; 6° ladite Marie Breysse, femme Martin, est accusée de s'être rendue coupable, il y a environ trois ans, et dans son auberge, du vol d'un objet confié à sa garde en qualité d'aubergiste, ledit vol commis au préjudice dudit sieur Cellier.

L'Interrogatoire.

Les réponses des accusés aux questions que M. le président leur adresse, relativement aux faits qui viennent d'être énumérés, ne consistent qu'en de sèches et tranchantes dénégations qu'ils ne parviennent pas, on dirait même qu'ils ne cherchent pas à rendre vraisemblables : ils suivent ce système de tout nier d'une manière tellement absurde et avec si peu d'habileté, qu'ils repoussent comme fausses (la femme Martin surtout) les circonstances les mieux établies, alors même qu'elles seraient sans aucune conséquence. C'est ainsi qu'ils persistent à soutenir qu'ils n'ont jamais connu Anjolras, bien que leur liaison avec cet infortuné soit presque de notoriété publique. Ils ne savent pas nier avec circonspection et mesure, en un mot, ils ne savent pas se défendre.

La femme Martin montre une grande violence dans ses ripostes aux témoins, qu'elle cherche à intimider par son attitude et ses regards audacieux. L'impression du jury et du public est des plus défavorables pour cette mégère.

Les dépositions.

Après avoir interrogé les accusés, le président des assises procède à l'audition des témoins. Ils sont au nombre de 109, dont 17 cités par les accusés comme témoins à décharge.

Parmi les dépositions qui n'ont point été énoncées dans l'acte d'accusation, nous en citerons deux qui ont produit sur l'auditoire une impression d'horreur difficile à décrire.

La première est celle de Vincent Boyer, ouvrier

ferblantier, âgé de 29 ans. Après avoir prêté le serment d'usage, il raconte les faits suivants :

« Un jour de l'hiver 1824, dit le témoin, me rendant auprès de ma famille à Aubenas, je fus surpris par le mauvais temps (la terre était couverte de neige) et obligé de m'arrêter à l'auberge des Martin, au lieu de Peyrabeille. J'y vis plusieurs personnes et notamment un vieillard qui s'y était également arrêté pour y passer la nuit. La femme de Martin m'ayant invité à m'approcher du foyer, entra avec moi en conversation ; elle me fit un grand nombre de questions sur les profits que pouvait me procurer mon état, et sur l'argent que je portais. Elle me dit qu'il existait dans les environs une bande de brigands et me demanda ce que je ferais, si j'étais attaqué en route par eux.

Je leur abandonnerais, lui répondis-je, les seuls trente sous qui me resteront, après avoir payé mon souper. Mais s'ils en voulaient à votre vie et non à votre argent, que feriez-vous ?

Je la vendrais le plus cher possible.

— Si l'on tuait dans une auberge un individu, et qu'on épargnât votre personne, quelle serait votre conduite ?

— Je défendrais cette personne au péril de ma vie, s'il y avait quelque chance de la sauver ; sinon, je resterais tranquille.

— Êtes-vous difficile à réveiller ?

— Très difficile. Lorsque je dors, on pourrait emporter la maison.

Un interrogatoire aussi étrange me terrifia ; je vis très clairement que je me trouvais dans un coupe-gorge. Cependant je tâchai de faire aussi bonne contenance que possible.

Après m'avoir ainsi questionné, la femme Martin s'approchant aussi du vieillard lui demanda la cause de son voyage.

Ce malheureux, sans méfiance, et avec une grande naïveté, avoua qu'il venait de vendre une vache, dont il portait le prix à ces *mangeurs*, voulant indiquer les officiers de justice. (*Rire général.*)

— Lorsque j'eus entendu ces paroles, mon inquiétude redoubla, et je vis bien que notre vie ne tenait plus qu'à un fil. Je tâchai de dissimuler de mon mieux la crainte qui m'agitait, et dès ce moment je m'abstins d'adresser la parole à l'imprudent étranger.

Cependant l'heure du coucher était arrivée. Les gens de la maison nous dirent d'un ton impératif, car ils ne se déguisaient déjà plus, que nous eussions à monter dans nos chambres respectives. Le vieillard comprit seulement alors toute l'imprudence de son indiscrétion, et vit clairement qu'il était à la merci de malfaiteurs ; il se hasarda à dire qu'il désirait coucher dans le même appartement que moi, mais on lui notifia sèchement qu'il coucherait seul. (Frémissement prolongé, mais silencieux dans l'auditoire), les accusés restent impassibles.

— Je n'eus garde de me mêler à la discussion, j'en sentais trop toute la conséquence.

On nous conduisit dans des appartements séparés, et à une certaine distance l'un de l'autre. Lorsque le vieillard fut rentré dans le sien, j'entendis qu'il faisait de nouvelles difficultés pour y coucher, mais elles furent vaines. *Arranges-toi comme tu voudras*, lui répondit une voix, il n'y a pas d'autres appartements pour toi. Après, j'entendis la porte de cet appartement se fermer, et celui qui avait accompagné le vieillard descendre à l'étage inférieur.

L'une des filles de Martin me conduisit à la chambre qui m'était réservée, elle me recommanda de ne pas laisser ma porte ouverte. La recommandation était faite d'un tel ton, que je l'ai prise pour un ordre

Aussitôt que la fille Martin fut sortie, j'examinai mon lit et je fus saisi d'épouvante en voyant sur le traversin des taches de sang aussi grandes que la surface d'un seau.

(Nouvelle impression d'horreur, mais toujours profond silence ; il semble qu'il y ait entre les auditeurs convention tacite de s'interdire toute manifestation qui pourrait faire perdre un mot de cet effrayant récit.)

Je me couchai plus mort que vif ; au bout d'une

heure environ, quelqu'un vint dans ma chambre pensant que j'étais endormi (car j'en faisais semblant); on fouilla mes vêtements; et n'y trouvant que trente sous, on les y laissa et on redescendit. Deux ou trois heures étaient à peine écoulées que j'entendis frapper à coups redoublés à la porte de l'appartement occupé par le vieillard : « *Allons lève-toi, il est temps !* (Redoublement d'attention, l'indignation se lit sur tous les visages) lui répéta-t-on plusieurs fois, mais toujours inutilement. Les individus qui faisaient ce bruit descendirent au rez-de-chaussée ; ils remontèrent au bout d'une demi-heure. Ils frappèrent de nouveau à la porte de la chambre, toujours proférant les paroles que je viens de rapporter. Voyant que l'étranger s'obstinait à paraître ne pas les entendre, ils enfoncèrent la porte. Aussitôt, j'entendis distinctement les cris : « Au secours ! au secours ! » plusieurs fois répétés. Mais bientôt la victime ne poussa plus que des cris inarticulés, et que je ne puis mieux faire connaître qu'en les comparant aux cris d'un porc qu'on égorge. (Saisissement profond. Le cri de l'indignation parait près de s'échapper à la fois de toutes les bouches.)

Pendant l'accomplissement du crime, c'est-à-dire au moment où le malheureux vieillard poussait des cris de détresse, les filles Martin, âgées de 25 à 30 ans, étaient à la porte de ma chambre, riant aux éclats et chantant, ce qui me les faisait comparer à des monstres sortis de l'enfer. (Les regards se portent vers le banc des accusés, ils semblent demander pourquoi les filles de Martin n'y sont pas assises.)

Le lendemain matin, je me levai un peu tard, pour donner à ces scélérats le temps de cacher leur crime et mettre mieux ainsi ma vie en sûreté. La femme Martin me questionna de nouveau, me demanda si j'avais bien dormi, si je n'avais rien entendu. Je m'empressai de lui dire que je n'avais fait qu'un somme qui avait duré jusqu'au moment de mon lever.

J'étais tellement épouvanté que, lorsque j'eus fait une centaine de pas hors de la maison, je me suis mis à courir autant que mes jambes peuvent me le permettre, et ne m'arrêtai que lorsque je pus me croire à l'abri de toute atteinte de la part de ces bandits. »

Cette déposition faite d'un ton simple, mais animé, est suivie d'une agitation prolongée dans l'auditoire. On se communique ses impressions d'autant plus avidement qu'on s'est abstenu pendant tout le récit qu'on vient de lire. On n'avait pas osé alors risquer le moindre mouvement ; on retenait son souffle pour ne pas perdre un mot de ce récit.

Le témoignage de Vincent Boyer produisit sur les accusés un effet accablant; ils en parurent altérés.

À peine ont-ils opposé la vague et froide dénégation qui forme leur moyen uniforme de défense.

Leurs avocats eux-mêmes ont gardé le silence.

Interpellé par le magistrat et par les jurés sur différents points, le témoin répondit à tout d'une manière satisfaisante, si ce n'est au reproche fondé d'avoir par vaine crainte ou par une indifférence plus coupable encore, différé jusqu'à ces derniers temps la révélation d'un crime aussi affreux que celui dont il venait de reproduire les détails.

Voici maintenant la déposition extrêmement circonstanciée de Laurent Chaze, âgé de 56 ans, mendiant, demeurant à La Souche, canton de Thueyts.

— « Il y aura deux ans, au mois d'octobre prochain, que revenant d'un pèlerinage à La Louvesc, je passai au Puy ; je logeai dans une maison hors de la ville, j'ignore le nom des propriétaires. Je partis au soleil levant, le jour de la foire de St-Cirgues-en-Montagne, le 12 octobre.

Le même jour, au soleil couchant, je rencontrai, près les derniers villages qui avoisinent Peyrabeille, deux petits chars vides à chacun desquels était attelé un cheval : j'ignore le nom du conducteur, mais me voyant fatigué, il m'offrit de me porter jusqu'au village le plus voisin de Peyrabeille.

J'acceptai la proposition et je fus porté à une distance de Peyrabeille, d'environ une heure de chemin. Je fis ce trajet à pied, et j'arrivai de nuit à l'auberge de Pierre Martin, dit Blanc. Je m'arrêtai sur le seuil de la porte, et demandai l'hospitalité ; la femme Martin me répondit qu'on ne pouvait pas me loger, et m'envoya chercher gîte ailleurs. Je répondis que je paierais mon coucher sur le foin et le peu de nourriture que je prendrais. Elle me dit alors : Entrez. Le mari ajouta : coucherez-vous sur le foin ? Je répondis : Je coucherai là où vous me mettrez. J'entrai et je trouvai les quatre accusés ici présents, autour du feu, et Marie Armand (un des témoins).

Il y avait ensuite à une table voisine trois hommes, dont l'un m'adressa la parole et me demanda qui j'étais. Je demeurais alors à St-Cirgues-de-Prades, et je le lui dis. Il me dit à son tour qu'il connaissait cet endroit ; et il ajouta que ce jour-là en revenant de la foire de St-Cirgues-en-Montagne, une génisse lui avait échappé, qu'il ne savait ce qu'elle était devenue, et qu'il était venu coucher chez Martin qu'il considérait comme un de ses amis. L'un des trois étrangers ayant demandé une nouvelle bouteille, la femme Martin la refusa en disant qu'il était trop tard. Alors deux de ces hommes s'en allèrent et celui qui m'avait adressé la parole resta, il mangea encore une pleine écuelle de soupe et alla se coucher. On lui dit : *Vous savez où est votre lit ?* il répondit : *Oui*, et le domestique de Martin s'apprêta à aller l'éclairer.

Anjolras (car j'ai su depuis le nom de l'homme qui

allait se coucher), leur dit : Je ne paie pas ce soir, je paierai demain, je dois déjeûner avec une autre personne. Pierre Martin répondit : *Cela suffit.* Le domestique, après être revenu d'éclairer Anjolras, déclara qu'il était assez tard pour se coucher, et m'engagea à me rendre à mon tour au grenier à foin. Je montai accompagné du domestique, qui m'indiqua dans le foin, non loin de l'escalier, le lieu où je devais me placer. J'aperçus à la clarté de la lampe, l'endroit où Anjolras devait également coucher ; c'était dans le foin à une distance d'environ six à huit pas de l'endroit où j'étais moi-même. Quelques moments plus tard, les trois hommes montèrent les escaliers et arrivèrent dans le grenier près d'Anjolras. Ils n'avaient point de lumière, et l'un d'eux dit : « *Il faut attendre la lampe.* » En effet, la femme Martin ne tarda pas à monter avec une lampe en portant un pot, qu'elle remit aux trois hommes avec la lampe ; elle descendit aussitôt. Je faisais semblant de dormir et cependant j'observais silencieusement les mouvements de ces trois hommes qui sont les accusés ici présents (Mouvement). Ils se jetèrent sur Anjolras et lui dirent : Il faut boire ceci ? Alors j'entendis comme un coup de marteau donné sur la tête d'un homme. (Nouveau mouvement, profonde horreur.) J'entendis au même instant le patient qui jeta les cris de douleur : *Oh !... Oh !... Oh !...* Peu d'instants après, deux de ces hommes s'approchèrent de moi, m'examinèrent et j'entendis qu'ils disaient entre eux : *Il dort, il n'a pas froid.* Ils me quittèrent pour retourner du côté du mort, ils prirent le cadavre à eux trois et le descendirent au grenier à foin. J'entendis que l'un des trois disait : *Tiens ferme, ne lâche pas !* J'entendis ensuite qu'ils disaient dans la cuisine : *Cette nuit nous avons fait cent écus.* (La cuisine était au-dessous de l'endroit où j'étais couché). Bientôt après ces gens-là montèrent de nouveau au grenier à foin et restèrent tous les trois autour de la lampe, qui était placée sur des petites planches, pour éviter que les étincelles ne tombassent sur le foin. Ils avaient l'air de me surveiller et observaient le plus grand silence ; lorsqu'ils descendirent de nouveau à la cuisine, je les entendis parler et dire qu'ils n'avaient pas fait grand chose. Ils vinrent au grenier à foin deux ou trois fois de cette manière. Enfin, lorsqu'il fut jour, je me levai. Le domestique était alors seul dans le grenier auprès de la lampe qui venait de s'éteindre. Je le remerciai bien de la charité qu'il m'avait faite et je lui offris de payer le coucher ; il me répondit, après avoir réfléchi, que ce n'était point l'usage de payer le coucher dans le foin ; il me demanda si j'avais bien dormi, je lui répondis : *Oui, car j'étais bien fatigué.* Je descendis dans la cuisine où je trouvai au coin du feu la femme Martin et la journalière que j'y avais vue le soir. Je remerciai la femme Martin et je lui dis que si elle le voulait je paierais le coucher. Elle ne me répondit pas. Je sortis et pris le chemin de Lanarce. Je rencontrai en route plusieurs personnes à qui je fis part d'une partie des faits que je viens de raconter. J'en fis part également à M`me` Bompoix que je rencontrai aussi. Je ne fis part à ces témoins que d'une partie des faits, me réservant de tout dire à la justice. »

Cette déposition de Chaze, vieillard à la figure vénérable, bien que couvert des haillons de la misère, produisit sur tout l'auditoire une impression profonde. Dès ce moment, tout le monde regarda les accusés comme perdus ; aussi, les avocats lui firent successivement et pendant plus de trois heures, une foule de questions, dans le but d'éprouver s'il ne tomberait pas en contradiction. Vains efforts. Un incident surtout dut être d'un grand effet sur l'esprit des jurés. Marie Armand avait, dans plusieurs dépositions écrites, et encore à l'audience, soutenu n'être pas présente dans la maison de Martin, le jour de l'assassinat. Cette fille fut confrontée avec Chaze : « *Ce n'est pas moi, dit-elle hardiment au vieillard, que vous avez vue chez Martin.*

C'est toi, répondit le mendiant d'une voix solennelle en lui posant la main sur l'épaule, » et Marie Armand, pâle, troublée, comme si elle eût subi l'ascendant d'une puissance surnaturelle, ne répliqua pas un mot. Tout le monde demeura persuadé que la conscience lui avait clos la bouche et que le vieux Chaze seul disait vrai.

Un grand nombre de dépositions, sans être aussi positives que les deux précédentes, vinrent à l'appui du fait principal, l'usage abominable que Martin faisait de son hôtellerie.

Les autres faits articulés dans l'acte d'accusation furent également conformes pour la plupart.

Cependant, beaucoup de témoins ont paru, même aux débats, sous l'influence des promesses ou des menaces des accusés : plusieurs ont rétracté ou atténué leurs dépositions écrites ; d'autres ont dissimulé les détails à leur connaissance. Il a fallu beaucoup d'efforts pour parvenir à rassembler les éléments nécessaires à la conviction des coupables.

Parmi les témoins qui ont caché une partie de la vérité, on remarque surtout Marie Armand. Cette fille, âgée de 25 ans environ, de petite taille, mais d'une figure expressive, révèle une intelligence, une présence d'esprit, un à-propos et une vivacité de repartie rares parmi les gens de sa classe.

C'est le personnage mystérieux, la dame Manson, au petit pied, de cet épouvantable drame. Elle paraît avoir assisté, comme spectatrice, à la mort d'Anjolras. Il est certain, du moins, qu'elle passa dans l'auberge de Martin, la nuit où fut commis le crime.

Outre Chaze, deux autres témoins, Moulin et Renaud, qui ont cette nuit-là couché dans l'auberge, et qui, comme Marie Armand, renient évidemment leur déposition ou la font suivre de réticences, affirment néanmoins y avoir vu cette fille. L'autorité de ces témoignages se trouve confirmée par les dépositions qu'elle-même a faites dès qu'elle a cru l'information terminée et qu'elle s'est imaginé, en conséquence, n'être plus ainsi qu'elle le disait, *exposée à être appelée en justice dans cette affaire.*

Cinq témoins déposent de ces révélations qui embrassent l'aveu de sa présence à l'heure et sur le lieu du crime, et les détails de l'assassinat du malheureux Anjolras. Interrogée par le juge de paix du lieu, délégué à cet effet, elle avait soutenu n'avoir rien dit qui fût relatif à ce crime ; soit égard pour l'intimité connue qui la liait aux accusés, soit effet de la commune terreur qu'ils inspiraient. Elle avait même pris le parti de quitter la contrée et s'était soustraite aux recherches de la justice. Aux débats, elle prétend ne rien savoir. Elle affirme avoir couché chez elle, la nuit de l'assassinat. Aux dépositions contraires des témoins, elle répond avec un calme imperturbable. *Il paraît que ces gens-là ont deux âmes et qu'ils peuvent en sacrifier une. Quant à moi je sais que je n'en ai qu'une, et je ne veux pas la perdre, mais la sauver.*

Après l'affirmation énergique de Laurent Chaze relativement à sa présence sur le lieu du crime, elle avait, comme nous l'avons dit, montré de l'indécision et du trouble, mais elle n'avait pas tardé à reprendre son impassibilité. Enfin, après une lutte pour ainsi dire corps à corps, tantôt avec le ministère public, tantôt avec M. le président, dans laquelle elle a étonné par la décision et l'à-propos de ses réponses, tous ceux qui l'entendirent, elle finit par dire qu'il était possible qu'elle eût raconté aux témoins quelque chose de ce qu'ils avançaient, qu'elle avait pu, dans le but d'exciter la curiosité, « *dire tout ce qui lui passait par la tête, qu'elle en était bien libre, que personne n'avait rien à y voir, que ce n'était pas là une déposition, que ce n'était pas aux curieux, mais à la justice qu'elle devait la vérité et qu'elle la lui avait toujours dite.* »

À l'appui de ces paroles, elle invoque le témoignage de personnes qui certifieraient qu'elle a passé à St-Cirgues, lieu de son domicile, la nuit où on prétend qu'elle a couché à Peyrabeille. Les accusés ont fait citer ces personnes, mais aucune d'elle n'est venue confirmer l'alibi invoqué par Marie Armand. Cette fille se retire ce jour-là sous le poids de l'indignation manifestée par le public.

Le lendemain, la scène change. Marie Armand se présente chancellante, abattue, la tête humble, les joues pâles. Interpellée, adjurée par M. le président de dire enfin tout ce qu'elle sait, elle avoue d'une voix tremblante qu'elle en a imposé la veille à la justice ; elle en attribue la cause à la peur que lui inspirent les accusés ; elle avoue avoir couché à Peyrabeille, la nuit de la disparition d'Anjolras, elle y a vu entrer un homme d'âge qui s'est plaint de la disparition d'une génisse. Cet homme a soupé, puis est allé se coucher dans le foin... A ces mots qui paraissent le préambule d'une révélation complète, tous les souffles sont pour ainsi dire suspendus : vaine attente. La vérité, un instant apparue sur les lèvres de Marie Armand, rentre pour jamais dans cette âme close ; nul effort ne l'en tirera plus ; ni les adjurations pressantes du ministère public, ni celles du président, ni celles même des jurés, ni la crainte des suites que peut avoir une déposition infidèle, n'auront pouvoir de la faire parler Elle ne sait rien au-delà de ce qu'elle a dit, par conséquent rien du meurtre. De la cuisine où on l'a mise coucher, et qui tient immédiatement au grenier à foin, elle n'a dû entendre aucun cri, pas même ceux déclarés par les témoins Reynaud et Moulin, et que ceux-ci attribuent à un mal de dents qu'aurait eu Rochette. Elle n'a pas aperçu dans la maison ces deux témoins. Elle y a vu entrer un vieux mendiant, mais il lui semble qu'il était plus petit que Chaze et qu'il avait les traits moins prononcés. Ce mendiant, du reste, a été, comme le propriétaire de la génisse, se coucher au grenier à foin.

L'audition des témoins n'a été terminée que le septième jour. Les quatre premiers jours, les époux Martin et leur domestique avaient l'air de venir assister plutôt à un triomphe qu'à un jugement. Mais cette assurance disparut aux trois dernières audiences, leur attitude ne fut plus la même, l'inquiétude et l'abattement étaient peints sur leurs visages.

Pour Martin neveu, il n'avait pas montré autant d'assurance.

Le Réquisitoire

Le ministère public s'acquitta de sa tâche avec une terrible énergie et ne laissa pas un fait dans l'ombre, insistant sur ceux que l'instruction avait pu étayer de preuves suffisantes, n'évoquant les autres que pour grossir le faisceau des charges et corroborer les crimes mieux démontrés. Il donna lecture d'une série de dépositions, de rapports d'experts, et en particulier d'un rapport que voici sur l'état des lieux au moment de l'instruction. Ce document rédigé par M. Serpolet, notaire à Privas, ne paraîtrait pas très sérieux aujourd'hui, et constituait une accusation préventive, un peu en dehors des usages judiciaires. Il n'était même ni précis, ni instructif comme commentaire du plan qui devait l'accompagner.

RAPPORT *de la personne déléguée par la cour d'assises de l'Ardèche pour aller constater la disposition des lieux à l'auberge de Peyrabeille.*

« Nommé par la cour d'assises pour aller explorer le théâtre des crimes de Martin et de ses complices, je me transportai à Peyrabeille, lieu de leur habitation.

Un frisson s'empara de tous mes membres, quand j'aperçus, au milieu d'une plaine sans fin, dominant presque toutes les montagnes de l'Ardèche, l'habitation des époux Martin.

Ce fut pis quand j'entrai dans leur auberge et dans la maison qu'ils avaient à côté. Chaque coin, chaque place, me paraissait avoir été le témoin d'un meurtre.

Quelle horreur n'éprouvai-je pas en voyant cette table à laquelle venaient se placer les trop confiants voyageurs, et d'où ils ne sortaient ou plutôt n'étaient enlevés qu'après avoir été ébouillantés et massacrés ; cette cheminée affreuse où se préparaient le breuvage mortel et la soupe empoisonnée ; cette cheminée, dis-je, où l'un des témoins crut reconnaître dans une marmite les membres encore palpitants d'un être humain.

Dans cette auberge, dans cette maison, chaque pas conduit au lieu d'un assassinat ; ici c'est la chambre où le voyageur abandonné au sommeil ne peut plus se réveiller, ailleurs, c'est le puits profond et secret où plus d'un malheureux est venu se précipiter, plus loin, c'est le caveau où le même Anjolras a, pendant 48 heures, lutté, hélas ! sans espoir, contre les angoisses d'une mort cruelle et inévitable.

Tout enfin dans ce repaire respire le crime, l'horreur et l'effroi.

Telles sont les impressions qui me sont restées de mon voyage. »

Le procureur du Roi tira de ce rapport des conclusions écrasantes, mais quelques-uns des défenseurs protestèrent contre ses termes qui devançaient le jugement et qualifiaient, comme prouvés, des faits qui ne l'étaient pas et devaient être confirmés par les débats et le verdict.

La défense des accusés.

Les quatre accusés étaient défendus par des avocats du barreau de Privas. M° Dousson, le *Manchot*, avocat retors et déjà avancé en âge, était chargé de la défense du principal accusé, Pierre Martin.

M° Croze, qui devint plus tard juge au siège de Privas et maire de la ville, était un avocat d'un certain mérite, et déjà rompu aux difficultés de sa profession. Ce fut à lui qu'incomba la défense de la femme Martin, Marie Breysse.

M° Léon Ladreyt de Lacharrière, frère du général et du préfet du même nom, et qui était, il y a quelques années encore, vice-président du siège de Privas, puis mourut peu de temps après avoir pris sa retraite, à un âge avancé, fut chargé de défendre le domestique de Peyrabeille, Jean Rochette, sur lequel pesaient lourdement la plupart des charges de l'accusation.

Cet honorable magistrat nous a raconté peu d'années avant sa mort, la part qu'il avait prise aux débats de l'affaire, et il avait conservé un souvenir assez vif de ce procès célèbre dans lequel il avait joué un rôle actif et difficile.

Enfin, la défense du neveu de Pierre, André Martin,

dont la complicité dans le crime d'Anjolras n'était pas en jeu, mais seulement dans celui de Bourtoul, fut confiée au plus jeune membre du barreau, M° d'Audigier.

Plaidoirie pour Pierre Martin.

M° Dousson prit le premier la parole, car il avait à répondre aux plus lourdes et plus nombreuses charges de l'accusation.

Voici les principaux passages de cette plaidoirie et les arguments sur lesquels la défense des accusés fut généralement échafaudée, car essayer de démontrer l'innocence de Pierre Martin, c'était du même coup réhabiliter toute la bande des assassins.

Messieurs les jurés, dit M° Dousson avec solennité :

Si vous aviez à déterminer vos décisions souveraines, d'après les manifestations extérieures de l'opinion publique et si vos consciences devaient obéir au jugement souvent aveugle et passionné des foules, ma tâche serait dès à présent terminée, et j'hésiterais vraiment à disputer à votre verdict, cet homme, condamné d'avance avec une rigueur qui ne prend même pas la peine de se dissimuler, et qui ne s'inspire d'aucun sentiment d'humanité.

Mais ce n'est point à cette barre, en face d'un jury éclairé, impartial, inaccessible aux influences du dehors et n'écoutant que la voix de la justice, de la raison, de la vérité, ce n'est point devant cette magistrature élevée, intègre, sourde aux passions, qu'il conviendrait de s'abandonner au découragement et de désespérer de faire triompher la lumière et la vérité.

Oui, lorsque j'ai vu le déploiement de forces, le luxe de précautions dont on a voulu faire comme un cadre terrifiant et trop trop solennel à ces débats; lorsque j'ai vu la foule se presser si compacte et si agitée à l'ouverture de ces assises, ne cachant pas ses haines féroces, ses malédictions et ses vœux sanguinaires, je me suis dit que vos conciences pouvaient être troublées par ces clameurs, oppressées par ces sinistres préventions de l'opinion.

Mais voici toute une longue semaine que se déroulent devant vous ces débats émouvants, au milieu desquels s'agite une question si grave pour mon client, pour ses co-accusés peut-être, et je dois rendre ce solennel hommage à la vérité et à votre honneur, en disant qu'à cette barre, nous avons tous admiré votre calme, votre religieuse attention et votre sentiment élevé du devoir, Messieurs les jurés.

Et plus ces débats avançaient, plus les efforts de l'accusation se multipliaient, plus les témoignages s'accumulaient en se contredisant, en se heurtant, plus je sentais revenir en moi l'espoir qui fait notre force à nous, défenseurs, car je voyais bien, que la lumière se faisait dans vos esprits, que les exagérations de la foule étaient singulièrement réduites, et que ses passions violentes expiraient au pied de ce tribunal suprême dont vous êtes les véritables juges.

Après cet exorde insinuant, le défenseur abordait la discussion des charges si lourdes qui pesaient sur son client, glissant sur quelques-unes, non les moins graves parfois, et retenant l'attention des jurés sur les faits douteux, contestés ou insignifiants.

On a étrangement, démesurément grossi cette affaire, reprend-il.

On a comme à plaisir accumulé sur la tête de Marlin et de ses prétendus complices, tous les crimes, tous les forfaits dont la contrée sauvage au milieu de laquelle il habitait a pu être le théâtre mystérieux.

On a fait de cet homme obscur, paisible, hospitalier, une sorte de héros du crime, un monstre surhumain vivant, pendant un quart de siècle, de meurtre et de rapine, possédé de la folie du carnage et élevant sur des monceaux de cadavres une fortune rapide, relativement considérable, bâtissant des auberges somptueuses et dotant richement ses filles, avec les dépouilles de ses victimes.

C'est bien là, en effet, Messieurs les jurés, la terrible, l'ignominieuse accusation que l'on fait peser sur cet homme. Il en est comme écrasé, et je sens moi-même tout le poids du lourd échaffaudage si laborieusement élevé par une information aussi longue qu'embarassante.

Que n'a-t-on pas fait pour donner à cette accusation une forme, un corps, une âme, pour la faire se tenir debout et saisir vos imaginations bien plus que vos convictions.

On a fait de minutieuses recherches, des perquisitions, des fouilles, on a sondé, interrogé le ciel et la terre, les rochers et les eaux, on a suscité dans l'intérêt de la justice et de la vérité, je le reconnais, tous les témoignages, tous les griefs, fait appel à tous les souvenirs, à toutes les rancunes, même, et cela est à retenir, car j'aurai à y revenir plus d'une fois.

Qu'a-t-on découvert ? quel faisceau de faits, quels rayons de lumière a-t-on pu recueillir ?

Le voile qui cachait ces monstrueux forfaits perpétrés dans le plus habile mystère a-t-il été déchiré, et le crime vous est-il apparu avec la clarté de l'évidence, comme cela aurait dû être, comme cela serait, assurément, si les faits dont l'accusation prétend avoir les mains pleines étaient sérieux, authentiques, concluants.

La plupart doivent être tout d'abord écartés du débat. Ils sont, ou insignifiants ou sans preuve juridique. Ils ont juste la valeur d'une rumeur vague, d'une légende, d'une présomption mal assise.

Les autres ont un air plus grave, et révèlent un aspect plus menaçant. Ils s'appuient, non sur des preuves certaines, mais sur des commencements de preuves, sur des récits qui en passant de bouche en bouche ont presque acquis force de vérité, au dire de l'accusation.

Tout cela, messieurs les jurés, est trop grave, porte trop loin, je dirais presque *trop haut*, si dans un tel moment mon esprit pouvait sacrifier à un jeu de mots aussi cruel.

J'écarterai donc les faits de moindre importance, ceux sur lesquels un esprit calme, amoureux de la vérité seule et de la pleine lumière, ne saurait s'arrêter longtemps.

Je prendrai au contraire corps à corps les faits plus graves retenus par l'accusation, ceux autour desquels semblent se grouper des charges plus sérieuses, plus concluantes. Et si je réduis ces charges à leur véritable valeur, si je vous en démontre l'incertitude, l'invraisemblance, l'impossibilité matérielle, le néant!..... il faudra bien que dans vos consciences d'hommes probes, de juges loyaux et intègres que vous êtes, je l'affirme, vous proclamiez l'innocence des accusés

La vie de ces malheureux est entre vos mains, vous avez le droit et le devoir de leur demander compte de leur passé, de leurs antécédents, de leur fortune, parce que leur salut et leur honneur dépendent de cette scrupuleuse enquête Ils vous doivent toute la vérité là-dessus, et je vais vous la dire pour eux, pour mon client, ce chef aimé et honoré d'une famille qui, la veille de son arrestation, jouissait encore de la considération publique, de l'estime de tous ceux qui l'avaient connu, et qu'il mérite encore, jusqu'à preuve contraire.

Cette histoire des Martin de Peyrabeille est bien simple, et il a fallu le concours de circonstances fatales, pour en troubler brusquement le cours paisible et naturel, la transformer en une sorte de drame aussi long que terrible.

Il y a moins d'un quart de siècle que Pierre Martin, de Blanc, qui par un labeur assidu, opiniâtre mais honnête, avait ramassé quelques économies, vint se fixer à Peyrabeille.

Dans ce site à peu près désert, il cultivait une propriété en qualité de fermier, comme il l'avait fait auparavant au hameau de Chabourzial, non loin de là, car toute sa vie s'est écoulée sous ce rude climat, dans le travail et l'épargne, ces deux puissants leviers, ces deux sources fécondes de l'aisance, souvent de la fortune.

Quelques années plus tard, il fit bâtir une auberge à lui, de deniers péniblement ramassés par tous les membres de la famille, avec le concours de serviteurs actifs et dévoués.

M. le procureur général vous a fait de cette auberge honnête, d'un appareil simple et sans prétention, une peinture effrayante.

Ah! il eût même représenté d'un mot cet antre maudit, terrifiant, si déjà l'*Enfer* n'eût existé quelque part ailleurs, à Meyras, et n'eût déjà payé très-cher, le droit de ne pas avoir de concurrent.

Oui, messieurs les jurés, l'accusation a sans doute songé à établir entre le trop célèbre bandit de Meyras et les obscurs aubergistes de Peyrabeille, une analogie qui est plus faite pour frapper les esprits que pour les éclairer.

L'antre sanglant de Peyrabeille, le coupe-gorge, puisque le ministère public s'est servi de ce mot terrible, n'a qu'un bien triste rapport avec l'auberge de Brun dit l'Enfer.

Elle a eu à souffrir de ce voisinage et voilà tout. Les Martin ont tout à coup hérité de ce sinistre assassin qui porta sa tête sur l'échaffaud il y a dix ans à peine.

Oui ils ont hérité de la sanglante légende de l'*Enfer*, et j'ai l'intime conviction, que les crimes qu'on leur reproche vaguement, avant comme après l'époque de cette expiation suprême, appartiennent tout entiers au dossier criminel de l'Enfer.

De Meyras à Peyrabeille il n'y a pas très loin, et cette distance, l'imagination déjà effrayée, surexcitée, des gens de la contrée, n'a pas eu de la peine à la franchir.

Je dirai plus, et cela est grave, et cela sollicite toute votre attention.

Je suis très-porté à croire que la plupart des faits criminels reprochés aux habitants de Peyrabeille avant la mort de Brun, ont pu être commis par lui, par ses affidés, qui, vous le savez, tenaient la campagne et ne pratiquaient pas l'assassinat à domicile.

Je sais bien qu'on a rappelé, comme une révélation lumineuse, cette parole qu'on met dans la bouche de Brun au moment où il allait porter sa tête sur l'échafaud : « *on tue l'Enfer mais on laisse vivre le diable* », parole dans laquelle on a voulu voir une allusion à mon client.

Mais tout cela est-il sérieux, et n'est-ce autre chose qu'un jeu de mots peu en situation dans la bouche d'un homme qui marche à la mort, ou une facétie inventée après coup.

Quoiqu'il en soit, la maison de Peyrabeille fut construite; Pierre Martin me l'a dit lui-même, il avait été déterminé à cette création par la route qui passait là, et il avait cru faire en même temps une opération fructueuse tout en rendant service à l'humanité par l'établissement de ce refuge si nécessaire.

J'ai dit refuge, messieurs les jurés, et je l'ai dit à dessein, car ce mot rend bien le vrai caractère, le rôle incontestable de cette auberge de Peyrabeille dont l'accusation a fait au contraire une caverne de brigands et d'assassins.

Ils sont nombreux dans l'Ardèche et dans les départements voisins, ceux qui ont été conduits par le hasard ou par la nécessité de leurs affaires à demander l'hospitalité à cette caverne, et je ne sache pas que ceux-là aient eu à le regretter et à en souffrir.

Ah si, je me trompe; il y a le témoin, ce mendiant Laurent Chaze, pour lequel les Martin n'ont pas eu, paraît-il, tous les égards dûs à sa notoriété de vagabond et d'ivrogne, et qui est venu, lui, mû par un sentiment où la rancune et la vengeance ont plus de part que la réalité, verser sur la tête de mon client et de ses coaccusés, les accusations les plus graves et en même temps les plus invraisemblables.

Mais ce n'est pas ici le moment de discuter ces témoignages, passons.

L'accusation n'a pas manqué de tirer de l'aspect extérieur comme des dispositions intérieures de l'auberge de Peyrabeille les effets les plus propres à impressionner vos esprits.

Cette maison lourde, solide, aux ouvertures avares de lumière, garnies de barreaux de fer çà et là, comme il est prudent de construire sur ces hauteurs désertes, exposées aux tempêtes et aux malfaiteurs, cette maison, dis-je, révèle tout un plan de brigandage.

Tout y a été calculé, prévu, ordonné, pour l'exercice du meurtre et du vol !

Ah ! Messieurs les Jurés, ce peut être là un effet oratoire, une peinture ingénieuse et pittoresque de cette auberge si humble et si semblable à toutes les maisons de nos régions montagneuses, mais ce n'est pas à coup sûr une peinture vraie, et rien ne saurait donner l'idée d'un coupe-gorge dans l'aspect de cette construction élevée suivant toutes les habitudes et les nécessités du pays. Il y en a cent, il y en a mille, peut-être plus dans nos montagnes Cévenholes qui offrent les mêmes particularités, le même aspect extérieur, la même chétive et incommode distribution intérieure.

C'est beaucoup insister sur un point aussi peu digne de vous arrêter.

Mais, nous dit aussitôt l'organe de la vindicte publique, on a signalé un grand nombre de disparitions, on a trouvé beaucoup de cadavres dans cette contrée, depuis l'établissement de cette auberge sur ce point, et les auteurs de toutes ces morts doivent être les Martin, car ils ont assassiné Anjolras, ils ont tenté d'assassiner et de voler d'autres personnes, ainsi que nous en apportons les preuves aux débats.

Les preuves ! nous discuterons cela, et nous verrons ce qu'il en restera.

Mais vous venez nous demander compte des cadavres trouvés dans ces déserts glacés pendant les longs hivers de ces dernières années, et cela parce que nous avons planté notre demeure dans ces lieux abandonnés et sous ce climat meurtrier.

Avez-vous donc compté les victimes qui ont laissé leurs dépouilles dans ces steppes couvertes de neige et de profondes congères, balayées par des bourrasques de neige aveuglantes et mortelles, avant que nous soyons venus nous établir là, sous une inspiration toute d'honnêteté et de dévouement à peine mêlé d'un vague espoir de lucre ?

Les avez-vous compté ces cadavres de tout temps abattus par le froid et la fatigue, par l'ivresse ou l'inanition dans ce rude passage de nos montagnes ?

Non, n'est-ce pas ; et alors pourquoi nous rendre responsable de cette autre série de morts imputables aux mêmes accidents, aux mêmes causes terribles et inéluctables ?

Si, comme le dit l'accusation, le repaire des Martin eût été si effrayant par son seul aspect, si dangereux par les mœurs et les habitudes sanguinaires de ses habitants, expliquez-moi donc comment tant de gens le fréquentaient et le recherchaient, se louaient de l'hospitalité qu'on y trouvait toujours, de l'honnêteté et de la serviabilité de ses propriétaires ?

Expliquez-moi comment il se fait que la famille Martin y ait fait ses affaires, l'ait si bien achalandé et y ait gagné une petite fortune par un travail de tous les jours, de tous les instants.

Ah ! j'entends M. le Procureur général qui, n'abandonnant point ses griefs facilement, nous dit : oui les Martin ont fait leur fortune là, mais c'est par le vol et le crime !

C'est bien vite dit cela ; mais il faut le prouver, il faut démontrer avec la dernière évidence que Martin n'avait pas d'autre source de gain, qu'il ne possédait rien, et que de ce rien il a fait une fortune inexpliquée et inexplicable.

Eh bien, rien de cela n'est prouvé, et je puis dire que tout au contraire de ces affirmations, la fortune si facilement grossie de la famille Martin est des plus naturelles et des plus avouables.

La route qui borde Peyrabeille est des plus fréquentées, c'est un mouvement considérable de roulage, de muletiers, de voyageurs de tous pays et de toutes conditions.

L'auberge est à point nommé pour couper les longues étapes du Puy ou d'Aubenas, les foires sont nombreuses et importantes dans les départements limitrophes, et tout passe là et s'y arrête.

Dans la contrée on vient volontiers faire des parties de chasse, des parties de plaisirs et de noces à l'auberge des Martin, toujours bien pourvue, et où l'on faisait une assez bonne cuisine pour y attirer de fort loin les gourmands.

Le travail des renforts y est très actif, et les terres largement fumées donnent d'abondantes récoltes.

Voilà tout le secret de cette fortune scandaleuse, de cette fortune faite de sang et de rapines au dire de l'accusation.

Tout ce commerce se faisait au grand jour, et ce n'est point dans un coupe-gorge toujours rempli de cadavres et inondé du sang fumant des victimes, qu'un tel mouvement d'allants et de venants, qu'une telle clientèle pouvait se produire et se perpétuer.

La logique, le sens commun, à défaut d'autres preuves, suffiraient à démontrer l'évidence de cette conclusion.

Mais j'ajouterai que les Martin sont économes, sobres, entendus dans la conduite de leurs terres et de leurs placements et qu'avec de telles qualités un écu de 5 francs devient bientôt un louis.

On dit que la construction de l'auberge a coûté cher et l'on suppute ce que cette bâtisse a dû enlever au pécule de ces gens-là

On s'étonne qu'il leur soit resté encore de quoi vivre, de quoi doter leurs filles, que sais-je ?

Il y a des gens vraiment fort habiles pour faire le compte de tout le monde, et prétendre pénétrer dans le secret des sacrifices et des dures privations que savent s'imposer les gens vraiment économes sinon avares.

Mais je vous l'ai expliqué, Messieurs les Jurés, la fortune de Martin est de celles qui n'ont rien d'anormal, d'excessif, et surtout d'inavouable.

Cependant la jalousie, l'envie, se sont déchaînées sur ces malheureux aubergistes, chaque fois qu'ils ont marié une fille, fait une réparation ou un aggrandissement.

La jalousie, la haine, qu'ils ont eu le don de soulever autour d'eux, par leur prospérité, par la réussite de leurs entreprises, voilà leur véritable crime, et en même temps la cause de tous les malheurs qui ont fondu sur eux à l'improviste, en brisant leur existence.

Or les Martin n'ont rien fait pour justifier ou provoquer ces haines, cette envie et ces calomnies.

Ils ont travaillé, peiné, économisé, et ils ont cherché à donner à leurs filles des maris honorables plutôt que riches, et c'est au milieu de l'estime de tous ceux qui les connaissent que ces innocentes victimes sont frappées si cruellement dans l'honneur de leurs parents et dans l'avenir de leurs enfants, si jeunes encore.

On a dit...... mais que n'a-t-on pas dit, qu'ils détroussaient les voyageurs, qu'ils les faisaient disparaître par les moyens d'une barbarie raffinée, qu'ils les faisaient consumer dans un four, que sais-je encore ! L'imagination du public une fois entrée dans cette voie sinistre ne s'est plus arrêtée, mais la justice demande autre chose pour fixer ses arrêts, que des contes d'ogres ou des fables d'une si évidente exagération.

Il faut des faits, des vraisemblances, des preuves, il faut même la certitude et l'évidence.

Eh bien, que vois-je dans tout cet amas de dépositions, dans cette interminable série de récits fantastiques, pour ne pas dire plus ?

Sur quoi repose l'accusation qui pèse sur mon client ?

Elle repose sur la prétendue révélation de faits plus ou moins lointains, dont les victimes, par le plus étrange silence, la plus inexplicable indifférence, ou le plus surprenant oubli de leurs intérêts et de ceux de la société, n'avaient rien dit jusqu'ici.

C'est Bourtoul qui échappe à la mort, qu'on dévalise en pleine auberge et qui se tait !

C'est Michel Hugon, qu'on attaque, qu'on maltraite, qui reconnaît ses agresseurs, et qui ne dit rien pendant plusieurs années. C'est la femme Bastidon, c'est Vincent Boyer, c'est dix autres peut-être, qui prétendent avoir essuyé les plus graves sévices ou avoir été témoins de scènes de meurtre, et qui se contentent d'en parler longtemps après. Ils ne mettent pas la justice en demeure de poursuivre et de punir en lui apportant des témoignages immédiats, faciles à contrôler alors, des preuves enfin dont ils ont les mains pleines et que leurs blessures, leurs vêtements ensanglantés, les traces d'une lutte récente, auraient si éloquemment confirmées ?

Ah, messieurs les jurés ! tout cela n'est pas sérieux et si vous avez pu être un instant ébranlés, si le doute a pu naître dans vos esprits sur l'innocence de mon client, ça été peut-être en présence des dépositions si graves de Chaze, et de la découverte si étonnante de la veuve Anjolras.

Mais laissez-moi vous le dire, et vous l'avez déjà pensé avant moi, quelle créance accorder au récit de ce mendiant, de cet homme sans indépendance, qui vit de la charité publique, par paresse et par suite d'une déchéance morale incontestable ? Quelle foi accorder à cet homme, lorsqu'il vient vous dire que les Martin qui avaient comploté le massacre d'Anjolras, dans la grange, ont eu l'idée de placer tout auprès de leur victime, un témoin aussi dangereux, un vagabond qu'ils ne pouvaient mieux choisir s'ils voulaient un colporteur de leur crime et de leur déshonneur.

Quelle confiance encore pouvez-vous accorder à la déposition dramatique, émouvante, j'en conviens, de Vincent Boyer, qui s'est déshonoré, en laissant égorger à côté de lui, un vieillard dont il avait prévu la mort, et qui reste ensuite des années sans souffler mot de cet horrible forfait, alors qu'il devait avoir soif de vengeance pour lui, pour ce vieillard, pour la société humaine à laquelle il appartient ?

Le défenseur reprend les dépositions de ces deux témoins importants et s'efforce de démontrer que les circonstances et les charges quelles renferment ne sont pas vraisemblables et que dans tous les cas elles doivent être suspectes venant de tels témoins.

Des murmures s'élèvent à plusieurs reprises dans l'auditoire, lorsque l'avocat de Pierre Martin parle de l'innocence et de l'honnêteté de son client, et cherche à rejeter sur des bandits étrangers au pays, les crimes nombreux imputés aux gens de Peyrabeille.

Il rappelle les faits qui ont signalé la présence de ces malfaiteurs dans la contrée et en tire un parti habile, sans parvenir à convaincre le jury et l'auditoire. Cela était visible.

Enfin, il termine sa plaidoirie fort étendue, très complète, en adjurant les jurés de rendre la liberté à son client, dont la longue détention, l'âge, le passé respecté, honnête jusque là, et enfin l'absence de preuves matérielles et de témoignages irrécusables des crimes qui lui sont reprochés, sont autant de motifs favorables à son relaxe.

Mais le jury, comme tout l'auditoire ont encore présent à l'esprit la déposition si nette et si affirmative de Chaze, de Boyer, et le manteau d'Anjolras reconnu par sa femme et dans lequel se trouvaient des valeurs.

L'audience est suspendue pendant une heure. Les accusés ne manifestent pas d'émotion et paraissent plutôt rassurés.

Plaidoirie pour Marie Breysse.

A la reprise de l'audience, M· Croze prend la parole pour présenter la défense de Marie Breysse, femme Martin. Il s'attache à diminuer la responsabilité de cette femme dans les crimes, où l'accusation voudrait lui donner un rôle actif, tout en se référant aux objections de son confrère Dousson en ce qui concerne la matérialité de ces crimes, auxquels il ne veut pas croire non plus.

Marie Breysse est une digne femme, à l'honnêteté de laquelle tout le monde s'accorde à rendre hommage. Elle a élevé convenablement ses filles, les plaçant dans des institutions religieuses quand elles étaient jeunes, les mariant honorablement quand elles furent en âge de s'établir.

D'ailleurs, Marie Breysse, dit son défenseur, n'aurait pu que subir l'ascendant de Pierre Martin, lequel s'exerçait impérieusement sur tous dans la maison, peut-être même n'aurait-elle pas été maîtresse de sa volonté en face de Jean Rochette, son domestique, et sa responsabilité serait loin d'être entière s'il était prouvé qu'elle a pu coopérer à des actes criminels.

Mais je repousse, comme mon honorable confrère, la pensée que de tels crimes ont pu être commis par de tels gens et il y a exagération ou erreur.

Plaidoirie pour Jean Rochette.

M° Ladreyt de Lacharrière, qui n'a pas la tâche la moins difficile, plaide aussi l'irresponsabilité de son client, Jean Rochette.

C'est un serviteur fidèle, dévoué, obéissant, élevé pour ainsi dire dans la maison, né dans le pays, et qui, s'il a prêté son concours à des actes criminels, ne l'a fait que fasciné par Marie Breysse et commandé par Pierre Martin, son maître irascible, et auquel il n'était point bon peut-être de résister.

Plaidoirie pour André Martin.

M° d'Audigier a un rôle moins ardu. Son client, André Martin, est un acteur du second plan. Il n'a été vu que la nuit, à la dérobée, ou dans des circonstances ou sa complicité ne se rattachait pas à l'acte même de l'assassinat, son concours avait été plus effacé, et ne pouvait être affirmé par des témoignages nombreux et certains. Ses antécédents étaient assez bons et les autorités de Lanarce avaient délivré une attestation favorable que le défenseur s'empressa de lire en en tirant tout le parti possible.

Voici ce certificat dont nous avons l'original entre les mains, grâce l'obligeance de M. C., un collectionneur, entre les mains du quel sont arrivées quelques pièces du cabinet de M⁰ d'Audigier.

« Nous soussignés Louis Méjean, maire de la commune de Lanarce, canton de Coucouron, arrondissement de Largentière (Ardèche) et M. Jean Moulin, desservant la dite commune de Lanarce et les membres du conseil municipal de la dite commune, certifions à tous qu'il appartiendra, n'avoir jamais rien entendu dire au désavantage du nommé André Martin, natif au chef-lieu, de notre commune, jusqu'au moment de son arrestation, au contraire, il était regardé comme honnête jeune homme, en foi de ce avons délivré le présent pour lui servir et valoir en ce que de droit.

Délivré au bureau de la mairie de Lanarce ce vingt-deux décembre mil huit cent trente-deux. »

Nous lisons les signatures suivantes :

Cros, ex-maire, Moulin, Duny, Bellin, Moulin, Pibarel, Benoît, Cluzon, Maurin et Méjean, maire.

La signature du maire est légalisée à Largentière le 27 décembre 1832 par le sous-préfet, de Caladon, et les timbres de la mairie de Lanarce et du sous-préfet sont apposés au bas de ce certificat.

M⁰ d'Audigier, fit de son client un modèle de vertus n'ayant participé aux crimes de Peyrebeille ni de près ni de loin et s'étant borné à servir quelquefois son oncle avec le dévouement d'un bon neveu.

L'arrêt de la Cour

Le réquisitoire du Procureur du Roi, M. Aymard, et les plaidoiries des avocats durèrent huit heures. Le résumé de M. le Président des assises ne prit pas moins de trois heures. Il mit en lumière les charges accablantes qui résultaient des débats contre les accusés, et conclut à une répression impitoyable des crimes qui avaient si longtemps bravé la justice et mis la société en péril.

Puis le président expliqua aux jurés la gravité du verdict qu'ils avaient à rendre sans faiblesse et sans crainte, appelant tout le soin et toute la clarté possibles dans leurs délibérations, en présence des nombreuses questions qui leur étaient posées et qu'ils avaient à résoudre dans la sincérité de leur conscience.

Il était onze heures du soir quand les jurés entrèrent dans la salle de leurs délibérations. Ils en sortirent à minuit et demi.

Les accusés, pendant cet intervalle, avaient perdu toute leur assurance et lorsqu'on les ramena à l'audience entre de nombreux gendarmes qui se placèrent devant eux, sabre au clair, pour assister à la lecture du verdict, puis du jugement, ils comprirent que leur sort était fixé et leur attitude fut celle de gens qui se sentent perdus.

Après la lecture du verdict qui était affirmatif sur

la plupart des questions, sur les plus importantes surtout, excepté en ce qui concernait André Martin à l'égard duquel elles étaient négatives, la Cour se retira dans la salle de ses délibérations.

Elle en sortit à une heure un quart du matin, et le président, au milieu du silence le plus solennel, donna lecture de l'arrêt suivant :

(Cet arrêt porte le n° 128 du registre des arrêts des cours d'assises.)

Martin Pierre dit de Blanc.
Rochette Jean.
Breysse Marie, femme Martin.
Martin André.

Audience publique tenue par la Cour d'assises du département de l'Ardèche, séant à Privas, le 25 juin 1833, présents MM. *Fornier de Clausonne*, conseiller à la Cour royale de Nimes, président de ladite Cour d'assises, pour la session du 2e trimestre ;

Veau Lanouvelle, vice-président du tribunal de Privas ;

Masclary, juge, et *Faure*, juge suppléant, ce dernier appelé à défaut de juges et de juges suppléants plus anciens empêchés et ce en exécution de l'arrêt du 18 juin, n'ayant d'ailleurs point opiné ni assisté, ni pris part à la délibération.

Présents encore MM. Aymard, procureur du Roi, et Decis, commis-greffier.

Vu l'arrêt en date du 11 février 1833 par lequel la Cour Royale de Nimes en déclarant qu'il y avait lieu d'accuser les nommés :

1° Pierre Martin dit Pierre de Blanc, âgé de 60 ans,

propriétaire-cultivateur, ancien aubergiste, né et domicilié à Peyrabeille, commune de Lanarce, taille d'un mètre 590, cheveux et sourcils gris, tête chauve, yeux gris, nez gros, bouche moyenne, menton rond, visage ovale, teint clair.

2° Jean Rochette, âgé de 47 ans, domestique de Pierre Martin, né sur la commune de Mazan, demeurant à Peyrabeille, commune de Lanarce, taille d'un mètre 700, cheveux et sourcils châtains clair, front grand, yeux gris, nez bien fait, bouche moyenne, menton rond, visage ovale, teint coloré.

3° Marie Breysse, femme de Pierre Martin, âgée de 54 ans, ménagère, née et domiciliée sur la commune de Lanarce, taille d'un mètre 524, cheveux et sourcils noirs, front découvert, yeux roux, nez moyen, bouche moyenne, menton pointu, visage ovale, teint coloré.

4° André Martin, âgé de 32 ans, cultivateur, né et domicilié à la commune de Lanarce, taille de 1 mètre 598, cheveux et sourcils châtains, front couvert, yeux olivâtres, nez aquilin, bouche grande, menton pointu, visage ovale, teint brun, une cicatrice au-dessus de l'œil gauche.

De s'être rendus coupables savoir : Pierre Martin, Marie Breysse et Jean Rochette, dans le mois d'octobre 1831, soit comme auteurs soit comme complices, pour s'être avec connaissance mutuellement aidés ou assistés dans les faits qui ont préparé, facilité ou consommé l'action d'un assassinat commis dans l'auberge du dit Martin, sur la personne du nommé Antoine Anjolras.

2° Les dits Pierre Martin et Jean Rochette, soit comme auteurs soit comme complices, pour s'être mutuellement et avec connaissance aidés ou assistés dans les faits qui ont préparé, facilité ou consommé l'action d'une tentative d'assassinat commise il y a environ six ans aux environs de Peyrabeille sur la personne du nommé Hugon, laquelle tentative manifestée par un commencement d'exécution ne manqua son effet que par des circonstances indépendantes de la volonté de ses auteurs.

3° Ledit Pierre Martin, d'une tentative d'assassinat commise à la fin de juillet 1828 audit lieu de Peyrabeille sur la personne du nommé Leyre, laquelle tentative manifestée par un commencement d'exécution ne manqua son effet que par des circonstances indépendantes de la volonté de ses auteurs.

4° Lesdits Pierre Martin, André Martin, son neveu, et Jean Rochette, le 1er septembre 1830, à Langogne, soit comme auteurs soit comme complices, pour s'être avec connaissance mutuellement aidés ou assistés dans les faits qui ont préparé, facilité ou consommé l'action d'une tentative d'assassinat pour faciliter un vol, et suivie dudit vol commis par plusieurs personnes porteurs d'armes apparentes à l'aide de violences et dans une maison habitée, sur la personne et au préjudice du nommé Bourtoul, laquelle tentative manifestée par un commencement d'exécution ne manqua son effet que par des circonstances indépendantes de la volonté de ses auteurs.

5° Ledit Pierre Martin, il y a environ 2 ans à Peyrabeille, d'une tentative d'assassinat pour faciliter un vol sur la personne d'un inconnu, laquelle tentative manifestée par un commencement d'exécution ne manqua son effet que par des circonstances indépendantes de la volonté de ses auteurs.

6° Ladite Marie Marie Breysse, il y a environ 3 ans et dans son auberge, du vol d'un objet confié à sa garde en qualité d'aubergiste ledit vol commis au préjudice du sieur Collier.

Les a renvoyés devant la Cour d'assises, etc.

Vu l'acte d'accusation rédigé par M. le procureur

général en exécution de l'arrêt de la Cour royale sus-mentionné.

Vu la déclaration du jury, portant :

1° Que André Martin n'est pas coupable des faits qui lui sont imputés.

2° Que Pierre Martin et Jean Rochette sont coupables d'être auteurs d'un meurtre commis avec préméditation au mois d'octobre 1831 dans l'auberge dudit Martin sur la personne d'Antoine Anjolras.

3° Que Marie Breysse, femme de Martin, est coupable de complicité du meurtre commis avec préméditation sur la personne dudit Antoine Anjolras, pour avoir avec connaissance aidé ou assisté l'auteur ou les auteurs de l'action dans les faits qui l'ont préparée, facilitée ou consommée.

4° Que ladite Marie Breysse est également coupable du vol commis au préjudice de Cellier avec toutes les circonstances mentionnées dans l'acte d'accusation.

5° Enfin que lesdits Pierre Martin et Jean Rochette ne sont pas coupables d'aucun des autres faits qui leur sont imputés.

Vu l'ordonnance en date de ce jour 25 juin 1833 par laquelle M. le président de la Cour a prononcé l'acquittement d'André Martin ;

Ouï M. le procureur du Roi en son réquisitoire sur l'application de la loi tendant à ce que Pierre Martin, Jean Rochette et Marie Breysse, femme Martin, soient condamnés à la peine de mort et solidairement aux frais de la procédure ;

Et en outre à ce qu'il soit ordonné que l'exécution aura lieu à Peyrabeille, commune de Lanarce ;

Les accusés, sur l'interpellation du président de la Cour, ont déclaré n'avoir rien à dire sur l'application de la loi ;

Attendu que le fait déclaré constant par le jury à la charge de Pierre Martin et de Jean Rochette constitue un crime d'assassassinat commis sur la personne d'Antoine Anjolras;

Que les deux faits déclarés constants aussi par le jury à la charge de Marie Breysse, femme de Pierre Martin, caractérisent le premier, le crime de complicité de l'assassinat, commis sur ledit Antoine Anjolras pour avoir avec connaissance aidé ou assisté l'auteur ou les auteurs de l'action dans les faits qui l'ont préparée, facilitée ou consommée;

Et l'autre un crime de vol prévu et puni par l'article 386 n° 4, du Code pénal;

Attendu qu'en cas de conviction de plusieurs crimes ou délits la peine la plus forte doit seule être prononcée;

En conséquence et vu les dispositions des articles 296, 302, 59, 60, 386 n° 4, 26, 36 du Code pénal, 365 et 368 du Code d'instruction criminelle desquels, M. le président a donné lecture et qui sont ainsi conçus:

(Suit le texte desdits articles du Code pénal.)

La Cour condamne Martin Pierre dit de Blanc, Jean Rochette, et Marie Breysse, femme dudit Pierre Martin, à la peine de mort et solidairement aux frais de la procédure liquidés à 6347 fr. 6 centimes.

Ordonne que l'exécution du présent arrêt aura lieu sur la place publique du lieu de Peyrabeille, commune de Lanarce, comme aussi ordonne que ledit arrêt sera imprimé et affiché, le tout à la diligence de M. le procureur du Roi.

Dit que les objets servant à conviction déposés au greffe seront restitués aux propriétaires dans les délais de la loi.

Ainsi prononcé, etc... le 23 juin 1833, à 1 h. 1/2 du matin.

En conséquence, André Martin fut remis en liberté

immédiatement après les formalités de la levée d'écrou.

Les autres accusés ne proférèrent aucune parole après avoir entendu l'arrêt qui les condamnait à la peine capitale.

Mais une immense rumeur se produisit dans l'auditoire et l'on pouvait comprendre dans ces bruits confus que le sévère arrêt répondait aux espérances de la foule et soulageait la conscience publique.

Les condamnés furent l'objet de la curiosité la plus avide et des réflexions les moins humaines lorsqu'ils furent emmenés par les gendarmes et la troupe pour regagner la prison. Une population énorme leur fit cortège, à cette heure avancée de la nuit, et ce lugubre spectacle devait être bien dépassé plus tard.

Après l'arrêt.

A la suite de l'arrêt qui les frappait de la peine capitale, les trois condamnés se pourvurent en cassation sur le conseil de leurs avocats.

Le 26 juin 1833, Prosper Vincent, greffier de la cour d'assises de l'Ardèche, se transporta à la prison sur l'invitation des mariés Martin et de Jean Rochette, et dressa l'acte de pourvoi, *qu'aucun d'eux ne sut signer*, ainsi que le constate la mention de cet acte sur le registre des arrêts de la cour d'assises, que nous avons consulté au greffe du tribunal civil de Privas.

Les condamnés conservèrent jusqu'au dernier jour une grande confiance dans le succès de ce pourvoi, tout au moins en ce qui concernait la femme. Leur attente fut longue, et leur espérance aussi, et pour des gens moins familiarisés avec la mort, cette attente eût constitué un long supplice.

Ce ne fut, en effet, que par un arrêt en date du 12 août 1833, c'est-à-dire un peu plus d'un mois et demi après, que la cour de cassation rejeta le pourvoi et confirma l'arrêt du 25 juin précédent.

On ne s'expliquerait que difficilement ce long intervalle de cinquante et un jours qui s'écoula entre le rejet du pourvoi et l'exécution, si l'on ne savait qu'un pourvoi en grâce fut adressé au Roi aussitôt que l'on connut l'arrêt de la cour de cassation.

Des démarches actives furent faites et toutes les influences dont pouvaient disposer les parents et les amis des condamnés furent mises en mouvement pour obtenir une commutation de peine, au moins pour la femme Martin.

Des considérations graves firent rejeter ce pourvoi et la clémence royale fut refusée. Quand cette nouvelle arriva à Privas, leur départ pour Peyrabeille, où l'exécution devait avoir lieu, fut fixé au mardi 1ᵉʳ octobre.

Le départ pour l'échafaud.

Dès la veille, à 10 heures du matin, M. le vicaire de Privas, remplissant par intérim les fonctions d'aumônier des prisons, leur donna la triste nouvelle du départ qui devait s'effectuer le lendemain. Ils la reçurent avec résignation ; néanmoins, Martin parut surpris qu'il n'y eût pas de commutation de peine pour sa femme, on la lui avait fait espérer. Cette dernière, en apprenant qu'il n'y avait plus d'espoir, poussa de profonds soupirs ; Rochette repoussa les aliments qu'on lui avait présentés et déclara qu'il lui serait imposible de manger. Une sueur froide couvrait son front.

La veille aussi, l'abbé Chiron, aumônier des prisons et fondateur de l'établissement des aliénés de Privas, avait fait la quête en ville, en faveur des prisonniers, et le maire, M. Regard, autorisa la quête et donna lui-même l'exemple d'une générosité très louable.

Le lendemain, à 5 heures du matin, une charrette à deux colliers, couverte de paille, était placée devant la porte de la prison ; huit brigades de gendarmerie et un peloton du 60e de ligne stationnaient sur la place, pour former l'escorte des condamnés. Ceux-ci, extraits de leurs cachots respectifs, purent communiquer entre eux. Cette entrevue fut silencieuse ; on n'entendait ni adieux touchants, ni cris de désespoir.

Enfin, les portes de la prison s'ouvrirent, et ils montèrent en voiture environnés d'une foule bruyante, qui les accompagna jusqu'à leur sortie de la ville.

M. l'abbé Chiron, que ses fonctions d'aumônier des prisons désignait naturellement pour accompagner les condamnés jusqu'à l'échafaud, n'ayant pu accepter cette mission par des motifs que nous ne connaissons pas, MM Brethon et Chabal, vicaires à Privas, décédés plus tard chanoines de Viviers, furent chargés de ce pénible office, d'après les renseignements qui nous sont fournis par un honorable ecclésiastique de l'Ardèche et qu'il tient lui-même d'un de ses confrères qui assista les condamnés jusqu'au dernier moment.

A Thueyts, deux autres prêtres, M. l'abbé Bonnaure, curé de Thueyts et M. l'abbé Froment son vicaire, se joignirent à M. l'abbé Chabal pour l'assister dans sa triste mission et offrir à chacun des condamnés les consolations de la religion.

L'abbé Bonnaure est mort dans sa cure de Thueyts vers 1846, et l'abbé Froment fut enlevé par le choléra de 1854 à Vals-les-Bains, où il était alors curé.

Nous croyons donc que c'est par erreur qu'on a accrédité la tradition que c'était M. l'abbé Brethon, vicaire à Privas, qui avait assisté les condamnés jusqu'à l'échafaud.

Il ne put aller aussi loin et s'arrêta à Thueyts probablement.

Les notes qui nous ont été fournies à ce sujet nous paraissent dignes de toute créance.

Voici d'ailleurs en quels termes s'exprime à ce sujet le vénérable et obligeant correspondant à qui nous devons cette rectification, dont la date est du 28 juin 1885, et elle contient d'autres détails intéressants sur les circonstances qui accompagnèrent le voyage des gens de Peyrabeille de Privas au lieu de l'exécution.

Nous laissons parler notre correspondant :

« Je remplaçai M. Froment à Thueyts, le 19 juillet 1834 (j'étais prêtre du 4 mai 1834). En me rendant de Viviers à Thueyts, nous nous rencontrâmes, M. Froment et moi, et nous dînâmes ensemble chez mon frère, alors vicaire à Villeneuve-de-Berg, aujourd'hui curé archiprêtre de Chomérac.

Notre entrevue, toute courte qu'elle fut, permit à M. Froment de me raconter entre autres choses, sur la paroisse de Thueyts, la triste et pénible mission qu'il avait eue à remplir, avec son curé, auprès des suppliciés de *Peyrabeille*, cela au lieu et place d'autres deux prêtres auxquels le courage manqua pour les accompagner plus loin. L'un des deux, était M. Brethon, curé du Pont d'Aubenas, qui était vicaire à Privas, et mourut, il y a peu d'années, chanoine de Viviers.

M. Froment fut chargé de Martin, dit de Blanc. Pendant le voyage, celui-ci, avait égaré son chapelet.

Il se donna bien de la peine pour le retrouver. Enfin il y réussit et s'en servit quelque peu. En arrivant à Peyrabeille, il s'écria : *Que de monde ici ce matin ! Cette affaire coûtera beaucoup à la foire du Béage !...*

On a supposé que *soixante mille personnes* au moins, de tout sexe et de tout âge étaient réunies sur le plateau de Peyrabeille ; c'est exagéré évidemment, mais il pouvait y en avoir la moitié.

Les trois héros de la fête étant réunis, après leur descente de charette, le domestique apostrophant son maître, lui dit : *Voilà, Martin, où nous ont conduits vos coquineries ?*

Martin répondit : *Qu'importe de mourir aujourd'hui ou plus tard ?*

A un certain moment, s'adressant à M. Froment : Tenez, M. l'abbé, je n'ai plus besoin de mon chapelet, je vous le donne.

Ma mémoire ne me dit pas s'il fut accepté, je suppose que *oui*.

La femme était à l'échafaud, la tête dans la lunette, *Monsieur* tenait le bouton, prêt à lâcher le couperet.

— Tenez, Martin, dit le terrible homme, voyez la tête de votre femme qui tombe. Martin lève les yeux, les baisse, et la tête tombe, car elle était déjà au panier.

Tous ces faits ont été confirmés devant moi par M. Bonnaure, curé de Thueyts, à d'autres confrères, ou à moi seul, pendant trois ans que j'ai habité Thueyts.

On sait que Peyrabeille est dans la commune de Lanarce à 3 ou 4 kilomètres plus à l'ouest.

Un jour le curé de Lanarce dînait à Thueyts, chez le curé. Il nous raconta qu'un dimanche, à la messe, ayant annoncé la nécessité de construire une nouvelle église et de faire une souscription à cette fin, le soir, Martin, *venant à vêpres*, lui avait remis *cinq* cents francs pour sa part ; ajoutant : *Si plus tard il manquait quelque chose, il y en a encore à Peyrabeille.* L'incident connu empêcha, avant l'heure, de recourir à lui.

La femme, on ne sait pourquoi, insista beaucoup pour obtenir et sans l'obtenir, la permission de visiter sa maison....

Elle fut la seule des trois qui ait refusé les secours de la religion. Cela confirme ce qu'on raconte, que la veille, à Privas, quand elle fut montée sur la charrette, M. l'abbé Chabal, à moitié monté, reçut d'elle un coup de pied en pleine poitrine, qui le renversa, heureusement sans aucune blessure. Elle y gagna d'être un peu mieux attachée.

Ce fait a été signalé plusieurs fois devant moi par une personne de ma paroisse, qui en a été témoin et qui est encore pleine de vie. De résidence alors à Privas, chez son oncle, M. Fargier, employé des ponts et chaussées, elle avait, accompagnant son oncle, assisté à tous les débats (âgée alors d'environ 16 ans).

Voici comment un témoin oculaire raconte le triste voyage des condamnés.

On prit la route d'Aubenas par le col de l'Escrinet. Les condamnés priaient.

Après le passage de l'Escrinet, nous commençâmes à être encombrés par les populations qui arrivaient en masse de tous les villages voisins. L'escorte devenait insuffisante pour maintenir le bon ordre.

Par instants, des voix s'adressaient aux condamnés. Un homme, en apostrophant la femme, lui dit : « Tu n'es pas aussi à l'aise que quand tu comptais les louis d'or des voyageurs, après les avoir assassinés. » Plusieurs se permettaient des gestes significatifs sur le genre de supplice qui leur était destiné.

Au Pont-de-Labeaume, la foule n'était pas moindre. Un ménétrier oubliant toute pudeur, vint se percher sur un rocher sur le bord de la route et ne cessa de jouer durant toute la durée du défilé. — C'était peut-être le même qui avait, 10 ans plus tôt, organisé des danses autour de l'échafaud qui vit tomber la tête de Brun, dit l'Enfer, sur la commune de Meyras.

La nuit vint. C'était un spectacle curieux de voir les habitants des hameaux semés sur la route, mettre le feu à de grandes branches de genêts pour satisfaire leur curiosité.

On passa à Thueyts qui est peu éloigné. Nous consignerons ici un détail qui a quelque intérêt et qui est tout à fait inédit.

Les deux filles de Peyrabeille étaient pensionnaires au couvent de la Présentation à Thueyts, alors qu'elles avaient de 12 à 15 ans. Elles n'y étaient que l'hiver seulement.

La mère venait les voir souvent pour leur apporter des vivres ou des vêtements.

Toutes les fois qu'elle venait, elle avait soin de demander à la supérieure, devant les autres élèves, si ses deux fillettes étaient bien sages, bien obéissantes et bien pieuses. — Si elles ne sont pas sages, dites-le moi, et je les ferai mettre dans un couvent de repentir qu'il y a au Puy. — Elle recommandait ensuite à la supérieure de les bien élever dans la crainte de Dieu.

C'était tout bonnement pour jeter de la poussière aux yeux et se donner un mérite qu'elle n'avait pas.

Lorsque le convoi passa à Thueyts, allant au lieu des exécutions, Mlle Tourette, de Montpezat, qui était pensionnaire avec les filles Martin et qui alors était mariée avec M. Giffon, de Thueyts, alla se placer sur la route, et au moment du passage des condamnés, elle apostropha la femme Martin et lui cria : *Dites, Marion, aujourd'hui ce n'est plus comme quand vous veniez voir vos filles au couvent et que vous leur disiez que si elles n'étaient pas sages, vous les feriez entrer dans un couvent de repentir. Vous leur avez donné de bonnes leçons et de bons exemples pour être sages, misérable que vous êtes !*

La condamnée leva la tête, fixa Mlle Tourette et rabaissa la tête sans répondre un mot. Elle avait auprès d'elle l'abbé Bonnaure, qui l'exhortait à la contrition, mais inutilement.

Les condamnés arrivèrent le soir du 1ᵉʳ octobre à Mayres, où ils furent enfermés dans la maison commune qui appartenait alors à M. Deligans et qui depuis lors a été vendue et est occupée aujourd'hui par M. Chazalon, voiturier et marchand épicier.

De Thueyts à Mayres, il y a neuf kilomètres à franchir.

Arrivés là à 8 heures du soir, on fit descendre les prisonniers. Deux pièces les attendaient : une pour Marie Breysse, qui, à peine descendue, demanda à manger. Les prisonniers étaient gardés à vue, trois ecclésiastiques des environs veillèrent alternativement pendant cette nuit cruelle. Les condamnés dormirent, mais d'un sommeil pénible et agité.

Le lendemain 2 octobre, à 5 heures du matin, on se remit en marche. Martin et son domestique priaient, Marie Breysse, couchée dans la voiture, poussait de longs gémissements.

Arrivés à La Chavade, le soleil se leva. Rochette se dépouilla de son manteau, et apercevant un pauvre garçon de sa connaissance, il le lui donna en lui disant : « *Tiens, prends ce manteau, je n'en ai plus besoin, et prie Dieu pour moi.* »

Puis on atteignit Lanarce, centre de population le plus important de la région de Peyrabeille. Nous consacrerons quelques lignes de description à cette localité, où une foule énorme attendait le passage du fatal convoi depuis plusieurs heures, dans la crainte de le manquer. D'autres étaient au contraire allés voir les préparatifs qui se faisaient devant l'auberge de Peyrabeille pour dresser l'échafaud et tout disposer pour le supplice des trois condamnés.

Voici les distances qui séparent les dernières localités parcourues par le convoi :

De Mayres à La Chavade, 11 kilom. 1|2.
De La Chavade à Lanarce, 4 kilom. 1|2.
De Lanarce à Peyrabeille, 5 kilom.
De Peyrabeille à Chamblazère, 5 kilom.

Un peu avant La Chavade est la borne kilométrique 80 de Viviers à Clermont.

De Mayres à Lanarce, on suit une route très pentueuse appelée côte de Mayres, qui a environ 10 kilomètres. Cette route surplombe à gauche la vallée naissante de l'Ardèche qui prend sa source au *Cap d'Ardèche*, à peu de distance de La Chavade, dans la forêt de Mazan, et elle est bordée à droite par une ligne de montagnes dont l'arête va se confondre à niveau avec le plateau de Peyrabeille à l'altitude de plus de 1,200 mètres

La végétation se raréfie en montant et passe successivement de la zône du châtaignier à celle du hêtre, de l'alisier, du sorbier et du sapin, et sur la plus grande partie des deux rives de l'Ardèche, les pentes sont raides, ravinées, et le granit apparaît à nu presque partout sous l'action dévastatrice des torrents, des pluies et des neiges.

La commune de Lanarce, située sur le plateau de La Chevade sur la route nationale n° 102 de Viviers à Clermont-Ferrand, à une altitude de 1.240 mètres, est à mi-chemin entre La Chavade et Peyrabeille en allant dans la direction de Pradelles.

Cette commune n'est pas d'origine fort ancienne. Elle ne date que de la Révolution, et la paroisse ne fut érigée que le 25 mai 1774, comme succursale de Coucouron, par Monseigneur de Mons, évêque de Viviers.

La bénédiction de l'église, nouvellement construite, eut lieu le 29 du même mois.

Les hameaux qui forment aujourd'hui cette paroisse dépendaient alors, pour la plus grande partie, de la paroisse de Coucouron, et comprenaient une partie de la paroisse de St-Alban, les villages de la Chapelle-St-Philibert et de La Marie, qui dépendaient alors pour le spirituel de la paroisse de Lavillatte.

Toutefois, une chapelle de secours ou vicariat existait antérieurement au village de La Chapelle-St-Philibert, qui avait pris son nom d'une chapelle consacrée au culte, mais qui avait disparu depuis longtemps lorsque la paroisse de Lanarce fut érigée. Le souvenir et la tradition seuls s'étaient conservés touchant son existence.

Cette chapelle, desservie par un vicaire de Coucouron, dépendait, sous le rapport seigneurial, de l'abbaye de Mazan, comme d'ailleurs la plus grande partie de la contrée.

L'église de Lanarce, qui est le seul édifice de quelque importance de cette localité, fut reconstruite et agrandie deux fois et plus récemment encore, grâce au zèle de son pasteur intelligent et dévoué, M. l'abbé Ceyte, archiprêtre de Coucouron, elle a pu être enfin reconstruite dans des proportions plus vastes, avec trois nefs, pouvant répondre aux besoins d'une population de 15 à 1,800 âmes.

A l'époque dont nous parlons, comme aujourd'hui encore, les habitants des villages d'Astet, de Mazan, de St-Cirgues, se rendaient à Lanarce pour les besoins du culte, ce qui lui donnait quelque animation les dimanches et jours de fêtes.

En dehors de cela, c'était un lieu assez triste, où vivait une population peu aisée, aux prises avec un sol ingrat, ensablé par les eaux qui descendent là comme dans une cuvette et ont transformé ses prairies en marécages, envahis par les joncs, d'où vient le nom de *Narce* (lieu inondé, marais, couvert de joncs et de roseaux).

Cette désignation n'est point particulière à cette localité, car elle s'applique au contraire à d'autres lieux dans la région montagneuse de l'Ardèche et des départements voisins, où les mêmes conditions de milieu se reproduisent.

Cependant, malgré les apparences marécageuses du territoire de Lanarce, il paraît que la plus grande partie du sol est sec, sablonneux et stérile.

Des forêts, dont la limite est un peu reculée, couvraient cette région. Le déboisement a mis à découvert des terres pour la culture et le paccage et elles étaient alors inféodées à des habitants des localités voisines qui sont venus s'y établir et former des groupes de population. Ils se sont accrus assez rapidement lorsqu'une circonstance plus favorable encore, l'ouverture de la route nationale de Viviers à Clermont a eu lieu.

Elle fut construite jusqu'à La Chavade par les États-Généraux du Languedoc, et continuée et rectifiée vers 1826 ou 1827 par le département jusqu'aux limites de la Haute-Loire.

La côte de Mayres qui fut très endommagée pendant la révolution, où elle resta sans entretien, fut restaurée sous le premier Empire.

Il exista longtemps jusqu'à la construction du chemin de fer d'Alais à Brioude, un grand trafic sur la route de Viviers au Puy et à Clermont.

Des charrettes lourdement chargées et tirées par des équipages où l'on comptait parfois jusqu'à dix chevaux sillonnaient cette route importante.

A l'auberge de Sagnerousseyre, appelée communément l'*auberge de Jean de la Marie*, construite postérieurement à l'ouverture de la route, il y avait quelquefois jusqu'à cent chevaux dans les écuries, faisant la *couchée*.

La route faisait vivre un grand nombre d'habitants de ce pays, soit pour le service des renforts, soit pour celui de l'entretien continuel de la viabilité.

Aujourd'hui, ce mouvement et ce trafic ont diminué considérablement, et si les indigènes ont perdu cette ressource du roulage qui leur donnait du travail pendant la belle saison surtout, mais les entraînait à une vie errante et fort dissipée, ils se sont, depuis lors, rejetés sur la culture de leurs biens communaux, qu'ils soignent davantage et qui leur procure, au moins pour l'hiver, une subsistance plus assurée et plus confortable.

Depuis longtemps, les habitants de Lanarce sont en contact avec la civilisation par suite du passage fréquent des voyageurs sur la grande route qui traverse cette localité, et aussi par suite des relations suivies qu'ils entretiennent avec les villes d'Aubenas et du Puy.

Leur caractère et leurs mœurs se sont ressentis de ces frottements. Ils sont plus serviables, plus ouverts, plus policés que la plupart des montagnards. Aussi Mgr de Mons, évêque de Viviers, pouvait-il écrire avec vérité, en 1774, à un vicaire de Burzet qu'il envoyait comme curé à Lanarce, qu'il se trouverait bien dans ce nouveau poste et qu'il y serait dédommagé de la bonne compagnie qu'il quitterait à Burzet, par les bonnes manières des habitants de Lanarce.

C'est là un témoignage dont l'ancienneté est un

titre précieux pour ceux qui le méritaient alors et qui, nous le croyons, en sont encore dignes aujourd'hui.

Il est dès lors facile de comprendre de quel soulagement fut pour ces gens-là la disparition des bandits de Peyrabeille.

Il y avait à l'époque de l'exécution des Martin, deux auberges principales, convenablement tenues par de braves gens et elles héritèrent de toute la clientèle qui désormais fut empressée à fuir l'auberge maudite de Peyrabeille.

C'était l'hôtel Besson où se trouvait annexés, comme aujourd'hui encore, une boulangerie et un bureau de tabac.

Puis l'auberge de l'*Henriette*, dit de *Jean de La Marie*, située au quartier de Sagnesrousseyre, non loin de Peyrabeille, mais sur le côté opposé de la route.

Les chasseurs, les touristes, étaient heureux de trouver dans ces deux auberges bon gîte et bon repos, et d'honnêtes hôteliers. L'hôtel Besson, encore debout aujourd'hui, n'a rien perdu de la vieille réputation de ses anciens jours, en passant dans les mains des enfants Besson.

L'auberge de l'Henriette est un peu déchue de sa renommée d'autrefois depuis la mort de celle dont elle a conservé le nom. Elle n'est plus tenue que par des femmes et laisse à désirer sous quelques rapports, assure-t-on.

De Lanarce on arriva en vue de Peyrabeille au bout d'une heure et demie de marche, car on allait doucement à cause de la foule et des encombrements de toute sorte. Bientôt l'auberge fut en vue sur son assiette de prairies et de landes horizontales qui laissent le regard s'étendre au loin de tous côtés.

Les bras de l'échafaud se détachaient en noir sur le ciel, sans se confondre avec la maison, au devant de laquelle s'élevait l'instrument à une distance d'environ 20 mètres, au point indiqué sur notre carte des lieux de l'exécution sous le n° 7, planche 4.

Martin regardait avec calme sa mort prochaine, il comptait les minutes et s'informait avec soin s'il aurait une bière et une place dans le cimetière commun.

Vers 11 heures, on était en face de l'échafaud. Dès que Martin l'aperçut, il dit : « *Vaqui nostro mouort !* » (Voici notre mort !)

Vingt-cinq mille âmes accourues de huit lieues à la ronde, des voitures chargées de comestibles, attendaient la fatale charrette. Bientôt un cercle immense se forma, un silence profond régnait et la charrette lancée au galop fit demi-tour au pied du funeste escalier. A droite, trois cercueils garnis de linge étaient disposés près de l'auberge.

La triple exécution.

Le bourreau était à son poste avec ses aides. Il avait mis un soin particulier à surveiller le montage et le fonctionnement de son instrument, car il s'agissait d'un cas assez rare et assez délicat, celui d'une triple exécution.

Peu de jours avant le départ des bois de justice de la maison d'arrêt de Privas, l'instrument avait été d'ailleurs monté, mis en bon état, par ordre de M. Aymard, procureur du Roi, qui avait voulu lui-même s'assurer du bon fonctionnement du couteau pour cette triple exécution, et n'avait pas hésité à faire pour cette circonstance, l'office du bourreau *en tirant la ficelle*, comme il se plaisait à le raconter plus tard.

L'exécuteur des hautes œuvres du département de l'Ardèche était Pierre Roch, et il avait pour aide dans cette circonstance, son neveu Nicolas Roch, fils de l'exécuteur de la Lozère et alors âgé de 20 ans, qui succéda en 1872 à Heindreick comme unique bourreau de France, puis mourut d'une attaque d'apoplexie le 21 avril 1879, à l'âge de 66 ans.

Le jeune Nicolas Roch montrait déjà d'ailleurs de remarquables dispositions pour son *art*, et en voici une preuve assez curieuse.

Quelques instants avant de commencer la triple

opération, Nicolas Roch, l'aide du bourreau, dit à son oncle ;

— De quel côté, mon oncle, faites-vous *saluer* les condamnés ? (*Saluer* veut dire faire tomber la tête).

— Pierre Roch prit le temps de réfléchir sur cette question qui lui paraissait assez nouvelle.

— Mais, répondit-il, enfin, en hésitant quelque peu, du côté de leur maison.

— Comme chez nous alors, dit le jeune bourreau, Du reste, *c'est plus convenable.*

Ce jeune aide qui n'était pas à ses débuts à Peyrabeille, puisqu'il assistait déjà son père dès l'âge de 10 ans, dans la Lozère, devait avant de mourir, aider ou présider à 173 exécutions à mort.

A midi, heure fixée pour l'exécution, un silence de mort se fit dans cette foule humaine énorme qui couvrait le plateau devant Peyrabeille.

Le greffier donna lecture aux trois condamnés de l'arrêt qui les condamnait à la peine capitale et la justice eut son cours.

La femme fut exécutée la première. Le prêtre qui l'exhortait et qui était M. Bonnaure, curé de Thueyts, ne put jamais lui faire baiser le Christ qu'il lui présentait et dont la vue lui faisait détourner la tête avec un air de mépris. — Elle mourut en état d'impénitence.

La seconde exécution fut celle de Pierre Martin qui eut une attitude parfaite dans ses derniers moments et manifesta beaucoup de sentiments religieux. Il ne cessait de baiser le Christ. M. Bonnaure l'accompagna encore sur l'échafaud.

Le troisième exécuté fut Jean Rochette, exhorté encore par M. Bonnaure. Il manifesta quelques sentiments religieux.

La justice humaine était satisfaite, mais ce triple holocauste qu'elle venait d'offrir à la société ne calma pas cette soif de vengeance qui avait amené là cette foule avide, surexcitée, comme en délire, et qui se livrait quelques heures plus tôt également, à toutes les démonstrations d'une joie féroce et sauvage autour de la sinistre charrette et des victimes qu'elle portait.

Une scandaleuse et odieuse frénésie de joie et de sang s'empara de cette immense cohue et donna le plus étrange spectacle qu'on puisse imaginer.

Aussitôt après les exécutions, on fit disparaître l'instrument du supplice et à la place où il était, il y eut une mare de sang qui occupait une certaine surface de terrain.

Au même instant, une foule de jeune gens et de jeunes filles de tous les pays, organisèrent un bal monstre sur le lieu même des exécutions, et dansèrent avec une gaieté incroyable au son du violon d'un ménétrier d'Aubenas, nommé *Josélou*, fameux pêcheur, entre parenthèse, qui allait d'habitude faire danser dans les fêtes votives des campagnes et qui monta tout exprès à Peyrabeille pour faire amuser et divertir les nombreux curieux réunis à l'occasion de ces exécutions, qui furent pour la montagne un véritable jour de fête et de réjouissance, tant on était heureux d'être débarrassé de ces trois scélérats.

Une complainte tout à fait dans le goût et le style peu brillant de ce genre de poésie criminelle, défrayait les chants au milieu de cette fête sanglante. Elle était due à la haute fantaisie littéraire de M. Laurent Cheysson, officier de santé à St-Cirgues-en-Montagne, qui n'avait certes rien voulu innover dans cette circonstance. Cette complainte a son intérêt et nous avons été assez heureux pour en recueillir un exemplaire qui porte toutes les marques de sa vétusté et du fréquent usage qu'on en a fait certainement.

COMPLAINTE

Air connu.

CHRÉTIENS, venez tous écouter
Une Complainte véritable ;
C'est de trois monstres inhumains :
Leurs crimes sont épouvantables.
Il y a bien environ vingt ans
Qu'ils assassinaient les passans.

A Peyre-Abeille, en Vivarais,
Dans le département d'Ardèche,
Sur une montagne isolée
Ils établirent leur commerce.
L'auberge est sur le grand chemin,
Où ils égorgeaient les humains.

Leurs noms sont : Pierre Blanc Martin,
Dit Lucifer, avec sa femme,
Et Jean Rochette, aussi inhumain,
Etait domestique exécrable.
Trop tard le crime est découvert,
Pour épargner de grands malheurs.

Le premier homme assassiné
Etait un marchand de dentelle ;
Dans le lit il fut assommé :
Pour eux c'était que bagatelle.
Ce premier coup était garant
De vingt-sept ou huit mille francs.

Un curieux Parisien courait,
Disait-il, pour sa fantaisie ;
Chez Lucifer il vint loger :
Le mauvais temps lui fit surprise.
Son cheval, dans les champs,
Annonça la mort du passant.

Plus tard, les morts étaient traités
D'une méthode différente :
Dans une chaudière la chair cuisait,
Couverte avec indifférence.
Avec cette préparation,
Ils en engraissaient leur cochon.

Un bon Préfet disgracié
Sous la chute de Bonaparte,
Chez Lucifer il fut loger,
Croyant être en sûre porte.
Femme, enfans, fortune et lui
Périrent tous la même nuit.

Le dernier enfant, de huit ans,
Voyant ses parens morts par terre,
Poussa les cris les plus perçans,
Demandant vie aux téméraires.
Ces monstres furent sans pitié ;
A l'instant il fut assommé.

Un dortoir était réservé
Aux voyageurs portant fortune ;
Double porte était pratiquée.
La nuit, sans faire de murmure,
Rochette, armé d'un trident.
Au cou saisissait les dormans.

La victime, la bouche ouvrant
Pour implorer quelqu'assistance,
La femme, avec l'huile bouillante,
Leur gorgeait la bouche béante.
Lucifer, à coup de marteau,
Mettait la victime au tombeau.

Alors Martin faisait grand bruit,
Feignant de maltraiter sa femme,
Pour que personne ne comprit
Qu'ils assassinaient leur semblable.
Dis donc, pourquoi viens-tu troubler
Ceux qui sont pour se reposer ?

Un grand four était embrasé
Pour consumer bien des affaires :
Carrosses, manteaux et harnais,
Pour eux des signes téméraires.
Il en sortait exhalaisons
Qui empestaient les environs.

Dans le principe, ces brigands
Etaient dépourvus de fortune ;
Mais bientôt de l'or, de l'argent
Trouvèrent bien leur aventure.
Pour familles deux filles ont
Qui secondent bien leur maison.

On ne pourra jamais savoir
Le nombre de tant de victimes ;
On les porte à cinquante-trois.
Qu'a révélé le domestique,
Frémissez, toutes Nations,
Des crimes de cette maison.

Plus long-temps on aurait tardé
D'en faire quelque découverte ;
Ce dernier était réservé.
Par ainsi Dieu voulut leur perte.
Au crime ils sont si acharnés,
Qu'un parent n'est pas épargné.

L'an mil huit cent trente-trois,
Justement le second d'octobre,
Devant la maison des forfaits,
Vers midi, fut leur dernier rôle,
Trente mille témoins voyaient
Trancher la tête aux trois brigands.

Grand Dieu ! la terre préservez
De jamais porter de tels monstres.
Aucune histoire n'a prouvé
Qu'il y en eût jamais de la sorte.
Par les soins de l'Autorité,
Nul n'y sera plus exposé.

Procès-verbal d'exécution.

Voici la teneur des procès-verbaux d'exécution que nous avons relevés en marge de l'arrêt de condamnation sur le registre du greffe de la cour d'assises de l'Ardèche :

« Cejourd'hui, 2 octobre 1833, à l'heure de midi, nous, Martin-Jean-Baptiste Guérin fils, commis-greffier de la justice de paix du canton de Coucouron, arrondissement de Largentière, département de l'Ardèche ; en conséquence et en exécution du réquisitoire à nous fait par M. le Procureur du Roi près la Cour d'assises de l'Ardèche, en date du 27 septembre dernier et en vertu de l'article 378 du code d'instruction criminelle et de l'art. 52 du règlement du 18 juin 1811, nous sommes transporté au lieu de Peyrabeille, commune de Lanarce, canton de Coucouron, sur la place de l'exécution ci-après, où étant nous avons vu exécuter à mort alternativement :

1° Marie Breysse, femme de Pierre Martin, âgée de 54 ans, ménagère, née et demeurant au lieu de Peyrabeille, commune de Lanarce ;

2° Pierre Martin, dit Pierre *de Blanc*, âgé de 60 ans, propriétaire, né et demeurant au lieu de Peyrabeille, susdite commune de Lanarce ;

3° Enfin Jean Rochette, âgé de 48 ans, cultivateur, né à Mazan, demeurant au lieu de Peyrabeille, susdite commune de Lanarce, tous les trois condamnés à mort par arrêt de la cour d'assises du département de l'Ardèche, en date du 25 juin dernier, confirmé par un *autre arrêt de la cour de cassation du 12 août suivant*, et pour nous conformer aux dispositions de l'article 52 du décret du 18 juin 1811, nous avons transmis à l'officier de l'état civil de la commune de Lanarce tous les renseignements nécessaires pour rédiger les actes de décès des trois ci-dessus nommés et ce de conformité à l'article 79 du code civil.

En foi de ce nous avons fait et dressé le présent procès-verbal qui sera enregistré dans les 24 heures pour ensuite être incessamment transmis à M. le procureur du roi près la Cour d'assises de l'Ardèche.

A Peyrabeille, commune de Lanarce, les jour, mois et an susdits.

GUÉRIN, commis-greffier, *signé.*

Enregistré à Montpezat le second jour du mois d'octobre 1833, folio 121, R° Case 3, 4 et 5, droits en débet 2 fr. 20 cent. à comprendre dans la liquidation des dépens.

Signé : JOMONT.

Ainsi certifié : DECIS.

Il fallut ensuite dresser les actes de décès des trois suppliciés et ce fut à la diligence de la fille aînée des suppliciés, Madame Jeanne Deleyrolle, que furent dressés les actes de décès de son père et de sa mère, tandis que la déclaration relative à Jean Rochette fut faite par deux habitants de Lanarce, Jacques Arnoux et Jacques Belin.

Voici la reproduction fidèle de ces actes de l'Etat civil dont nous avons une expédition.

ACTE DE DÉCÈS

MAIRIE DE LANARCE

L'an mil huit cent trente-trois le deux du mois d'octobre à une heure du soir par devant nous Louis Méjean, maire et officier de l'état civil de la commune de Lanarce, canton de Coucouron département de l'Ardèche, sont comparus 1° Jeanne Martin, épouse du sieur Deleyrolle, âgée de vingt-neuf ans, profession de ménagère, demeurant à Peyrebeille commune de Lanarce fille du défunt; 2° Jacques Arnoux, âgé de cinquante ans, profession de cultivateur, demeurant à Lanarce, voisin du défunt, lesquels nous ont déclaré que PIERRE MARTIN DIT DE BLANC, veuf de Marie Breysse, âgé de soixante ans, profession de cultivateur, demeurant à Peyrebeille commune de Lanarce, fils de (non déclaré) et de (non déclaré), est décédé le deux du mois d'octobre à midi au lieu de Peyrebeille, commune de Lanarce, et ont les déclarants déclaré être illettrés de ce par nous requis l'acte ci-dessus, après qu'il leur en a été fait lecture.

Signé : MÉJEAN, *maire.*

Pour copie conforme,

A Lanarce, le 21 novembre 1874.

Le Maire.

ACTE DE DÉCÈS

MAIRIE DE LANARCE

L'an mil huit cent trente-trois le deux du mois d'octobre à une heure du soir par devant nous Louis Méjean, maire et officier de l'état-civil de la commune de Lanarce canton de Coucouron département de l'Ardèche, sont comparus : 1° Jeanne Martin, épouse du sieur Deleyrolle, âgée de vingt-neuf ans, profession de ménagère, demeurant à Peyrebeille commune de Lanarce, fille de la défunte; 2° Jacques Arnoux, âgé de cinquante ans, profession de cultivateur, demeurant à Lanarce, voisin de la défunte, lesquels nous ont déclaré que MARIE BREYSSE, épouse de MARTIN DIT DE BLANC, âgée de cinquante-quatre ans, demeurant au lieu de Peyrebeille commune de Lanarce, profession de ménagère, fille de (non déclaré) et de (non déclarée) est décédée le deux du mois d'octobre à midi au lieu de Peyrebeille commune de Lanarce, et ont les déclarants déclaré être illettrés de ce par nous requis l'acte ci-dessus, après qu'il leur en a été fait lecture.

Signé : MÉJEAN, maire.
Pour copie conforme,

A Lanarce, le 21 novembre 1874.

Le Maire.

ACTE DE DÉCÈS

MAIRIE DE LANARCE

L'an mil huit cent trente-trois le deux du mois d'octobre à une heure du soir par devant nous Louis Méjean, maire et officier de l'état-civil de la commune de Lanarce canton de Coucouron département de l'Ardèche, sont comparu : 1° Jacques Arnoux, âgé de cinquante ans, profession de cultivateur, demeurant à Lanarce, voisin du défunt ; 2° Jacques Belin, âgé de soixante ans, profession de cultivateur, demeurant à Lanarce, voisin du défunt, lesquels nous ont déclaré que JEAN ROCHETTE, domestique, âgé de quarante-huit ans, demeurant à Peyrebeille commune de Lanarce, fils de (non déclaré) et de (non déclaré), est décédé le deux du mois d'octobre à midi à Peyrebeille commune de Lanarce, et ont les déclarants déclaré être illettrés de ce par nous requis l'acte ci-dessus, après qu'il leur en a été fait lecture.

Signé : MÉJEAN, maire.
Pour copie conforme,

A Lanarce, le 21 novembre 1874.

Le Maire.

Au moment de leur exécution, la fille aînée, la femme Deleyrolle, était à Peyrabeille avec un jeune enfant de 8 ou 10 mois. On pense qu'en se mariant en 1831, elle resta avec son mari à Peyrabeille, vivant avec la famille Martin qui avait cessé de faire auberge et qui habitait à côté une dépendance de la maison de Peyrabeille. Un nommé Chacornac de Langogne tenait l'auberge en ferme.

Il quitta pour aller à Costarot et fut remplacé par un de ses parents appelé Jules X... Après vint un nommé Lazarre, qui était du pays.

Ensuite vinrent toujours comme fermiers Boudignon et Mauras.

Aujourd'hui l'auberge est occupée par un sieur Haon, André, cultivateur à Mezirat, commune de Mazan, qui l'a achetée depuis cinq ans avec les prairies, terres et champs, d'une étendue d'environ 60 hectares, qui dépendent de ce domaine.

Il y habitait et se proposait de faire des réparations de quelque importance, lorsque nous avons visité son auberge il y a un peu plus d'un an.

Les Martin, dit Blanc.

Nous avons dit, dans le cours de notre histoire, que le nom des Martin, dits Blanc, avait été plus d'une fois l'objet des rigueurs de la justice.

Voici à ce sujet le résultat des recherches que nous

avons faites dans les documents judiciaires du greffe de Privas.

Nous y avons trouvé :

1° Un Martin, Pierre, dit *Blanc*, âgé de 20 ans, cultivateur à Lanarce, et condamné le 22 juin 1863, à 8 ans de réclusion pour vol qualifié.

Ce Martin avait déjà subi plusieurs condamnations dont les peines se confondirent dans la dernière. Il alla s'établir comme cordonnier à la Charité (Nièvre.)

Il fut de nouveau traduit devant la Cour d'assises de la Nièvre et condamné à 20 ans de travaux forcés, le 16 mars 1864, pour divers vols commis dans l'Ardèche et dont voici la liste :

1° Il avait soustrait des bestiaux le 1ᵉʳ août 1863 à Coucouron.

2° Il avait à Thueyts, dans la nuit du 2 novembre 1863, soustrait une jument de selle au préjudice du du sieur Laffont.

3° A St-Cirgues-de-Prades le 8 novembre 1853, il avait volé une veste, un gilet, un pantalon, 2 cravates, 2 chemises, 2 francs, un pistolet, 2 poires à poudre, un rasoir, un saucisson, un nombre indéterminé de fromages et de pruneaux.

4° Le 29 novembre de la même année, à la Courbeyre, commune de Borne, il avait volé une jument au préjudice d'Etienne Velay, pendant la nuit.

5° A Joannas, le 10 décembre de cette même année,

il avait volé un agneau au préjudice de Pierre Chasson, pendant la nuit, dans une maison habitée, et à l'état de récidive.

Comme on le voit, ce digne neveu et filleul de Pierre Martin, de Peyrabeille, suivait les traces de son parrain.

Mais un autre neveu, Martin Joseph, *dit Blanc*, âgé de 32 ans, cultivateur, né et domicilié sur la commune de Lanarce, commit un assassinat suivi et accompagné du crime de vol, sur la personne de Anne Belin, pour lui dérober des provisions de ménage, une saucisse, un manteau et de la laine.

Il fut condamné à la *peine de mort* par arrêt de la Cour d'assises de Privas, le 9 juin 1853.

Il fut exécuté à Privas, le 31 juillet 1853 à 10 heures du matin, place des Prisons.

M⁰ Tauponas, qui depuis devint juge du siège, fut chargé de la défense de cet accusé.

Voici le signalement de Martin Joseph ; taille 1 m. 63, sourcils et cheveux châtains, front couvert, yeux roux, nez long, menton rond, visage ovale, cicatrice au menton.

On voit que ce Martin là était bien l'héritier des goûts et des traditions de sa famille. Nous voyons bien aussi un Martin, Jean-Louis, âgé de 49 ans et originaire de St-Cirgues-en-Montagne, c'est-à-dire dans le voisinage du berceau des Martin, qui fut condamné le 14 septembre 1870 à 5 ans de réclusion, pour une série d'attentats à la pudeur.

Mais nous ne voyons pas figurer à la suite de son nom de Martin, le surnom de Blanc qui distingue la lignée des frères de Pierre Martin.

Les têtes des suppliciés.

Parmi les renseignements que d'obligeants amis nous ont adressés de divers côtés sur Peyrabeille, nous avions trouvé une note qui indiquait le musée du Puy comme le dépositaire des têtes des trois suppliciés.

Nous avons prié un de nos aimables et obligeants confrères du Puy, M. Prades-Freydier de vouloir bien nous renseigner à ce sujet, et à la suite de la correspondance que nous avons eue avec lui, nous avons pu savoir que des moulages, faits sans doute par les soins de feu M. le docteur Reynaud, du Puy, existaient dans le cabinet de M. le docteur Vibert, médecin en chef de l'Hôtel-Dieu.

Nous avons sollicité de l'obligeance de cet honorable médecin des renseignements à ce sujet, et nous avons appris de lui, qu'il possédait les moulages de deux des têtes des suppliciés, et qu'il les tenait de son ancien confrère M. le docteur Reynaud.

C'est donc bien à ce dernier qu'ont dû être apportées, aussitôt après l'exécution, les têtes des trois exécutés que les nommés Jacques Arnoux et Belledent, de Lanarce, avaient été chargés de recueillir et de lui remettre.

M. le docteur Vibert a eu l'extrême obligeance de nous offrir gracieusement les deux moulages qu'il possédait et que nous avons des raisons de croire les seuls qui existent.

Nous avons accepté cette offre avec reconnaissance et nous l'en remercions, car elle nous permet de faire quelques observations sur ces têtes avant de clore cette lugubre histoire de l'auberge de Peyrabeille.

Les deux moulages que nous avons reçus sont ceux de la tête de Pierre Martin et de la tête de Jean Rochette.

La tête de Pierre Martin que nous avons sous les yeux, est d'un aspect assez repoussant. Le cou est énorme, comme celui d'un taureau, et la circonférence de la tête et du cou au niveau de la section faite par le couperet, est de 53 centimètres. Le développement considérable du cou vers la nuque, indique que Martin devait avoir le cou très court. Aussi le couteau de la guillotine a-t-il tranché la partie inférieure du menton et dû entamer le maxillaire inférieur qui est passablement réduit. La circonférence de la tête prise au dessus de l'arcade sourcilière et au point saillant de l'occiput est de 57 centimètres. Le front est fuyant et l'angle facial peu ouvert. Il mesure 25 centimètres de l'extrémité du nez au sommet du crâne. Le nez est fortement recourbé, large à la racine, mince à l'extrémité. La bouche est très grande et la lèvre supérieure n'a pas moins de 11 centimètres d'une commissure à l'autre, ce qui donne surtout un caractère bestial et hideux à cette figure. Les tempes sont déprimées, le front bas et étroit, les sourcils sont très relevés vers leur milieu. Les oreilles sont de moyenne grandeur.

La tête de Jean Rochette est d'un aspect beaucoup moins repoussant et ne révèle à l'observation ni des instincts criminels, ni des difformités, ni des anomalies de conformation.

C'est une figure jeune, aux traits réguliers, au front large et bien développé, non fuyant. Le nez est de grandeur moyenne, bien fait, légèrement aquilin, un peu épais mais sans exagération.

Les yeux sont très grands, affleurant un peu le front, les sourcils sont épais et d'une courbe normale.

Les pommettes ne sont pas saillantes, les lèvres ne sont pas épaisses ni la bouche grande, et rien ne donne à ce visage une ressemblance quelconque avec le type nègre auquel tous les romanciers se sont plû à le comparer.

La particularité la plus saillante de cette physionomie devait être les yeux, qui sont très grands, et donnaient une singulière énergie et une puissance de fascination extraordinaire à ce visage.

Le crâne est d'une conformation classique pour ainsi dire.

Sa circonférence prise comme celle du crâne de Martin, sur la ligne moyenne du front au sommet de l'occiput, mesure 56 centimètres.

De l'extrémité du nez au sommet du crâne, le côté de l'angle facial mesure 21 centimètres.

L'angle est beaucoup plus ouvert que chez Martin.

Le cou est également fort et la nuque très large, comme chez les athlètes.

La section du cou, prolongée jusqu'à l'extrémité du menton, présente une circonférence de 49 centimètres seulement, alors que nous avons vu qu'elle était de 53 centimètres chez Pierre Martin.

Mais du développement des muscles du cou si prononcé chez ces deux individus, on peut conclure qu'ils étaient l'un et l'autre doués d'une grande force physique qu'ils mettaient au service du crime.

Nous regrettons vivement de n'avoir pu nous rendre compte de la physionomie et de l'aspect de la femme Martin comme nous l'avons fait pour Pierre Martin et Rochette. Cette tête de l'instigatrice probable des crimes de Peyrabeille, du mauvais génie de cette maison infernale, nous eut peut-être appris quelque chose par son aspect qui ne doit le céder en rien, à la laideur morale qu'expriment encore après la mort le visage et la tête de Pierre Martin.

NOTE

Au moment où nous mettons sous presse la dernière feuille de ce volume, nous recevons un renseignement qui rectifie le rôle des défenseurs à la Cour d'assises. Pierre Martin fut défendu par M° Croze et Marie Breysse par M° Dousson. M° Quinquin, avocat du barreau de Privas, assista M° d'Aurigier dans la défense de Jean Rochette.

TABLE DES MATIÈRES

	Pages.
LE COUPE-GORGE, Histoire de l'auberge de Peyrabeille...	5
Claude Béraud.............................	18
LES BANDES DE BRIGANDS DE LANARCE. — Une famille prédestinée...................	57
Les familles Martin dit de Blanc et Broysse...	65
La famille Broysse. — Marie Broysse. — Etablissement de Pierre Martin dit Blanc à Peyrabeille............................	67
La nouvelle auberge....................	79
Le guet-apens............................	87
Vincent Boyer et le vieillard...............	153
Le mariage de Marguerite.................	187
Michel Hugon............................	193
L'embuscade............................	211
Les rumeurs.............................	219
Catherine Vercasson.....................	225
André Peyre.............................	231
Jean-Baptiste Bourtoul...................	257

Les marchands de Bagnols................	267
Evènements de famille chez les Martin Blanc.	273
Le mariage de Jeanne-Marie Martin........	277
L'explication...........................	293
Après le mariage........................	303
Rose Ytier..............................	307
Le vol de Collier.......................	324
L'histoire du colonel...................	331
L'assassinat d'Anjolras.................	337
Le cadavre..............................	365
La découverte du cadavre................	379
L'arrestation de Pierre et d'André Martin....	383
L'arrestation de Rochette...............	395
Arrestation de Marie Breysse, femme Martin..	401
L'instruction...........................	402
Les débats à la cour d'assises..........	405
L'acte d'accusation.....................	406
L'interrogatoire........................	417
Les dépositions.........................	418
Le réquisitoire.........................	433
La défense des accusés..................	435
Plaidoirie pour Pierre Martin...........	436
Plaidoirie pour Marie Breysse...........	448
Plaidoirie pour Jean Rochette...........	449
Plaidoirie pour André Martin............	449
L'arrêt de la cour......................	451
Après l'arrêt...........................	457
Le départ pour l'échafaud...............	459

La triple exécution,........................ 474
La complainte............................. 477
Procès-verbal d'exécution................. 481
Acte de décès de Pierre Martin............ 483
Acte de décès de Mario Breysse........... 483
Acte de décès de Jean Rochette........... 484
Les Martin, dit de Blanc.................. 485
Les têtes des suppliciés.................. 488

Gravures.

Planche n° 1. — Vue de l'auberge de Peyrabeille.
Planche n° 2. — Plan du rez-de-chaussée.
Planche n° 3. — Plan du premier étage.
Planche n° 4. — Situation topographique des trois maisons de Peyrabeille, des terrains avoisinants et du lieu de l'exécution.

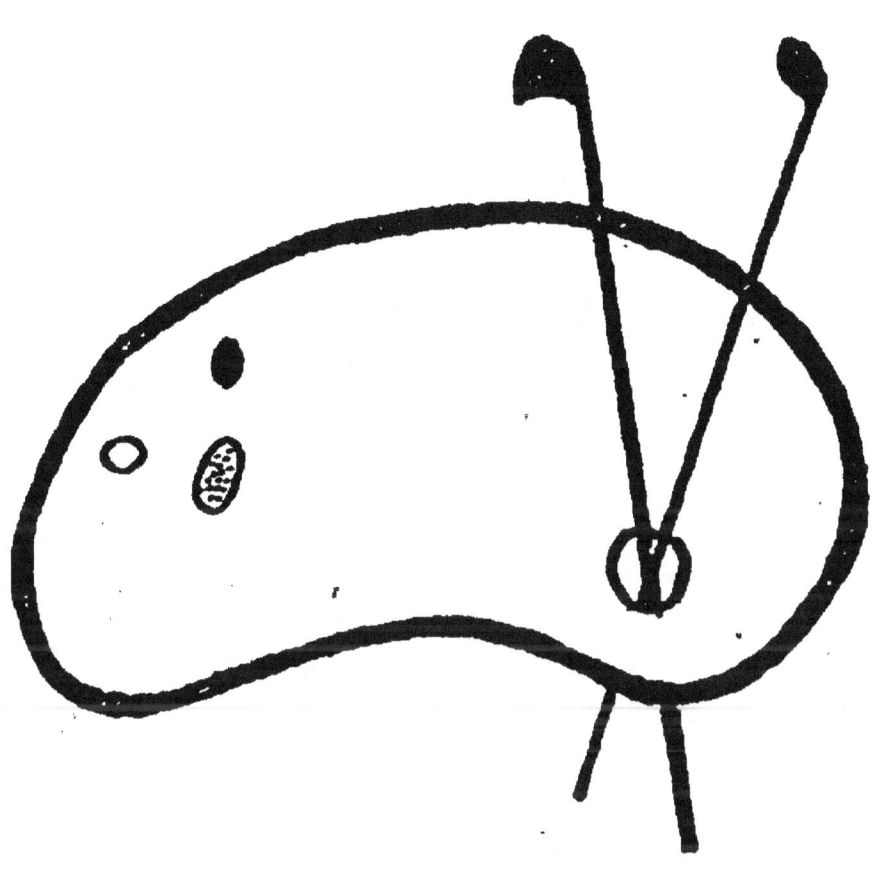

DEBUT D'UNE SERIE DE DOCUMENTS
EN COULEUR

Le Coupe-Gorge. — Histoire de l'Auberge de Peyrebeille

Pl. 2.

LÉGENDE

1. Cheminée de la cuisine ; 1 bis. Four à l'usage du ménage ;
2. Cuisine, avec sa porte d'entrée et son potager ;
3. Salon ou salle à manger, avec placards ;
4. Boulangerie, avec four à cuire (celui où se faisait la crémation des cadavres) ;
5. 5. Cave et caveau ;
6. Lit à armoire des filles de Martin ;
7. Lit à armoire du domestique Rochette ;
8. Alcôve avec lit des muets Martin ;
9. Cabinet de débarras, avec placard ;
10. Montée ou escalier pour arriver au 1ᵉʳ étage ;
11. Porte et passage pour arriver à l'écurie ;
12. Grande remise des voitures ;
13. Écurie des chevaux ;
14. Citerne ou puits couvert.

Entrée du Nord

Plan du rez-de-chaussée — Échelle de 0ᵐ,004 p. m.

Façade principale de l'auberge de Peyrebeille

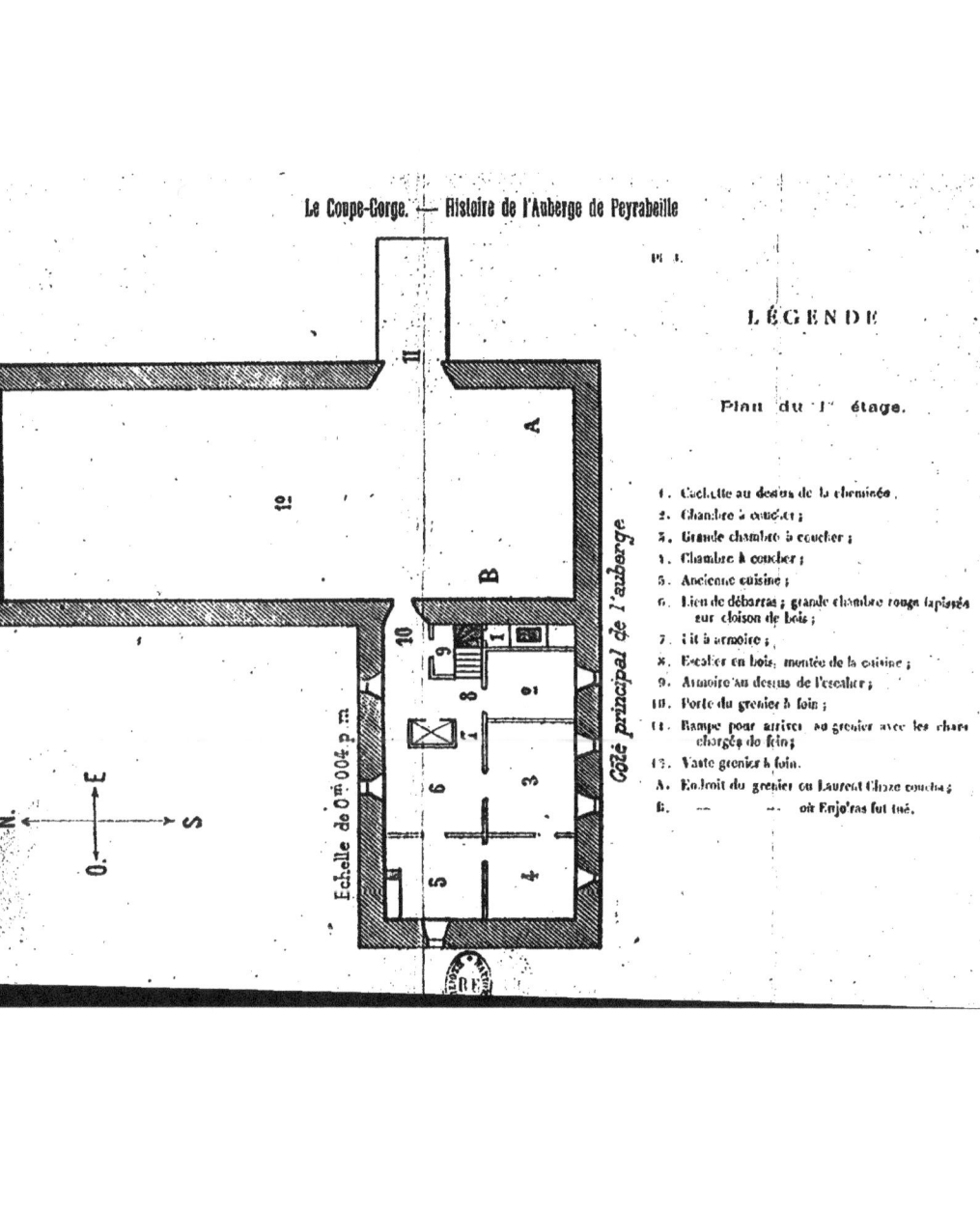

Le Coupe-Gorge — Histoire de l'Auberge de Peyrabeille

Route nationale N.º 102 de Clermont à Viviers — Nouvelle route

Maison dite de Goula — Ancienne route

Chemin de Laviolette

Pl. 4.

LEGENDE

1. Maison Reynaud où Martin débuta ;
2. Auberge de Peyrabeille construite par Martin ;
3. Grange de Gibert achetée par Martin ;
4. Lieu où les assassins furent exécutés ;
5. Grange à une veuve Reynaud ;
6. Maison à la veuve Gibert ;
7. Terrain aux Gibert ;
8. Terrain à Pierre Martin ;
9. Terrain aux Reynaud ;
5.5.6. Dans le temps tout appartenait aux Gibert.

Échelle de 1 à 2,500 m.

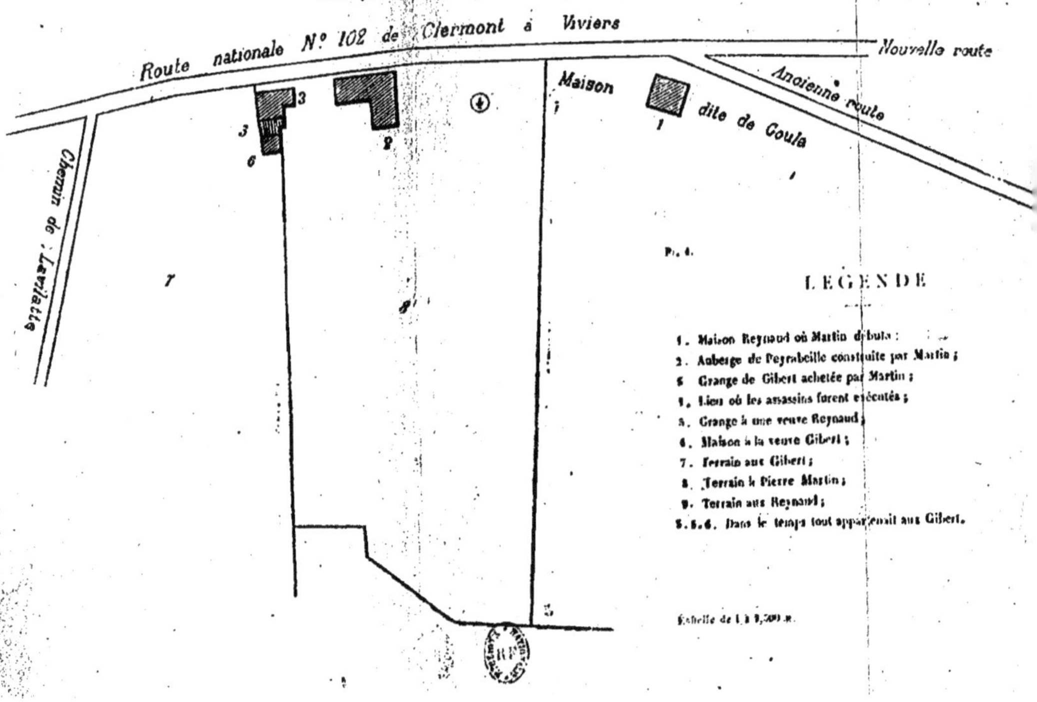

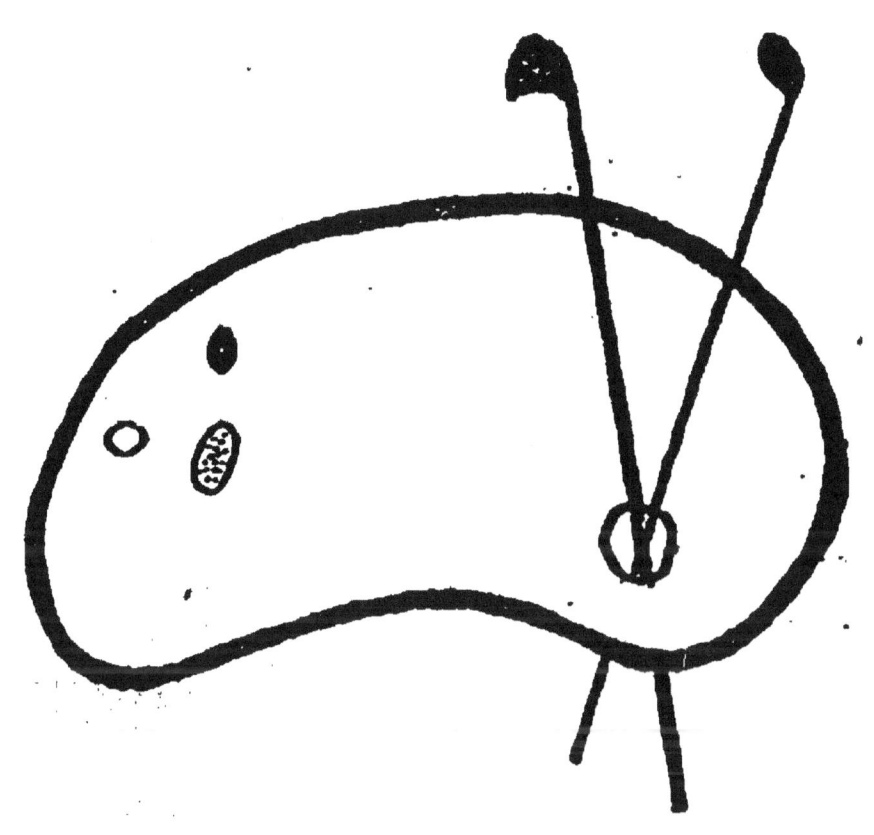

FIN D'UNE SERIE DE DOCUMENTS EN COULEUR